中国燃料乙醇产业发展政策研究

雷涯邻　葛建平　陈炜明　吴永民　著

科学出版社
北　京

内 容 简 介

燃料乙醇是重要的可再生能源，2020年，我国将在全国范围内推广使用车用乙醇汽油，因此，燃料乙醇具有巨大的发展潜力。本书在介绍国内外燃料乙醇产业发展现状及其相关政策的基础上，预测我国2025年的燃料乙醇供求量；以未来供需缺口为依据，构建支持我国燃料乙醇产业发展的财税政策框架；通过建立燃料乙醇产业发展的动态CGE模型、设立燃料乙醇产业发展的政策情境，模拟、分析不同政策方案对经济、能源与环境的影响；结合实际案例调查，对本书所设计的政策进行检验、评价、优化，提出最终的政策建议，对我国未来燃料乙醇产业发展具有现实指导意义。

本书对政府相关部门的管理者、能源经济与管理领域的研究者及相关专业的研究生具有重要的参考价值。

图书在版编目（CIP）数据

中国燃料乙醇产业发展政策研究/雷涯邻等著. —北京：科学出版社，2019.11

ISBN 978-7-03-062432-1

Ⅰ. ①中… Ⅱ. ①雷… Ⅲ. ①乙醇-液体燃料-燃料工业-工业发展-工业政策-研究-中国 Ⅳ. ①F426.2

中国版本图书馆CIP数据核字（2019）第215609号

责任编辑：郝 悦 / 责任校对：王丹妮
责任印制：吴兆东 / 封面设计：无极书装

科学出版社出版
北京东黄城根北街16号
邮政编码：100717
http://www.sciencep.com
北京虎彩文化传播有限公司印刷
科学出版社发行 各地新华书店经销

*

2019年11月第 一 版 开本：720×1000 B5
2020年 1 月第二次印刷 印张：10 3/4
字数：215 000

定价：86.00元

（如有印装质量问题，我社负责调换）

前　　言

生物燃料是重要的可再生清洁能源。为应对能源供应紧张和环境污染加剧的挑战，许多国家已将生物燃料作为能源供给的重要来源。燃料乙醇作为生物燃料的重要品种，已被世界很多国家用作车用燃料，一定程度上替代了传统汽油。我国于 20 世纪 80 年代引进燃料乙醇工艺技术，20 世纪 90 年代末提出燃料乙醇产业发展战略，2000 年正式决定启动燃料乙醇生产。在国家政策支持下，我国燃料乙醇产业很快进入快速发展阶段。然而，由于受到土地供给条件、交通运输成本、劳动力成本等因素的制约，我国燃料乙醇产业虽然经历了由玉米和小麦为主的粮食原料生产，到以木薯、甜高粱等非粮食作物为原料的生产，但燃料乙醇产业还是很快步入缓慢发展阶段，部分厂商甚至近乎停产，车用乙醇汽油推广应用的规模相应受到限制，燃料乙醇对传统汽油的替代和生态环境改善的作用还非常有限。从国内外燃料乙醇产业发展的比较分析来看，我国燃料乙醇产业发展受阻的原因既包括土地资源制约、技术不经济等因素，也包括财政政策鼓励不足等方面的因素。本书基于我国能源供给紧张、环境污染加剧、土地资源有限等现实情况，通过构建我国燃料乙醇产业发展动态 CGE（computable general equilibrium，可计算一般均衡）模型，重点对燃料乙醇生产与消费等环节开展燃料乙醇产业发展的财税政策设计及其影响模拟研究，并结合实际案例调查，提出政策建议，以期更好地促进我国燃料乙醇产业发展。

全书共包括七章，各章主要内容如下。

第 1 章是绪论。该章介绍国内外能源市场及燃料乙醇的生产和消费现状，对国内外燃料乙醇产业发展政策的研究现状进行简述，为全书总体研究内容和研究方法的构建铺垫基础。

第 2 章对我国和世界其他主要地区的燃料乙醇产业发展历程及相关政策进行梳理。该章的前半部分以世界上燃料乙醇产业发展较为成熟的国家为例，通过历程的梳理，重点介绍美国、巴西等国的成功经验；后半部分对我国燃料乙醇产业发展及政策沿革进行分析。该章通过国内外对比，总结了我国燃料乙醇产业政策存在的问题与不足。

第 3 章对 2025 年我国的燃料乙醇供求量进行预测。首先，以粮食安全为前提，根据土地供给潜力、不同原材料燃料乙醇转化率等条件，对我国燃料乙醇供给潜能进行分析。其次，采用投入产出模型，基于 1990~2015 年的全国投入产出表及汽油消费数据对 2025 年我国在一定经济增长目标下的燃料乙醇需求量进行预测。最后，综合供给端、需求端及新近政策导向，对我国 2025 年燃料乙醇的供求量进行预测。燃料乙醇供求量预测与分析为政策目标制定提供了方向。

第 4 章构建了我国燃料乙醇产业发展的财税政策框架。首先，在分析外部性理论和政策网络理论、政策工具理论的基础上，运用政策网络罗茨模型，从产业链的视角构建燃料乙醇产业的政策网络，阐释政策网络主体间的互动关系，并分析互动关系对当前政策设计的影响机理；其次，根据 Howlett 和 Ramesh（1995）的政策工具理论对我国燃料乙醇产业发展各个阶段已经出台的相关政策按照自愿性、强制性和混合性工具进行分类梳理；最后，通过对燃料乙醇产业典型国家的阶段性政策工具的比较分析，构建我国燃料乙醇产业发展的财税政策框架。

第 5 章是燃料乙醇产业发展动态 CGE 模型的构建。该章首先介绍能源 CGE 模型的发展及动态 CGE 模型的特征、假设与宏观闭合。其次，以较大篇幅详细阐述动态 CGE 模型的构建过程，包括生产模块、贸易模块、居民与企业模块、政府模块、投资与储蓄模块、均衡模块和动态模块等各个 CGE 模块及对应方程式的构建。最后，给出上述动态 CGE 模型的数据集，以及中国 SAM（social accounting matrix，社会核算矩阵）的编制方法与过程。

第 6 章则在设定我国燃料乙醇产业发展政策情境的基础上，利用第 5 章构建的动态 CGE 模型对各个政策情境进行政策效果模拟。本书分别模拟了各种政策情境对宏观经济、产业发展、能源需求、碳排放的影响等。

第 7 章为实地调研和政策建议研究。为进一步检验政策方案的效果，深化政策与实际情况的结合，本书选取国内燃料乙醇试点工作比较有代表性的省（区、市）作为实地考察和案例研究对象，对本书提出的政策进行检验和评价。在调整和优化选择的基础上，提炼总结我国燃料乙醇产业发展的政策建议。

本书由国家自然科学基金面上项目“基于动态 CGE 模型的燃料乙醇产业发展政策模拟与实证研究”（批准号：71173200）资助。在项目研究和书稿撰写过程中，雷涯邻作为项目负责人全面统筹设计和参与项目研究各项工作，并完成了书稿的最终审阅与校订；葛建平承担了研究过程中多项主体工作，包括 CGE 模型构建及政策模拟等，并对其他各项工作提供了具体指导意见；陈炜明负责书中资料数据的收集与整理分析，并完成了燃料乙醇供需预测和案例的分析总结，协助雷涯邻和葛建平一起完成了书稿的编纂整理工作；吴永民全面梳理了各国燃料乙醇政策及政策制定的理论基础；方伟参与了项目前期的资料收集和项目申报工作，赵连荣参与了项目实地调研工作；李莉、吴三忙和陈强为项目整体推进做了大量的协调工作。在项目研究过程中，雷涯邻教授团队的各位老师和研究生同学参与了大量的资料收集整理和数据处理工作。在本书的撰写过程中，我们参考了诸多学者的研究成果，由于篇幅所限无法一一列出。我们谨向所有为项目研究和本书编写、出版给予支持和帮助的各位同仁表示最衷心的感谢！

由于时间和水平所限，书中难免会有疏漏与不足之处，恳请各位专家、读者批评指正！

雷涯邻

2019年4月

目　　录

第1章 绪　论

伴随着各国经济发展，能源供给渐趋紧张，环境保护呼声更为强烈，包括燃料乙醇在内的生物燃料成为很多国家的现实与战略选择。我国于 20 世纪末和 21 世纪初开始发展燃料乙醇产业，但由于受到土地资源、技术条件等方面因素的影响，我国燃料乙醇产业发展渐趋缓慢，部分企业甚至近乎停产。如何更有效地促进燃料乙醇产业发展，以更好地保障国家能源供给安全，促进生态环境更加友好，是学界和实践界共同面临的课题。本书从国内外燃料乙醇生产和消费的现实背景出发，通过综述国内外燃料乙醇产业发展对经济社会各方面的影响，以及燃料乙醇产业政策选择与评价等方面的研究现状，构建本书研究的主要内容和模型方法，通过模拟评价和实证调研，优化政策方案，提出政策建议。

1.1 研究背景

燃料乙醇是以淀粉质、糖类等为原料，经发酵、蒸馏制成燃料酒精，脱水后再添加变性剂（车用无铅汽油）制成的无水乙醇。燃料乙醇可以单独使用，能直接替代汽油等化石燃料，也可以与汽油按照一定的比例混合配制成乙醇汽油作为汽车燃料，这样可以节省传统汽油用量并降低汽车尾气排放的污染物，保护环境。正是由于燃料乙醇的这些使用特点，世界各国将其作为传统能源的重要替代来源。

1.1.1 燃料乙醇的国际市场现状

能源是世界各国重要的战略性资源，支撑社会经济的可持续发展。伴随着世界经济的发展，各国对能源的需求量也与日俱增，特别是我国等新兴经济体国家经济的快速发展极大地拉动了能源消费需求，加剧了能源供需的紧张趋势。能源需求的快速增长在一定程度上推动了能源价格的波动，石油等能源供给危机也时有发生，从而对世界各国的社会经济发展带来不确定性，能源供给安全亟须发展替代能源。同时，传统化石能源的利用也带来气候变暖、空气污染等环境问题，严重威胁到人类的生存与健康。在以上背景下，各国开始积极发展生物质能源等可再生的清洁能源。

20 世纪 70 年代的两次石油危机后，巴西、美国等相继推出生物质能源发展计划。生物质能源是太阳能以化学能的形式储存在生物质中的能量。广义上讲，沼气、农作物秸秆能源、燃料乙醇等液态生物燃料都属于生物质能源范畴（仇焕广和黄季焜，2008）。化石能源的不可再生性及其利用引致的环境污染问题促使全球范围内生物质能源快速发展，目前已成为利用方式较广泛的可再生能源（国家发展和改革委员会[①]，2007）。

2017 年，全球生物燃料总产量为 373.3 亿加仑[②]（约合 8 400 万吨石油当量），其中，燃料乙醇占比 73%，是最主要的生物能源类别（British Petroleum，2018）。目前，国际上生产燃料乙醇的原料主要有以下三类：第一类是以玉米、小麦、薯类等为主的淀粉原料；第二类是以甘蔗、甜高粱、甜菜等为主的糖类原料；第三类是以农作物茎、秸秆为代表的纤维素原料，该类原材料来源广、总量大，因此也是最具发展潜力的燃料乙醇原料，但由于纤维素燃料乙醇目前的生产成本较高，尚处在技术开发和试验生产阶段（庾晋，2008）。现阶段的这三类原料中，以玉米等淀粉原料和甘蔗等糖类原料的燃料乙醇生产技术最为成熟，美国和巴西分别使用这两种原料生产燃料乙醇，它们的燃料乙醇产量在世界上也分别位居第一位和第二位。

世界燃料乙醇经过 30 多年的发展，其产量由 1975 年的 1.47 亿加仑大幅递增到 2017 年的 272.7 亿加仑（British Petroleum，2018）。2001 年之后，世界燃料乙醇生产量呈现快速增长趋势（图 1-1）。美国和巴西是世界上最主要的燃料乙醇生产和消费国。2017 年，这两个国家的燃料乙醇产量之和占世界总产量的 84%（Renewable Fuels Association[③]，2018）。其中，巴西早在 1975 年便推出了“国家酒精计划”，开始在全国范围推广乙醇汽油，缓解了巴西石油对外依存度。2009 年，巴西的乙醇汽油替代了 55%的传统汽油消费（Chan and Reiner，2011），同时降低了 CO_2（二氧化碳）排放，1979~2002 年，乙醇汽油消费为巴西减少了约 9 000 万吨的 CO_2 排放（Macedo et al.，2008）。

① 以下简称国家发展改革委。

② 1 加仑（美）=3.785 412 升；1 加仑（英）=4.546 092 升。

③ 美国可再生燃料协会。

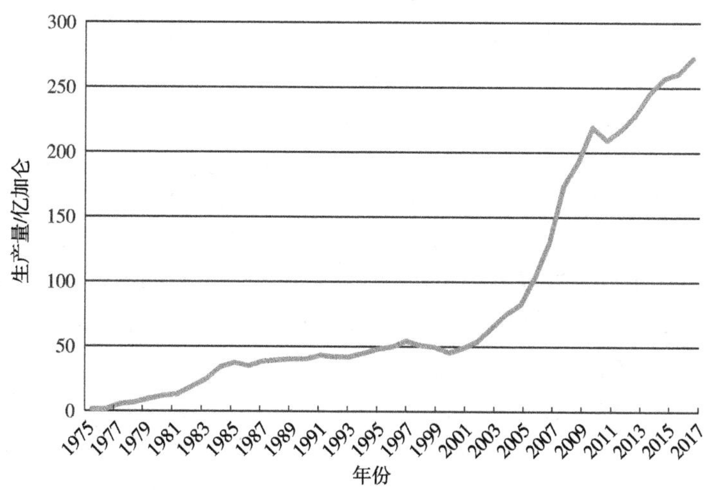

图 1-1　世界燃料乙醇生产量（1975~2017 年）

资料来源：Earth Policy Institute（2018）；British Petroleum（2018）

1.1.2　中国燃料乙醇产业的兴起

随着社会经济的快速发展，我国的能源需求量也大幅增长，尤其是汽车保有量的快速增加，促使我国对传统汽油、柴油等化石能源的依赖程度逐年增加。1993 年，我国成为石油净进口国；2004 年，我国又成为仅次于美国的第二大石油消费国；2009 年，我国原油进口量首次超越日本，成为第二大石油进口国（国家统计局，2010）；2017 年，我国石油对外依存度高达 67.4%（中国石油集团经济技术研究院，2018）。石油对外依存度过高会增加能源安全风险，也对我国社会经济的稳定发展带来风险，因此，发展燃料乙醇等可再生能源成为我国保障能源安全和社会经济稳定发展的重要支撑之一。

我国在 20 世纪 80 年代引进燃料乙醇工艺技术，20 世纪 90 年代末提出燃料乙醇的发展战略，并于 2000 年正式决定启动燃料乙醇生产（何淑芳等，2005）。20 世纪末，由于农业发展和农业生产效率的提高，我国粮食供给得到保障，国家储备粮食的陈化粮负担有所增加。陈化粮是指储存超过一年以上，且由于长时间储存而变质的粮食，这种粮食不宜作为口粮食用，需要为其寻求其他用途（王佳臻等，2017）。为了统筹解决陈化粮问题并缓解石油对外依存度过高的问题，我国借鉴美国、巴西等国的成功经验，有序地组织和实施了燃料乙醇的相关技术研究和车用乙醇汽油的试点推广应用。从 2002 年起，中央财政积极支持燃料乙醇的试点及推广工作，出台了一系列的财税政策支持燃料乙醇产业的发展。在财税政策的激励下，2003~2009 年，我国燃料乙醇产量从 2 万吨增长至 172 万吨，这在一定程度上缓解了我国对石油进口的依赖（USDA[①]，2017a）。同时，车用乙醇汽油的推广应用也在一定程度上减轻了试点地区的空气污染，吉林省作为国内最大的燃料乙醇生产企业——吉林燃料乙醇有限责任公司所在地和国家推广使用车用乙醇汽油的先行省，每年汽车尾气减排 17.3%（罗慧芳，2015）。由此可见，燃料乙醇产业发展对保障能源安全和保护环境都起到了一定的积极作用。在此基础上，国家发展改革委在《可再生能源中长期发展规划》（发改能源〔2007〕2174 号）中指出，"近期重点发展以木薯、甘薯、甜高粱等为原料的燃料乙醇技术""从长远考虑，要积极发展以纤维素生物质为原料的生物液体燃料技术""到 2020 年，生物乙醇年利用量达到 1000 万吨"。

然而，现实情况是，经过"十五""十一五"的迅速发展，在 2010 年，我国燃料乙醇产量出现拐点，较 2009 年下降 2.3%，后面几年增长率也没有达到之前的水平，到 2016 年，燃料乙醇产量仅为 249 万吨（USDA，2017a）。如果按该发展趋势，2020 年我国燃料乙醇年产量将无法达到 1 000 万吨的规划目标。

1.1.3 国内外政策差距

从美国和巴西的燃料乙醇产业发展历程来看，产业发展及其积极作用的发挥高度依赖于产业发展政策。立法或强制性规定、财政支持、设置贸易壁垒等政策有效地支持了这些国家的燃料乙醇产业发展。

在生产端，燃料乙醇生产企业的利润水平与原料价格紧密相连，当作物价格上涨时，燃料乙醇生产企业的利润空间被压缩，如果没有政府的财税等政策支持，企业将很容易失去生产积极性，从而可能缩小生产规模，降低产量。美国燃料乙醇产业发展至今已有 40 余年的历史，在不同发展阶段政府会出台不同的政策方案以适应新的市场形势。例如，20 世纪 70 年代，美国为了促进该产业的快速发展，一度将补贴额度提高到 60 美分/加仑，随着产业的迅速发展成熟，美国政府逐步下调补贴力度，但下降幅度并不大，补贴额度一直保持在较高水平，如 1992 年下调到 51 美分/加仑，一直到 2008 年才下调到 45 美分/加仑，这期间还配合有投资补贴、所得税减免等其他财税支持政策，可见财税补贴始终是燃料乙醇产业发展的重要支撑。

在消费端，相比传统汽油，乙醇汽油无论在价格还是在使用性能方面均没有明显的优势，市场上甚至存在针对乙醇汽油的质疑，包括影响发动机寿命和汽车加速性能等。对此，美国和巴西的主要做法是针对传统汽油汽车，为其建立乙醇汽油加油站，通过财政补贴降低其使用成本。在巴西，政府规定巴西国内销售的所有汽油中均需混配一定比例的燃料乙醇，同时，巴西已经研发并投入使用了

① USDA：United States Department of Agriculture，美国农业部。

100%由燃料乙醇驱动的汽车（曹俐和吴方卫，2011a；曾晓安，2012）。

我国目前尚处于燃料乙醇产业发展的起步阶段，先后经历了企业保本微利、定额补贴、弹性补贴及补贴退坡四个阶段的财税政策调整过程。但是，由于我国已经出台的燃料乙醇财税政策大多是为了满足试点工作的需要而提出的，其适用对象和范围受到较大的局限，其他利用非粮作物原料生产燃料乙醇的企业不能享受相关财政政策补贴和税收优惠，其生产的燃料乙醇也无法进入交通燃料市场（赵勇强等，2011）。与美国和巴西相比，我国在燃料乙醇生产与消费端的财税政策与实际需求尚存在差距。

本书参考国家在燃料乙醇产业发展、节能减排等方面的发展目标，以 2016~2025 年为研究区间，以能源安全和环境保护为导向，在土地有限供给的条件下分析我国燃料乙醇供求量；在此基础上，通过理论与实践分析，提出燃料乙醇产业发展政策需求，并设计相关政策方案；通过构建燃料乙醇产业动态 CGE 模型，模拟和分析本书设计的燃料乙醇产业发展政策对燃料乙醇供求目标、能源安全与环境保护的实现程度，以及对相关产业发展、居民收入等经济和社会指标的影响；依据模拟结果，提出具体的产业发展政策；最后通过案例调研，完善相关政策，提出我国燃料乙醇产业发展的政策建议。

1.2　国内外研究现状

针对燃料乙醇产业的相关研究，除了侧重于制作工艺和技术的研究以外，前人研究主要集中在燃料乙醇产业发展对社会、经济、能源和环境的影响，以及燃料乙醇产业发展的政策选择和政策效果的研究等方面。

1.2.1　燃料乙醇产业发展对社会、经济、能源和环境的影响研究

燃料乙醇产业链涉及上游原料供应的农业部门、乙醇生产的制造业部门，以及与下游消费行为相关的服务业部门和消费者，因此，燃料乙醇产业的发展从多方面对社会经济产生影响。同时，燃料乙醇作为一种重要的可再生清洁能源，该产业的发展也将对能源市场及生态环境带来影响。

1. 对社会的影响

从社会影响的角度来看，学者关注的焦点主要集中在发展燃料乙醇产业对粮食安全的影响上。从现有研究成果来看，玉米、小麦等粮食作物长期被用作生产燃料乙醇的主要原料，发展燃料乙醇产业可能从以下几个方面威胁到粮食安全。首先，由于生产燃料乙醇需消耗几倍于乙醇产量的粮食，大量的粮食被用于生产燃料乙醇必将破坏粮食市场的供求平衡并推高粮食价格。Collins（2008）认为，2006~2008 年美国玉米价格涨幅中的 60%可归咎于燃料乙醇产业的快速发展。随

后，Hausman 等（2012）也对美国燃料乙醇产业及玉米价格之间的关系进行研究，发现 2006~2007 年美国燃料乙醇生产对玉米价格涨幅的贡献率为 27%，尽管该研究与 Collins（2008）的研究在结果上存在较大差距，但都反映了燃料乙醇产业发展对玉米市场显著的冲击和影响。另有学者基于 CGE 模型计算发现，2000~2007 年，美国的燃料乙醇产业发展导致加权的谷物价格上升了 30%（Rosegrant，2008）。作为世界第一人口大国，我国居民对粮食的食用需求量很大，随着我国燃料乙醇产业的迅速发展及陈化粮的消耗殆尽，如果大量的粮食被直接用于生产燃料乙醇，就可能破坏国内粮食市场的供求平衡，引发粮食危机（张锦华等，2008；李晓俐，2012；杜婧，2016；徐宝国，2016）。周瑜（2017）基于玉米供求局部均衡模型，假定以玉米为原料的生物燃料乙醇在总的生物燃料乙醇产量中的所占比例为高位、中位和低位三种方案，模拟预测了 2016~2030 年各情境方案下，我国玉米市场供求是否均衡，发现当以玉米为原料的生物燃料乙醇的产量占生物燃料乙醇总产量的 40%时，玉米市场可能会出现供不应求的情况，造成玉米短缺，价格上涨。另外，陈俊任和陈清（2017）认为，若盲目扩大燃料乙醇产能，企业对粮食的需求量会迅速上涨，将可能导致短期内局部性的粮食危机出现。

更为严重的是，燃料乙醇产业的快速发展不仅直接推高小麦、玉米等生产所用原材料的价格，还可能会出现消费的转移间接推高替代粮食价格的现象，从而使得各类粮食的价格整体上涨（王舒娟，2015）。同样，类似的价格传导也会出现在区域之间，即世界或某一地区燃料乙醇产业的快速发展不仅会推高该地区替代作物的价格，也会推高其他国家或国际市场粮食作物的价格。例如，高德健等（2015）运用 1994~2011 年的数据实证发现，世界生物燃料乙醇产量与我国玉米价格呈现正相关关系，短期内产量上涨 1%，下一年我国玉米价格将上升 0.47%。长期来看，世界燃料乙醇产量每上涨 1%，会使我国玉米价格上涨 0.304 7%。此外，根据 IFPRI（International Food Policy Research Institute，国际粮食政策研究所）2006 年对印度、美国、坦桑尼亚等国家发展燃料乙醇的经济影响分析，如果这些国家按照既定目标发展燃料乙醇产业，就会导致世界农产品的价格上涨 30%左右。世界银行认为，从 2002 年 1 月至 2008 年 2 月国际粮食价格上涨了 140%，其中，生物燃料的贡献率达 75%（Rajagopal and Zilberman，2008）。

上述研究主要从燃料乙醇生产直接消耗粮食的角度出发，研究其对粮食市场和粮食安全产生的不利影响，即燃料乙醇发展的“与人争粮”问题。事实上，发展燃料乙醇还将从另外一个方面威胁到粮食安全，即“与粮争地”。例如，燃料乙醇生产所需各类原材料（主要指甘薯、木薯等非粮能源作物）对土地资源的大量占用也会间接压缩粮食产量，造成粮食的供不应求（向丽和钟飚，2016）。Basso 等（2011）研究发现，巴西长期将甘蔗这种非粮作物用作生产燃料乙醇的主要原料，这将会使得2020年巴西国内有1 000万公顷粮食用地被转产甘蔗。另外，Ugarte 等（2006）研究发现，如果美国现有耕地的10%用于燃料乙醇的生产，由于粮食产量被压缩，美国农产品的价格将会上升 8%~10%。在国内，向涛和李凯（2014）利用随机效应Tobit模型研究发现，我国耕地资源对燃料乙醇消费影响很大，用于燃料乙醇生产的人均耕地每增加 1 倍，燃料乙醇消费的比重将提高0.83个百分点。这也从侧面反映我国燃料乙醇产业对耕地资源的依赖很大。

从上述研究来看，燃料乙醇产业可能通过“与人争粮”及“与粮争地”的方式对粮食安全造成威胁。正是出于这方面考虑，我国在2007年便确立了“不与人争粮，不与粮争地，坚持发展非粮燃料乙醇”的产业发展原则。但仍有部分学者对此持否定态度，这类研究分为两类。一部分研究认为，燃料乙醇产业对粮食市场的影响并不大。例如，杜婧等（2016）研究了美国生物燃料价格与农作物价格的内生性及其互动影响，发现玉米价格和燃料乙醇价格间虽然存在正向的相互影响，但作用力较弱。另一部分研究认为，发展燃料乙醇不仅不会威胁粮食安全，相反还有利于促进农业的发展。例如，帮助农业部门解决粮食过剩问题，以及消耗“问题粮食”并达到帮助农业部门去库存的目的（郭孝孝等，2016；张国刚和孔凡涛，2016；景春梅，2016；徐宝国，2016；刘丹妮等，2017）。栾相科（2015）甚至认为发展燃料乙醇产业是解决“问题粮食”的唯一现实途径。亢霞等（2016）从经济效应的视角出发，认为加大玉米加工转化力度是消耗高库存的有效措施，且利用玉米加工生产燃料乙醇更具价格优势。于斌等（2018）则从国家管理的角度出发，认为利用陈化水稻生产燃料乙醇可以有效控制陈化粮食流入粮食加工市场，从而降低粮食食用的健康风险。除此之外，燃料乙醇产业还可成为保障粮食安全的调节器，以保障粮食的合理供应（魏庆安，2018）。

对于前面提到的燃料乙醇产业的“与粮争地”问题，有学者指出，发展燃料乙醇产业也未必会造成大量耕地被侵占（Sumathi et al.，2008；程序，2009；陈瑜琦等，2010）。例如，Langeveld 等（2014）以美国、巴西等34个生产生物燃料的国家为样本，研究发现，尽管生物燃料生产大幅增长，但是更多的土地被用作非燃料的生产，生物燃料发展对粮食作物产量影响很小，即这两个国家发展燃料乙醇产业对土地的负面影响被夸大。另外，很多学者相信所谓的“与粮争地”问题只在短期存在，长期来看，若利用边际土地生产非粮作物，不仅不会给粮食安全造成威胁，还会促进土地资源的合理有效利用，对农业生产有利（何蒲明和黎东升，2011；Cobuloglu and Büyüktahtakın，2015）。Qiu 等（2011）用建模方法研究边际土地生产原料的潜力，发现如果我国能够在新的边际土地中开发 45%用于生产燃料乙醇，将基本消除国内外燃料乙醇发展带来的负面影响，同时促进农业发展。向丽（2011）也认为世界上还存在一定比例闲置且适合种植的土地可以利用，世界土地资源在集约型农作物扩张上仍存在较大的潜力空间，通过技术进步、灌溉和增加投入可以大幅提高单位土地面积的农作物产量，因此，从农业生态角度上看，生物燃料发展与粮食安全保障是可以统筹兼顾的。

综合上述研究来看，尽管学者对于燃料乙醇产业发展涉及的粮食安全问题存在不同看法，但总体来看，要消除燃料乙醇产业对粮食市场的不利影响，关键在于产业的发展方式。例如，为了在“问题粮食”消耗殆尽的情况下从根本上解决上述燃料乙醇产业的“与人争粮”问题，就需要将生产所用的原材料由粮食作物转向非粮作物，而为了解决上述燃料乙醇产业的“与粮争地”问题，学者普遍提到开发边际土地种植非粮能源作物。上述研究也为我国确定燃料乙醇产业的发展方向提供了参考和借鉴。

2. 对经济的影响

从对经济影响的角度来看，学者主要关注燃料乙醇产业对就业的拉动和对经济产出的拉动，包括与这两个方面相关的进一步的经济影响。例如，对于就业，范英等（2012）认为，燃料乙醇产业能够吸纳农村剩余劳动力、提高社会就业率，进而提升国民收入。Ge 和 Tokunaga（2009）、李先德和王士海（2009）、杨昆和黄季焜（2009）、Ge 和 Lei（2010）等研究认为，燃料乙醇生产有利于提高农民收入和福利。刘钺和杜风光（2016）也认为发展燃料乙醇产业能够增加农民收入，从而促进农村城镇化建设，提高城镇化率。对于经济产出，燃料乙醇产业除了能拉动本行业的 GDP（gross domestic product，国内生产总值）外，还能带动其他产业的发展。韦佳培（2014）通过编制 2002 年和 2007 年我国食糖—乙醇联产投入产出表，计算出利用制糖废弃物进行联产前后的产业依存度和产业波及效应等经济指标。研究发现，2007 年，我国糖—乙醇联合产业每生产 1 万元的产品，拉动的糖—乙醇联合产业、第一产业、第二产业、第三产业产品的产值分别为 564 元、210 元、6 964 元、583 元。郭孝孝等（2016）认为，我国燃料乙醇产业以玉米等粮食作物为主要原料，可以促进玉米加工业的发展，提高经济效益，而东三省作为粮食生产基地及国内主要燃料乙醇生产地之一，大力发展国内燃料乙醇产业有助于东北地区经济复苏，实现振兴东北地区的国家战略。另外，2 代纤维素燃料乙醇的发展将给秸秆的清洁利用带来契机，能极大地提高秸秆等农业废弃物的经济价值，能进一步增加农业的经济产出（徐宝国，2016）。综上所述，发展燃料乙醇产业将从多方面促进国家的经济建设。

3. 对能源的影响

作为能源的一种类别，燃料乙醇的推广使用及相关产业的发展还将给能源行业带来影响。根据前述分析，20 世纪后期各国陆续开始发展燃料乙醇产业的一个主要原因就是降低本国能源对外依存度。因此，各国将燃料乙醇主要作为普通化石燃料的替代物。同时，燃料乙醇生产企业将生产的燃料乙醇出售给石油公司，供它们生产调配乙醇汽油，因此发展燃料乙醇产业也将对石油行业及相关企业产生影响。孙庆丰（2013）认为，依照当前趋势，大力发展燃料乙醇产业不仅能降低我国能源对外依存度，还能减少我国石油企业的上游勘探开发压力。范英等（2012）发现，若用燃料乙醇弥补汽油缺口，将给国内石油行业和石油公司带来可观的收益。费华伟等（2017）认为，燃料乙醇虽然能降低石油行业的对外依存度，缓解能源危机及上游的勘探开发压力，但是，由于乙醇汽油保质期短、对储存运输环节要求高，将给石油企业增加额外成本。除此之外，发展燃料乙醇产业还将影响石油公司下属炼油厂的柴汽比。张国相和吴青（2018）重点分析了生产 E10（即燃料乙醇在汽油中的添加比例为 10%）乙醇汽油对炼油企业汽油组分及柴汽比的影响，认为大量使用燃料乙醇，炼油企业的柴汽比肯定会增加。李丽萍等（2015）则通过向量自回归模型，计算出如果当期车用替代燃料替代量较上期上涨 1%，将导致柴油产量在未来第 1 期下降 0.003 4%，从而降低柴汽比。

4. 对环境的影响

除上述对能源供给保障等相关方面的影响外，各国推行燃料乙醇汽油的另外一个重要目的是降低汽车尾气对空气的污染，大量研究也因此高度关注燃料乙醇产业发展对环境的影响问题。目前的研究主要关注燃料乙醇汽油使用对降低温室气体排放及污染物排放这两个方面的影响。从降低温室气体排放的角度来看，一般认为燃料乙醇的使用将会使得 CO_2 等温室气体的排放大幅减少（Demirbas et al.，2004；Bernetti et al.，2004；Wang et al.，2007；李小环等，2011；徐宝国，2016），Macedo 等（2008）认为，1979~2002 年，巴西通过使用燃料乙醇汽油减少了约 9 000 万吨的 CO_2 排放。李红强和王礼茂（2012）也对我国发展燃料乙醇的减排效果进行了评估，发现 2015 年和 2030 年我国非粮燃料乙醇可产生 1 094.7 万吨和 4 902.7 万吨的 CO_2 减排潜力。米多（2017）计算了玉米燃料乙醇汽油与普通汽油全生命周期的温室气体排放，发现与汽油相比，玉米燃料乙醇汽油的全生命周期温室气体减排量达到 19%~48%。李顶杰等（2017）的研究结果也认为燃料乙醇相比普通汽油排放量减少了 40%以上。另外，燃料乙醇除了可以通过替代普通汽油直接产生减排效果外，对于一些非粮燃料乙醇，其生产所需原材料在生长过程中也可以吸收碳排放，如木薯燃料乙醇。因此，该类燃料乙醇全生命周期（包括生产和燃烧环节）的减排效果可能更加可观。有关研究发现，生产 1 吨木薯燃料乙醇需要 2.86 亩①的木薯，可吸收大气中的 CO_2 达 5 831 千克（陈世忠等，

① 1 亩=666.67 平方米。

2012）。蔡庆丽（2015）也发现乙醇汽油在使用过程中排放出来的 CO_2 与作为非粮燃料乙醇原料的生物源在生长过程中消耗的 CO_2 在数量上基本持平，因此燃料乙醇全生命周期的碳排放几乎为零。

从污染物排放的角度来看，Maricq 等（2012）的研究发现，乙醇汽油的使用可以降低汽车尾气中污染物的排放，当汽油中的乙醇含量提高到 30%以上时，$PM_{2.5}$[①]的排放量会减少 30%~45%。另外，使用乙醇汽油也能降低汽车尾气中的 CO（一氧化碳）及 HC（碳氢化合物）的排放。苏会波等（2015）重点研究了 E10 乙醇汽油的尾气排放，发现相比一般的汽油，E10 乙醇汽油中的 CO 降低了 1.8%，HC 降低了 12.9%，苯系物等有毒物质的排放量也有所下降。但马世博（2016）通过实验发现，使用 E10 乙醇汽油后，CO 和 HC 排放整体低于普通 93 号汽油，NO_x（氮氧化物）排放略有升高。花飞等（2018）也得到了类似的结果，但其发现 NO_x 的上升幅度很小，并且 E10 乙醇汽油的 NMHC（non-methane hydrocarbon，非甲烷总烃）的排放也低于普通汽油。另外，使用乙醇汽油除了能降低上述污染性气体排放外，还减少了 MTBE（methyl tert-butyl ether，甲基叔丁基醚）的使用，这对于保护水资源及土壤环境意义重大。

因此，根据现有研究来看，发展燃料乙醇产业将同时起到减排和降低污染排放的作用。但对于我国，由于城市人口增多，城市规模扩大，私家车保有量快速上升，严重破坏了城市的空气质量，近年来许多城市也饱受雾霾之苦。在这样的背景下，我国政府更加重视燃料乙醇汽油对降低污染物排放的作用，成为政府近几年决定大力发展燃料乙醇产业的主要动机。

1.2.2　燃料乙醇产业发展的政策研究

1. 政策选择的研究

燃料乙醇产业的快速发展与国家的政策支持密不可分（Sorda et al.，2010），但对于新能源产业，政府可以选择的政策工具多种多样，只有选择了合适的政策才能收到预期的政策效果，保障产业的健康发展。

Mabee（2007）提出燃料乙醇发展政策有两种理论方式，一种是“自上而下”的政策选择，主要目的是创造燃料乙醇产业的发展环境。另一种是“自下而上”的政策选择，政策只是针对燃料乙醇产业或消费者。Legge（2008）认为，燃料乙醇产业发展政策工具应该包含公共强制命令、经济补贴、市场准入机制。Lucia（2010）分析了欧盟燃料乙醇政策的外部治理效应。

从现有的文献来看，对生产端财税政策的支持成为政府支持燃料乙醇产业的重点。首先，学者认为政府应当为燃料乙醇生产企业提供资金支持，帮助企业发

---

① PM：particulate matter，颗粒物。

展和建设（苏明等，2006）。对于资金支持的环节，燃料乙醇产业属于新兴产业，在生产技术方面尚不够成熟，特别是对于非粮燃料乙醇的生产，因此，学者呼吁政府应重视对初期资金需求量较大的科技研发环节提供支持，从而降低企业的生产成本（Hillring，1998；Davis and Owens，2003）。邢斐等（2016）认为，我国燃料乙醇生产企业的生产成本在世界范围来看还相对比较高，政府应当更加注重对于企业提供研发投入的支持，从而一劳永逸地解决高成本问题，保障产业的长足发展。但很多学者同时强调，仅提供研发的资金支持还不够，还应加大该类行业的专利保护力度，从而保护创新、鼓励创新（Uyterlinder et al.，2007；郭晓丹和何文韬，2011）。

从实际情况来看，我国燃料乙醇产业发展至今，政府的支持相对薄弱，如设立专项建设基金或提供低息贷款等政策措施都还显得非常有限。该类政策的缺失可能导致企业扩大产能及开展科技研发的积极性均受影响。

除提供建设或研发的资金支持外，对燃料乙醇生产企业提供补贴也是现在各国比较通行的做法（黄梦华，2011），目的就是提高企业的利润率，激发企业的生产积极性，从而提升其在市场上的竞争力（吕天文，2009）。对于我国燃料乙醇生产企业，范必（2015）认为，与传统能源企业相比，其在规模和成本上均没有太明显的优势，因此补贴政策对企业的生存发展尤为重要，若要使该产业进一步发展壮大，补贴的力度应该加强而非取消，特别是对于纤维素燃料乙醇，由于生产成本明显偏高，国家的补贴力度应该更高（朱青，2017）。陈俊任和陈清（2017）也认为，国家的补贴政策应当逐步向非粮燃料乙醇方向倾斜。此外，在对生产过程进行补贴的基础上，政府还可补贴其他环节。向丽（2017）通过对比不同国家的燃料乙醇补贴政策，认为我国的补贴政策需要进一步完善，应当重视补贴较为薄弱的环节，如企业置换设备的投资补贴、购买原材料的补贴、成本的销售补贴等，即选择最合适的补贴工具补贴最需要的环节。曹俐（2016）认为选择合理的补贴方式和补贴手段是充分发挥该政策的效果、实现补贴政策目标的关键。

对于上述财税政策，政府关注的重点仍在生产环节。文杰（2011）指出，财税政策应从生产和消费两大环节同时入手，并以正向激励政策和逆向限制政策鼓励新能源的实际利用，支持相关产业发展。吴昱和边永民（2013）认为，政府也应当针对燃料乙醇等新能源行业在消费端提供补贴政策。关于针对消费者的补贴，范英（2016）进一步研究认为，针对不同的收入阶层应当制定不同的乙醇汽油补贴政策，以最大限度地激发消费潜力。

前面提到的政策研究多从单一政策的角度开展研究，对此很多学者强调应该综合多种政策工具，设计一整套的政策体系来促进燃料乙醇产业的发展（赵子健和赵旭，2012；张帅，2017）。例如，对于财税政策，刘钺和杜风光（2014）

认为在财政政策上，可依据《中华人民共和国可再生能源法》(以下简称《可再生能源法》)，设立国家车用生物燃料专项基金，加大财政资金对生物质能源产业的支持力度；在税收政策上，对生物质能源产品，特别是秸秆原料产品免征消费税。而后，他们又提出政策工具应当考虑立法、定价机制、科研投入等多个方面，在各个环节保障企业和产业的良性发展（刘钺和杜风光，2018）。还有学者认为燃料乙醇产业的政策体系和政策手段的设计应当着重考虑产业引导和规制、产业技术支持、产业经济激励等多个方面，其中不同阶段的侧重点应当有所不同（刘险峰和刘纯阳，2014）。除此之外，政府的政策工具也不可一成不变，需要依照现实形势适时调整政策工具，使之符合新能源产业发展的生命周期（张宪昌，2014）。

上述研究对我国的燃料乙醇补贴政策的设计提供了很好的参考，包括重视资金支持，即把握好补贴力度、找准补贴重点、重视补贴薄弱环节、兼顾补贴消费端、设计完整财税政策体系及适时调整政策工具等。

2. 政策效果的研究

从实证研究上看，相关研究主要集中在对各国和各地区的燃料乙醇产业具体政策效果的评价上，并提出完善措施。Harmelink 等（2006）运用数理模型追踪欧盟燃料乙醇等新能源政策目标是否实现。Laird 和 Stefes（2009）研究了德国和美国新能源政策的不同轨迹。Mabee（2007）以美国为例，研究了直接债券项目和免除特许权税政策。Zapata 和 Nieuwenhuis（2009）分析了巴西燃料乙醇政策的经验。Schut 等（2010a）分析了莫桑比克燃料乙醇政策的得失。

从政策效果评价的指标维度来看，针对燃料乙醇产业政策效果的研究主要从实证的角度验证了各国各类产业政策对于社会福利、汽油价格及粮食价格的影响等（Schut et al.，2010b）。

从经济学的角度来看，财税政策等政府干预行为会导致社会总福利的损失（Gardner，2007）。Ando 等（2010）发现美国的乙醇添加指令和碳税减免会使得社会福利相对于最优政策时损失 610 亿美元，且添加指令也会降低添加汽油的价格。Gallagher 等（2003）还分析了美国 190 亿升乙醇的使用和甲基叔丁基醚的禁令对于社会福利的影响，研究发现这些政策会导致混合燃料更高的价格，进而减少汽油消费，降低社会福利。

除此之外，Rajagopal 等（2007）发现补贴政策还可能对粮食市场产生冲击，导致玉米等粮食价格上涨，但也会在一定程度上降低汽油价格（Rajagopal et al.，2007）。然而，Gorter 和 Just（2007）的研究则表明针对燃料乙醇的补贴政策对汽油价格没有影响，而玉米的市场价格由汽油价格和税收优惠决定；乙醇的税收减免会使得社会福利减少 13 亿美元，这部分福利减少来自税收减免的成本和玉米价格的上涨导致的玉米消费者盈余的损失。为此，有学者针对最优补贴额度开展了研究，意在最大限度降低政策导致的社会福利损失。Khanna 等（2008）发现可以将环境外部效应内部化的最优赋税应该是汽油每升 0.02 美元，乙醇每升 0.02 美元，按行驶里程计算每千米应该征 0.05 美元。而在考虑环境和能源安全的情况下，乙醇补贴的最优补贴标准应是 0.06 美元/升，但会引起负向的边际外部效用，原因是补贴使得混合汽油的价格降低，引起汽车燃料消费和 CO_2 等温室气体排放的增加（Vedenov and Wetzstein，2008）。

随着我国燃料乙醇产业的崛起，我国学者对于产业政策的制定和效果评价也进行了研究。例如，曹俐（2016）测度了我国液态生物质燃料补贴政策的效应，运用面板数据模型分别估算了财政专项补贴、税收政策优惠及二者共同作用下补贴政策对液态生物质燃料企业产出的影响程度，发现补贴政策能够促进企业产出的增加，能够改善企业收益水平，且财政专项直接补贴对产出的促进效应比单纯实施税收优惠效应更加明显。

1.2.3 CGE 模型在燃料乙醇相关研究中的应用

均衡模型可以分为局部均衡（partial equilibrium）模型和一般均衡（general equilibrium）模型。应用一般均衡模型具有代表性的研究是 OECD（Organization for Economic Co-operation and Development，经济合作与发展组织）与 FAO（Food and Agriculture Organization of the United Nations，联合国粮食及农业组织）建立的 AGLINK/COSIMO 模型、美国农业部经济研究服务中心构建的 ESIM 模型，以及 FAO 的 PAPRI 模型与国际粮食政策研究协会的 IMPACT 模型。小型的局部均衡模型主要用来分析有关生物燃料乙醇的具体问题。Havlik 等（2011）使用 GLOBIOM 模型研究了主要农业生产部门对土地的竞争性使用的问题。Witzke 等（2008）则对使用局部均衡模型研究能源作物的文献进行了综述。关于燃料乙醇研究中使用的 CGE 模型都是基于 GTAP（global trade analysis project，全球贸易分析）模型，如 Hertel 和 Beckman（2011）研究了农产品价格和能源产品价格的关系，认为由于能源原料的多样化及农产品用途的扩大，这种联系已经不如以前紧密。

更多学者基于 CGE 模型研究发展燃料乙醇产业对社会经济及资源环境等各方面的影响。社会经济层面，de Lucia 和 Bartlett（2014）研究了燃料乙醇产业对欧洲电价的影响，发现若燃料乙醇汽油得以大规模生产和使用，整个欧盟电价将普遍下跌，且东欧的趋势特别显著。其他学者主要关注燃料乙醇产业对发展中国家 GDP、家庭收入、社会福利等方面的影响（Doumax et al.，2014；Fujimori et al.，

2014a）。例如，Wianwiwat 和 Asafu-Adjaye 通过 CGE 模型研究了生物燃料的使用对泰国社会经济的影响，发现该国农业部门将从中获益。Gebreegziabher 等（2013）发现生物燃料投资可提高农业生产力和家庭福利。Schuenemann 等（2017）也基于该模型专门研究了低收入国家发展燃料乙醇对经济和粮食安全的影响，发现发展燃料乙醇将提高马来西亚的家庭收入，但会给粮食安全带来不利冲击。Nkolo 等（2018）发现生物燃料的扩张在发达国家和发展中国家产生的社会经济影响有明显差异，其中，对发展中国家的 GDP 和家庭收入影响更大，但发展中国家面临的土地短缺、粮食供应不足等风险也相对更高。Cabral 等（2017）研究了发展燃料乙醇产业对塞内加尔经济的影响，发现该产业的发展将减少塞内加尔贫困人口数量，其中，城市贫困人口数量下降的速度更快。Debela 和 Tamiru（2016）则通过 CGE 模型研究了生物燃料投资对埃塞俄比亚经济增长、贫困和粮食安全的影响，发现生物燃料投资可促进经济增长并减少贫困，生物燃料投资和粮食生产之间存在互补性。

资源环境层面，学者主要通过 CGE 模型研究燃料乙醇产业对温室气体排放或对土地、能源使用的影响。Plevin 等（2015）研究了扩大燃料乙醇生产对巴西和美国温室气体排放与土地利用的影响，发现燃料乙醇生产原料的差异对土地和温室气体排放的影响并不明显，因此，各国应当在考虑粮食安全的基础上选择最具经济效益的原料。Timilsina 和 Mevel（2014）也基于 CGE 模型研究了生物燃料对缓解全球气候变化的作用。Gunatilake 等（2014）关注燃料乙醇的使用对印度能源安全的影响，发现该国燃料乙醇产业在保障能源安全方面的作用有限，且由于土地和人口的制约，该国不适宜大力发展粮食燃料乙醇产业，需要重视 2 代纤维素燃料乙醇的发展。

也有学者通过 CGE 模型研究能源或燃料乙醇产业相关政策的影响。在能源政策研究方面，学者主要使用 CGE 模型对能源环境税收政策（魏巍贤，2009；童锦治和沈奕星，2011）、节能减排政策（何建武和李善同，2009）、碳税政策（朱永彬等，2010）进行了研究。在燃料乙醇产业政策研究方面，Virginie 和 Sarasa（2018）通过 CGE 模型发现对该产业的公共补贴政策对促进非粮燃料乙醇的发展尤为重要。Chanthawong 等（2018）通过 CGE 模型研究了泰国燃料乙醇补贴政策对泰国 GDP 和社会福利及能源总消费的影响，发现只有较高的补贴才能给经济和社会福利带来明显的改善，且补贴水平应使得燃料乙醇汽油价格比普通汽油价格更低，以吸引消费。Sajedinia 和 Tyner（2017）利用 CGE 模型评估了燃料乙醇政策对经济和环境的影响，发现不同类型的政策工具对经济环境的影响差异很大，政府应当选择合适的政策工具组合，以增加该产业对经济环境的正外部性。

由于 CGE 模型可以用来全面评估政策的实施效果，近年来许多学者用该模型分析税收、环境政策、贸易政策等对国家或地区的产业结构、劳动力市场、收入分配、福利方面的影响。能源政策通常与经济系统中价格、产量、收入分配及消费等都有紧密关系，因此能源政策的研究需要一个连贯且系统的工具（杨岚等，2009）。因此，对于燃料乙醇产业政策效果评价的研究方法主要是一般均衡模型。

1.2.4 文献述评

综合上述研究文献，可以就前人关于燃料乙醇产业及相关研究概括如下。

（1）燃料乙醇产业发展会对社会、经济、能源和环境带来影响。由于可能“与人争粮”“与粮争地”，燃料乙醇产业宜趋向以产自边际土地的非粮原料作物作为原料。燃料乙醇的推广使用不仅能够提高能源供给保障程度，还能对减少温室气体排放、降低环境污染做出贡献。

（2）燃料乙醇产业发展离不开政策支持。各国经验表明，出于原料来源、生产技术等方面的原因，燃料乙醇产业发展得益于政府财税和投资等多方面政策的支持，同时，燃料乙醇产业发展又会对就业等社会福利产生正向影响。

（3）从研究方法来看，前人研究主要集中在单一模型、局部均衡或一般均衡静态条件下的研究，缺乏以需求趋势为导向对燃料乙醇产业从原材料选择到产业生产和消费导向等多方位政策设计及其影响的系统研究。

前人的研究一方面为本书的研究提供了基础和论点的支撑，另一方面为本书的研究指明了方向。

1.3 研究内容与方法

1.3.1 研究内容

根据前人研究成果及其不足，结合现实需求，本书的研究内容主要包括五个部分。

1. 中国燃料乙醇供求分析

该部分首先系统分析我国燃料乙醇产业发展现状及其与土地供给、粮食安全、能源安全、能源结构、低碳排放等宏微观环境之间的关系，在此基础上，对 2025 年一定的经济增长目标、能源安全与环境保护目标下的燃料乙醇需求量进行预测；其次，对土地供给潜力、粮食安全、不同原材料燃料乙醇转化率等条件下的燃料乙醇供给潜力进行分析；最后，综合供给端、需求端及新近政策导向评价燃料乙醇供求关系，并确定供求量。

2. 燃料乙醇产业发展的政策需求分析与政策设计

该部分以产业经济理论、公共政策理论等为基础，从理论研究的角度分析燃料乙醇产业发展政策的理论需求；分析我国燃料乙醇产业现有政策的实施效果与不足，结合国外典型国家燃料乙醇产业在不同发展阶段的政策与实施效果，提出我国燃料乙醇产业发展政策的实际需求；以燃料乙醇供求目标为基础，结合燃料乙醇产业的理论和实际需求，从政策网络的角度对燃料乙醇产业发展需求的政策类型与政策工具进行多种组合方案设计。

3. 燃料乙醇产业发展动态 CGE 模型的构建

该部分基于一般均衡理论，构建动态 CGE 模型，将燃料乙醇产业作为宏观经济的一部分，从宏观和中观的角度对燃料乙醇产业发展政策进行系统模拟和评价。模型的构建主要包括 SAM 的编制、模型基本假设条件的设立、经济主体与生产要素的设定、模型模块的构建及模型的动态扩展等，保证模型的稳定和有效。

4. 基于动态 CGE 模型的政策模拟

该部分将设计的政策方案进行量化，并引入动态 CGE 模型中，对我国燃料乙醇产业发展政策效果进行模拟；对不同政策的组合方式和不同政策实施强度的实施效果进行评价和对比分析，从而对政策方案进行选择与优化。

5. 实证研究与政策建议

该部分结合燃料乙醇产业发展状况，选择国内燃料乙醇试点工作较为成熟的省份（以“A 省”代称）为实证研究样本地区，对其燃料乙醇生产与消费现状进行实地调查，根据动态 CGE 模型模拟的结果和实地调查情况，对燃料乙醇产业发展政策进行修改完善，最后提出我国燃料乙醇产业发展的政策建议。

1.3.2 研究方法

本书除采用文献调研、实地调查、统计分析等方法外，主要采用投入产出模型和动态 CGE 模型进行燃料乙醇产业发展政策研究。

1. 投入产出模型

投入产出模型在本书中用于预测 2025 年燃料乙醇需求量。本书利用双比例平衡法（又称双比例尺度法，简称 RAS 法）编制 2025 年投入产出表，针对 2025 年的 GDP 能耗目标和碳排放目标，预测燃料乙醇的需求量。根据国土资源大调查关于全国耕地后备资源调查评价的数据，确定燃料乙醇不同原料的土地供给潜力和最大产量；依据各类原料与燃料乙醇之间的转化率，在综合考虑燃料乙醇生产对粮食安全、生产成本等影响的基础上，确立不同原料生产燃料乙醇的供给潜力；从供给端、需求端及新近政策导向入手，综合评价燃料乙醇供求关系，并确定供求量。

2. 动态 CGE 模型

动态CGE模型在本书中用于燃料乙醇产业发展政策模拟与评价。以我国2012年投入产出表为基础，采用自上而下法，结合国民账户统计数据，编制燃料乙醇产业 SAM。以传统 CGE 模型的原理和方法为基础，结合本书作者的前期研究成果（Ge and Tokunaga，2011；Ge et al.，2014；Ge and Lei，2017），设定商品市场、要素市场及宏观经济环境的基本假设条件，确定模型中的居民、企业、政府等经济主体，资本、劳动力、土地等生产要素，以及燃料乙醇产业、替代产品制造业、农业等生产部门，并根据生产部门、生产要素之间的市场机制，构建生产模块、居民模块、贸易模块、市场均衡模块等模块；通过引入资本、劳动力等动态递推因素，将静态模型扩展成为动态 CGE 模型，用于对所设计的燃料乙醇产业政策效果的模拟评价。

1.3.3 技术路线

首先，利用文献调研法和实地调研法，分析我国燃料乙醇产业的现状与发展环境；以能源供给安全与低碳排放为导向，利用投入产出模型预测燃料乙醇需求量；根据燃料乙醇不同原料的土地供给潜力和各种原料与燃料乙醇的转化率，结合环境约束、粮食安全、生产成本等因素，计算燃料乙醇供给潜力；分析燃料乙醇供求趋势，为政策需求分析和政策评价奠定基础。

其次，基于公共政策学理论和产业经济学理论研究燃料乙醇产业发展政策理论基础，并以此为指导，分析和评价国内外现有政策，提出燃料乙醇产业的理论和实际需求；结合未来燃料乙醇产业的供求目标，设计燃料乙醇产业发展政策。

再次，通过构建 SAM，以静态 CGE 模型为基础，采用动态跨期链接方法，构建燃料乙醇动态 CGE 模型。接着，对政策进行量化，基于动态 CGE 模型评价所设计政策的运行效果，结合国内外专家的意见和建议修改和完善政策。

最后，选择国内燃料乙醇试点工作较为成熟的 A 省进行实地调查，进一步修改和完善政策，提出最终政策建议。

具体技术路线见图 1-2。

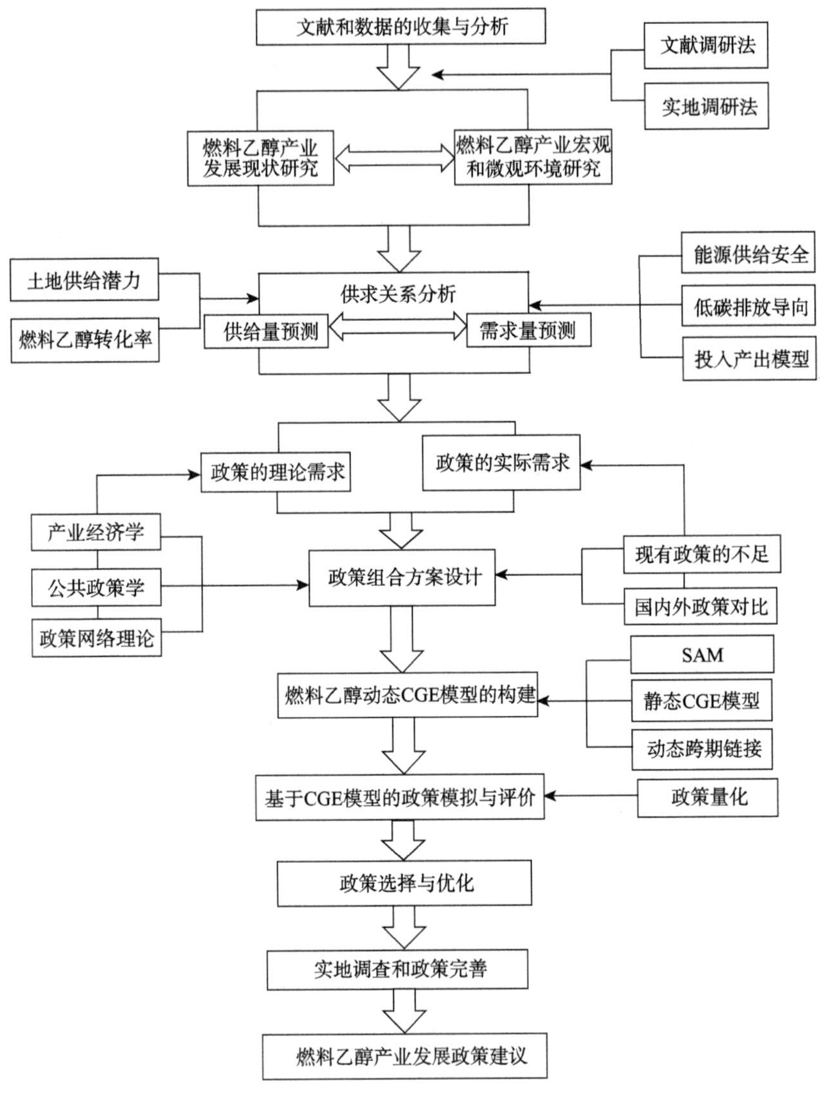
文献和数据的收集与分析
文献调研法
实地调研法
燃料乙醇产业发展现状研究
燃料乙醇产业宏观和微观环境研究
土地供给潜力
燃料乙醇转化率
供求关系分析
供给量预测
需求量预测
能源供给安全
低碳排放导向
投入产出模型
政策的理论需求
政策的实际需求
产业经济学
公共政策学
政策网络理论
政策组合方案设计
现有政策的不足
国内外政策对比
燃料乙醇动态CGE模型的构建
SAM
静态CGE模型
动态跨期链接
基于CGE模型的政策模拟与评价
政策量化
政策选择与优化
实地调查和政策完善
燃料乙醇产业发展政策建议

图 1-2　技术路线图

第 2 章　世界及中国燃料乙醇产业发展与政策

自 20 世纪 70 年代以来，巴西、美国及德国、法国等欧盟国家的燃料乙醇产业发展迅速。我国从 2000 年开始利用陈化粮和非粮作物生产燃料乙醇，并大力开展车用乙醇汽油推广应用的试点工作。在中央及地方政府各项政策支持下，我国很快成为继美国和巴西之后的世界第三大燃料乙醇生产和消费国。各国基于本国的原材料市场，选择不同作物生产燃料乙醇，又基于国际、国内能源形势的变化，对政策的具体工具、支持力度进行适时调整。因此，各国燃料乙醇产业的发展现状、发展初衷及各阶段的政策都存在很大差异。本章将对上述有关国家的燃料乙醇产业发展情况及对应的产业政策进行详细的梳理、分析和比较，为我国完善燃料乙醇产业发展政策提供借鉴。

2.1　世界典型国家燃料乙醇产业发展与政策

美国是最早开发和使用燃料乙醇的国家。早在 20 世纪初，美国就开始在各类汽车上进行车用乙醇汽油的应用试验，主要涉及确定最佳混配比例及对汽车发动机的改造问题（Bernton et al.，1982）。紧接着，欧洲的德国、法国、英国及南美洲的巴西也陆续开始车用乙醇汽油的研究和使用（Kovarik，2009）。其后，随着石油的大量发现和开采，以及石油售价的相对低廉，石油工业得以快速发展，燃料乙醇产业作为石油的替代产业也因此遭受挫折，各国逐渐终止了对燃料乙醇的研发工作（Goettemoeller J and Goettemoeller A，2007）。直至 20 世纪 70 年代，两次石油危机促使一些国家，特别是美国和巴西又重新启动了燃料乙醇生产和使用计划（兰肇华，2009）。

美国和巴西已成为目前世界上燃料乙醇发展最为成熟的两个国家。2017 年，美国和巴西的燃料乙醇产量分别为 15 800 百万加仑和 7 060 百万加仑（Renewable Fuels Association，2018）。通过生产和使用燃料乙醇，美国的石油对外依存度逐渐下降。例如，2014 年，美国生产的燃料乙醇替代了 5.12 亿桶原油提炼出的汽油，这个数字略高于美国每年从沙特阿拉伯王国进口的原油量，如果没有燃料乙醇，美国石油净进口依存度将由 28%提高到 35%（贾科华，2015）。巴西车用乙醇汽油中的燃料乙醇平均添加比例稳定在 20%左右，其国内生产的燃料乙醇不仅能满足国内需求，每年还可以出口一部分燃料乙醇，2010 年前巴西一直是世界上最大的燃料乙醇出口国，直到 2010 年被美国取代（曹俐和吴方卫，2011b）。欧盟的燃料乙醇产业也已经具备相当大的规模，发展较快。此外，还有许多国家对燃料乙醇的生产和应用比较重视，陆续开始发展燃料乙醇产业，这其中发展较快的有阿根廷、加拿大、印度等。然而，相比美国、巴西及欧盟，这些国家的燃料乙醇产业还处在起步和效仿阶段，下面将分别介绍美国、巴西和欧盟的燃料乙醇产业现状和政策经验。

2.1.1 美国燃料乙醇产业现状与政策

1. 现状

美国玉米种植业发达，是全球玉米生产和出口大国，这也给美国的燃料乙醇产业发展带来得天独厚的优势。此外，美国政府对生物燃料产业，特别是燃料乙醇产业的发展始终给予高度的重视和大力的支持，针对燃料乙醇生产企业出台了一系列扶持政策，给美国的燃料乙醇产业提供了很好的发展条件和政策环境。

20 世纪 80 年代开始，由于国际石油价格屡创新高，DOE（Department of Energy，美国能源部）将燃料乙醇列入可再生能源战略的重要研究项目，燃料乙醇产业迅速扩张，产量不断提高并呈现井喷式增长（图 2-1），于 2006 年开始取代巴西成为世界上燃料乙醇产量最大的国家。1980~2017 年，美国燃料乙醇产量从 175 百万加仑增加到 15 845 百万加仑（EIA[①]，2018），且近年来在全球燃料乙醇中的占比始终保持在 58%左右（Renewable Fuels Association，2017）。美国的车用乙醇汽油中燃料乙醇混合比例为 5%~85%，而对于混合比例在 10%以下的车用乙醇汽油可以不用改造发动机，直接在传统汽油驱动的汽车上使用（EIA，2018）。此外，美国为促进生物质能源的发展，联邦政府和州政府联合建立了包括目标计划、强制指令、财税激励、科研开发等一系列的优惠政策和保护措施体系，涉及研发、生产、消费等各个环节（USDA，2017a）。

在生物质能源生产中，原料成本占总成本的 66%左右，因此选择什么样的原料就决定了产业的发展方向和潜力（Budimir et al.，2011）。2016 年，美国玉米产量达到 3.85 亿吨，过去 20 年，美国每年玉米产量均占全球玉米总产量的 40%左

---

① EIA：U. S. Energy Information Administration，美国能源情报署。

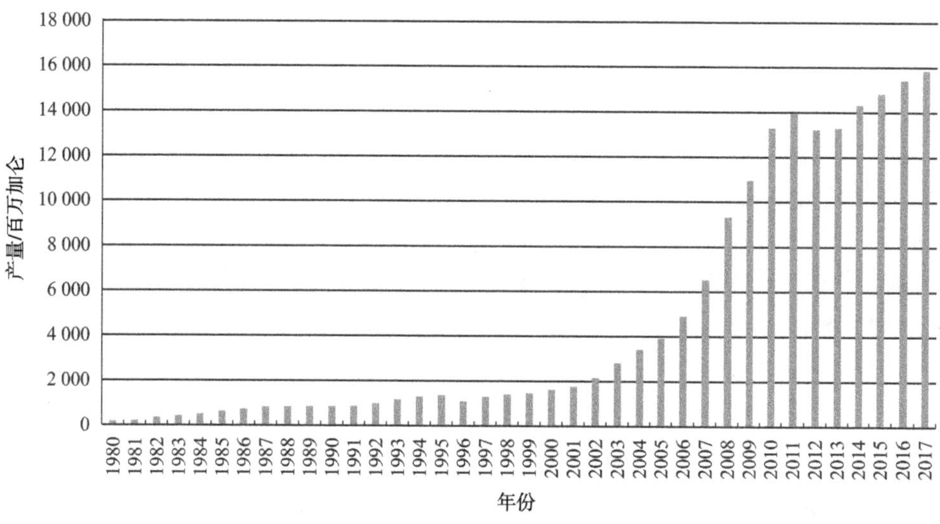

图 2-1　1980~2017 年美国燃料乙醇产量

资料来源：EIA（2018）

右，是不折不扣的玉米王国（USDA，2018a）。机械化生产及现代化技术的大力推广和使用，使得美国以玉米为原料生产燃料乙醇不仅具有效率优势，也具有规模优势，综合优势明显。因此，基于资源禀赋的优势，美国发展玉米燃料乙醇成为必然选择，玉米燃料乙醇在该国燃料乙醇总产量中的比重始终保持在 90%以上（USDA，2017a）。以纤维素为原料的 2 代燃料乙醇在技术上尚不成熟，大规模生产在经济上缺乏可行性，因此，玉米在可预见的未来都将会是美国燃料乙醇最主要的生产原料。EIA 预测，到 2030 年美国以玉米为原料的燃料乙醇将占到 93%以上，而以纤维素为原料的燃料乙醇则不超过 7%（EIA，2007）。同时，美国燃料乙醇产业的迅速发展在刺激国内玉米需求增加的同时也引起玉米价格的大幅上涨，带动其国内玉米播种面积与产量的持续增加，使农户从中直接受益。

在消费端，美国超过 95%的汽油产品里面添加有 10%的燃料乙醇（即 E10 乙醇汽油），只有阿拉斯加州使用纯汽油。随着 E10 乙醇汽油在美国的普及，E15 乙醇汽油（汽油中添加 15%的燃料乙醇）的应用也已经启动。从 2011 年开始，美国环境保护署（US Environmental Protection Agency，EPA）规定，2001 年以后生产的车型都可加入 E15 乙醇汽油，到 2015 年这种允许使用 E15 乙醇汽油的车型已占道路车辆的 64%（USDA，2016）。2012 年 5 月 16 日，DOE 发表报告称，对总行驶里程达 600 万英里[①]的 86 辆汽车进行的实验道路测试表明，使用 E15 乙醇汽油的发动机磨损情况与使用其他实验燃料的发动机磨损情况没有本质区别。美

① 1 英里=1.609 公里。

国可再生燃料协会也表示，E15 乙醇汽油已经通过美国各方面最为严格的应用测试。除了低比例的 E10 乙醇汽油、E15 乙醇汽油市场发展迅速，燃料乙醇添加比例达到 85%的 E85 乙醇汽油市场份额也逐渐扩大。2011 年底，美国大约有 1 000 万辆使用 E85 乙醇汽油的汽车在道路上行驶。截至 2012 年 3 月，美国已有 2 900 个 E85 乙醇汽油加油站，主要集中在中西部黄金谷物带上（DOE，2014）。为了进一步推进E85乙醇汽油的应用,美国政府准备新建10 000个乙醇汽油调和泵站，可调合各种比例的乙醇汽油，并为 E85 乙醇汽油汽车服务（冯文生等，2013）。

2. 政策

美国燃料乙醇产业发展能够取得成功归功于多方面的因素，但联邦政府出台的一系列支持法案和优惠政策是促进和保障燃料乙醇产业快速发展的基础。美国针对燃料乙醇的研发生产建立了完善的政策体系，通过多层次、大力度的财税政策促进了燃料乙醇产业的发展。具体包括以下几类政策工具。

1）强制性政策工具

美国国会于 1963 年颁布的《清洁空气法案》（Clean Air Act）规定了严格的机动车排放标准，并在《1990 年清洁空气法修正案》（The Clean Air Act Amendments of 1990）中要求从 1992 年冬季起，美国 39 个 CO 排放超标地区必须使用含氧量达到 2.7%的汽油,同时要求从 1995 年开始,美国 9 个臭氧超标的地区使用含 85%甲基叔丁基醚的混合汽油。1999 年，美国环境保护署发表公告，将在国会立法，在不牺牲清洁空气方面已取得成果的前提下，减少甲基叔丁基醚的使用，改为使用车用乙醇汽油。2005 年，乔治·沃克·布什总统颁布《2005 年能源政策法案》（Energy Policy Act of 2005），规定到 2012 年美国燃料乙醇产量达到 75 亿加仑，同时，于 2007 年 4 月正式颁布《可再生燃料标准》（Renewable Fuels Standard，RFS）。RFS 要求每年可再生能源的最低消费量在 2007 年达到 47 亿加仑，占当时美国全国运输燃料消费总量的 4.66%。2007 年 12 月，美国颁布《2007 年能源与独立安全法》（Energy Independence and Security Act of 2007），要求到 2022 年美国的可再生燃料要达到 360 亿加仑，其中 2 代纤维素燃料乙醇的使用量达到 160 亿加仑，对于各项生物燃料还设定了每年的阶段性任务。此外，该法案还要求生物燃料的投资在 4 年内必须达到 110 亿美元，在 10 年内增加到每年 460 亿美元，15 年内增加到 1 050 亿美元。2011 年 5 月，《2011 年开放燃料标准法案》（Open Fuel Standard Act of 2011）在美国民主党和共和党的支持下被引入国会。该法案规定，2014 年生产的汽车中需要有至少 50%的汽车可以使用混合燃料乙醇汽油，而这一比例在 2016 年和 2017 年需要达到 80%和 95%，该法案的主要目标是促进使用乙醇或甲醇燃料驱动的灵活燃料汽车的发展。

上述一系列强制性政策为美国燃料乙醇产业的发展奠定了坚实的基础，同时也为该产业的发展指明了方向，促进了该产业稳步且坚实的发展。

2）混合性政策工具

美国针对国内燃料乙醇产业发展提供的混合性政策工具主要是税收优惠和财政补贴。为了在该产业发展初期激发燃料乙醇生产企业的积极性并保障国内燃料乙醇的供给，美国这类政策主要针对生产端，以对国内燃料乙醇的生产给予直接财政补贴为主。在国内燃料乙醇产业的起步阶段，美国通过 1978 年颁布的《能源税收法案》（Energy Tax Act）将对燃料乙醇的生产补贴从 40 美分/加仑大幅提高到 60 美分/加仑，并要求针对 E10 乙醇汽油，每加仑减免征收 4 美分的消费税。这一高额的财政补贴力度不仅保障了企业的利润空间，也促进了该产业的迅速成型和发展。为了保障国内燃料乙醇产业的持续高速发展，美国于 1988 年通过《21 世纪交通效率法案》（Traffic Efficiency Act of 21st century），将补贴期限延长到 2007 年。但随着国内燃料乙醇产量的迅速增长，联邦政府面临较大的财政压力，并于 1992 年通过《能源政策法案》（Energy Policy Act）将补贴额度从原来的 60 美分/加仑下调到 51 美分/加仑。

进入 21 世纪后，随着甲基叔丁基醚混合汽油逐渐被禁止，乙醇汽油的使用范围和消费量迅速提高，美国国内燃料乙醇的产量也稳步上升（图 2-1），该产业进一步成熟壮大。但这也给联邦政府带来愈加沉重的财政负担，2008 年，美国国会颁布《2008 年食物、资源保护及能源法案》（Food，Conservation，and Energy Act of 2008），又将补贴额度从 51 美分/加仑调低到 45 美分/加仑。2011 年 6 月 16 日，美国国会通过《经济发展修正法案》（Amendments to the Economic Development Bill）废除了针对燃料乙醇生产的相关补贴。

从美国针对国内燃料乙醇生产的财政补贴历程来看，该政策主要用于产业发展初期，目的是保障企业的合理利润空间，以维持企业的生产积极性。同样体积的燃料乙醇和汽油相比，燃料乙醇的燃烧能量相当于汽油的 2/3，只有补贴才能维持燃料乙醇较高的销售价格以保障企业利润，因此，产业发展初期持续的财政补贴对于产业的成型和发展至关重要。而在产业发展到一定规模、产量迅速扩大之后，相应的财政补贴力度可以适度调整，当产业规模达到一定程度，市场便可调节供需关系并保障企业生产，此时即便取消财政补贴也不会给产业的生存发展带来显著不利影响。

美国从 1978~2011 年持续地对国内燃料乙醇生产提供较大力度的财政补贴，随着产业规模扩大，补贴政策不断调整，直至取消。但可以看到，在该过程中财政补贴对产业发展的影响程度越来越小，如 2008 年美国下调补贴额度后，产量增速并未受太大影响，而在 2011 年完全取消财政补贴之后，产量虽在 2012 年有所回落，但从 2013 年开始又继续其强劲的上涨势头，此时美国早已成为全球燃料乙醇最大的生产国。

美国政府还注重保护和扶持小规模燃料乙醇生产企业，1980 年《能源安全法案》(Energy Security Act) 对生产规模低于 100 万加仑的生产企业提供担保，联邦政府与生产企业签订购买协议，实行最低收购价格，并为该类企业的建设和扩张提供低息贷款等。美国政府在 2009 年后也开始注重加强对非粮燃料乙醇的支持力度，推出针对 2 代燃料乙醇生产的补贴政策。2008 年，美国国会通过了对纤维素燃料乙醇生产企业实施税收优惠的政策，即从 2013 年 1 月 1 日起，纤维素燃料乙醇生产企业的所得税减免标准为 1.01 美元/加仑。除此之外，美国政府还对农民种植纤维素作物给予资金支持。2008 年颁布的《美国农业法案》规定对种植纤维素作物的农民，生产企业需要给予 1∶1 且不高于每吨 49.5 美元的成本分摊，降低农民在收割、储存及运输中的成本。2010 年 10 月 21 日，美国农业部发布了促进 2 代生物质能源发展的两项新举措：第一，在特定的区域内，通过合同签订的方式对种植有关生物质能源作物的农场提供最高 75%的成本补助；第二，对从农场到企业的运输成本给予补贴。除联邦政府补贴外，各州政府也出台了相应政策，支持燃料乙醇产业发展。

除了生产补贴，为防止进口燃料乙醇对国内市场产生冲击，美国 1980 年颁布的《综合和解法案》(Omnibus Reconciliation Act) 对外国 (主要针对巴西) 生产的燃料乙醇征收每加仑 54 美分的进口关税 （Tyner，2015)。

美国政府也注重对燃料乙醇使用环节提供信贷支持。1988 年的《替代能源安全法案》(Alternative Motor Fuels Act) 规定对生产替代燃料汽车的生产企业提供信贷优惠，满足企业平均燃油经济性 (Corporate Average Fuel Economy，CAFE) 标准。

美国政府同时注重燃料乙醇生产的技术研发投入，于 2006 年提出“美国竞争力计划”与“先进能源计划”两个燃料乙醇发展的国家级研发计划。该计划通过加大研发投入、改变能源结构实现“10 减 20 的目标”(即 10 年之内减少 20%的汽油使用量)，主要是为了纤维素燃料乙醇生产具有成本竞争力。美国联邦政府在生物燃料的研发投入方面，2006 年的财政预算为 0.9 亿美元，2008 年增长到 1.79 亿美元，2008 年财政预算还为 3 个创新生物研究中心提供了 7 500 万美元的科研经费，主要用以研究从玉米秸秆及柳枝等植物中提取生物燃料的技术。

2.1.2 巴西燃料乙醇产业现状与政策

1. 现状

1973 年爆发的第一次世界石油危机使严重依赖石油进口的巴西付出了沉重的经济代价。为满足国民经济增长对能源的需要，提高能源自给率，巴西政府从 1975 年开始实施国家燃料乙醇计划，扩大燃料乙醇生产，提高燃料乙醇的使用水平，巴西燃料乙醇产业得到快速稳定发展，经过 40 余年的发展，巴西已成为仅次于美国的全球第二大燃料乙醇生产和消费国。

在生产端，作为全球最大的甘蔗燃料乙醇生产国和第二大燃料乙醇出口国，2016 年，巴西燃料乙醇产量达到 2 178 万吨，仅次于美国，占世界燃料乙醇总产量的 28%（Renewable Fuels Association，2017）。由于巴西土地面积辽阔、气候条件独特，甘蔗的年产量和含糖量均高于国际平均水平。甘蔗产业历来是巴西经济的支柱产业之一，甘蔗产量居全球之首。2017~2018 年，巴西压榨甘蔗 6.17 亿吨，整个甘蔗产业及产业链总产值约占巴西 GDP 的 2.3%，占农业总产值的 15%（USDA，2017a）。基于资源禀赋的优势，甘蔗被作为巴西发展燃料乙醇的主要原料，用于生产燃料乙醇的甘蔗比例维持在 50%以上。另外，巴西燃料乙醇生产过程中耗能低，生产 1 升含水乙醇和无水乙醇所需水蒸气分别为 2.0 千克和 2.8 千克，蔗渣和蔗叶均被用于产生电能和热能，因此，巴西的燃料乙醇生产企业基本能实现能源自给。1996 年，巴西燃料乙醇生产企业的生产成本约为 47 美分/升，随后持续回落至 2002 年的 21 美分/升左右，随着能源价格、土地租金和劳动力成本的持续上升，2008 年巴西燃料乙醇生产企业的平均成本重新上涨至 48 美分/升，但在全球依然具有非常明显的成本优势（詹啸，2012）。除了以甘蔗作为燃料乙醇生产原料外，巴西还计划利用甘蔗渣作为原料生产纤维素燃料乙醇，该技术可从相同重量的甘蔗中提取 2 倍以上的燃料乙醇，预计生产成本为 25 美分/升，远低于其他国家燃料乙醇生产成本，其商业化前景极好（景永静，2009）。

在消费端，巴西一直是世界上车用乙醇汽油消费量最大的国家之一，也是目前唯一不使用纯汽油作为汽车燃料的国家。从 1979 年开始，巴西汽车工业就生产使用混合比例较高的燃料乙醇汽车。这一年，巴西受到第二次世界石油危机冲击后，燃料乙醇生产技术明显提高，首辆以 100%燃料乙醇驱动的汽车问世并试验成功。在巴西政府财政补贴和优惠贷款等措施的大力支持下，1984 年，巴西生产的燃料乙醇汽车数量占当年全国汽车总产量的 94.4%（张君和刘德华，2004）。1979~1995 年，巴西先后生产以车用乙醇汽油驱动的汽车达 540 万辆（路明，2004）。截至 2015 年 6 月，巴西国内车用乙醇汽油驱动的汽车累计销量达 2 550 万辆，车用乙醇汽油驱动的摩托车销量达 400 万辆（Posada and Façanha，2015）。巴西国内交通燃料油主要有 3 种：纯乙醇（乙醇含量大于 93%）、乙醇汽油（乙醇含量为 22%~26%，E22 乙醇汽油、E25 乙醇汽油等）和柴油（兰肇华，2009）。出口方面，巴西一度是世界上最大的燃料乙醇出口国（2010 年被美国超越），2016 年燃料乙醇出口达 2.5 亿加仑，2018 年燃料乙醇出口量达到 2.96 亿加仑，其燃料乙醇主要出口到印度、瑞典、日本、美国等多个国家（USDA，2018b）。

综上所述，巴西燃料乙醇产业的顺利发展主要基于以下三方面因素：第一，原料供应充足、稳定。巴西大多数燃料乙醇生产企业是制糖与制乙醇联产，具有大面积甘蔗种植基地，原料来源稳定且供应充足。从甘蔗种植面积看，长期增长空间巨大。巴西国土面积为 851 万公顷，其中，天然林与保护面积 495 万公顷，占 58.2%；耕地面积 329 万公顷，占 38.7%。耕地面积中，甘蔗种植面积 8.14 万公顷，仅占耕地面积的 2.5%。剩余可耕地面积有 111 万公顷，占耕地面积的 33.7%（曾晓安，2012）。第二，生产成本优势明显。甘蔗作为燃料乙醇的生产原料产出高，比玉米、小麦等原料的生产成本优势明显，尤其是巴西气候条件好，甘蔗品种不断改良，加上大规模种植和机械化生产，甘蔗产量仍在提高，成本下降空间仍比较大。第三，政策支持。巴西燃料乙醇产业发展至今始终伴随着政策的强力支持和引导，特别是在消费端，政府严格规定了燃料乙醇的混配比例，且在全国范围内推广，并配合相应的补贴政策，保障企业的生产积极性，达到供需平衡和产业的长足发展。

2. 政策

巴西政府在支持燃料乙醇产业的发展上做出了巨大努力，通过各种扶持政策和法律法规的不断完善，2009 年后，巴西的甘蔗燃料乙醇已经做到不依靠财政补贴与进口石油竞争。巴西政府针对燃料乙醇产业的具体政策包括以下几个方面。

1）强制性政策工具

巴西政府主要通过强制规定车用汽油中燃料乙醇的混配比例来推动该产业的发展。巴西的燃料乙醇产业最早开始于 20 世纪 20 年代，政府在 1931 年规定汽油中至少添加 5%的乙醇，公务车至少添加 10%的乙醇。其后，由于油价的下跌，该规定停止实施（Kovarik，2008）。一直到 1975 年，巴西政府出台了《国家乙醇燃料计划》（National Ethanol Fuel Program），该计划旨在通过增加燃料乙醇产量扩大燃料乙醇生产规模、授权石油公司在汽油中按一定比例添加燃料乙醇等措施，应对石油危机的冲击，并将燃料乙醇视为替代石油等化石能源的主要能源。该计划确定了甘蔗燃料乙醇的发展方向，强制要求国内汽油汽车使用甘蔗燃料乙醇，1976~1992 年，燃料乙醇与汽油的混合比例在 10%~22%波动。1993 年 10 月，巴西通过了一项联邦法律，要求全国范围使用 E22 乙醇汽油，并授权执行人员在预先设定的边界内设定不同的燃料乙醇添加比例。自 2003 年以来，这一限制最高固定在 25%，最低为 20%。2007 年 7 月，政府将强制混合比例的限制设定在 25%（Rico，2008）。到 2015 年 3 月，政府又将这一比例上调到 27%，并鼓励开发专门以无水乙醇做燃料的汽车（Amato and Matoso，2015）。

除此之外，巴西政府为燃料乙醇产业的顺利发展提供了三个重要的便利条件：第一，规定巴西国家石油公司（Petrobras）必须购买规定数量的燃料乙醇；第二，要求银行向与该产业相关的农业和工业企业提供低息贷款；第三，固定汽油和燃料乙醇的价格，其中，燃料乙醇的销售价格为政府设定汽油价格的 59%，以提升其市场竞争力。

2）混合性政策工具

巴西的《国家乙醇燃料计划》是当时世界上规模最大的石油替代计划。在该计划实施初期，巴西政府主要利用当时的乙醇蒸馏厂和制糖厂的生产能力来生产燃料乙醇。之后，出于扩大产能的需求，政府为燃料乙醇生产企业的基本建设投资提供贴息贷款，截至 1980 年，全国使用 E20 乙醇汽油的目标基本实现。1981 年，政府与国内汽车厂商签署大规模燃料乙醇汽车协议，再加上燃料乙醇汽车享受较低的营业税及燃料乙醇的价格管制，使得燃料乙醇动力车占轻型汽车的大部分比例。政府还通过征收汽油消费税对燃料乙醇进行价格补贴，1979~1989 年，巴西政府对燃料乙醇生产企业投资总额超过 1.5 亿美元，税收减免超过 7 亿美元，包括对使用车用乙醇汽油的汽车收取的税收低于普通汽车税收、降低汽车所有权税、免除燃料乙醇营业税、给予车用乙醇汽油加油站税收优惠等。另外，普通乙醇的生产者和分销商累计税负不超过 9.25%，且在二者之间分摊，以支持燃料的发展。在这样的政策支持下，1980~1989 年 10 年间，巴西燃料乙醇的年产量增长了 3 倍（Renewable Fuels Association，2017）。2010 年 6 月，政府在巴西北部和东北部贫困州，对能源作物规模达到 10 000 公顷的种植农户提供每公顷 5 美元的价格补贴，激发了农户的种植积极性。

巴西政府通过上述财税政策支持燃料乙醇产业发展的同时，也十分重视相关技术的研发投入，组织科研机构、高等院校和企业开展与燃料乙醇相关的技术创新工作。在这样的激励政策下，巴西先后研制出世界上第一辆燃料乙醇汽车、“灵活燃料”汽车（可任意选择完全使用 100%乙醇或汽油与乙醇以任意比例混合的汽车）及第一架燃料乙醇飞机等（张帅，2017）。

2.1.3　欧盟燃料乙醇产业现状与政策

1. 现状

欧盟具有发达的交通系统，因此，其车用汽油的使用量较大。为此，欧盟也是较早推广使用生物质燃料的地区之一。但相比更为发达的生物柴油产业，欧盟的燃料乙醇产业发展相对滞后，在交通运输使用的生物质燃料中，生物柴油占到 79.0%，而燃料乙醇只占 19.9%，其他诸如生物质燃气等所占份额微不足道，仅 1.1%。在原料方面，欧盟国家生产燃料乙醇主要依靠小麦、玉米和甜菜。得益于汽油销量与汽油价格的增长，欧洲燃料乙醇市场呈线性增长的态势，2008~2009 年，产量增长了 31.9%。至 2016 年，欧盟燃料乙醇产量达到 410 万吨（Renewable Fuels Association，2017）。

在欧盟国家中，德国与法国是燃料乙醇生产量最大的两个国家，生产原料主要是小麦、玉米及甜菜（USDA，2017a）。欧盟燃料乙醇产量增长迅速，但其燃料乙醇消费量始终高于产量，基本不能实现自给，因此，欧盟每年燃料乙醇进口量不断增加。在消费方面，欧盟许多国家已经通过立法来规定销售的汽油中燃料乙醇的最低添加比例。为确保实现《京都议定书》规定的温室气体减排目标，欧盟计划 2020 年生物质液体燃料使用量达到交通运输部门能源使用量的 10%，并计划将燃料乙醇产量提升到生物柴油产量 50%左右（倪红艳，2012）。根据政策支持和目标规划，可以预计欧盟燃料乙醇的产量还将在可预见的未来迅速增长。随着欧盟燃料乙醇产业的快速持续发展，燃料乙醇消耗的粮食及甜菜的数量也在不断增加，根据欧盟可再生能源发展的目标计划，随着欧盟燃料乙醇产业生产规模的继续扩大，小麦、玉米、甜菜等作物的需求量也将大幅增加。

2. 政策

欧盟是世界第四大燃料乙醇生产地区。欧盟燃料乙醇产生的快速发展与欧盟委员会及各成员国出台的各项财税政策密不可分。具体政策包括以下几个方面。

1）强制性政策工具

欧盟于 1985 年出台的《85/336/EEC 指令》（EEC Directive 85/336）强调了石油节约与燃料替代问题，并且规定汽油中必须加入 5%的燃料乙醇和 15%的乙基叔丁基醚（ethyl tertiary butyl ether，ETBE）。法国将这种强制混合条件作为进口汽油的条件。从 2003 年开始，欧盟陆续出台了《第 2003/30 号指令》《2003/96 能源税指令》，要求各成员国在 2005 年 12 月 31 日前，燃料乙醇使用量占汽油比例要达到 2%，2010 年 12 月 31 日前，要达到 5.75%。2009 年，欧盟出台了《可再生能源指令 2009/28/EC》（Renewable Energy Directive 2009/28/EC），规定到 2020 年，欧盟可再生能源的使用比例要达到 20%，其中包括燃料乙醇在内的生物燃料占比达到 10%，同时，将燃料乙醇作为可再生能源发展重点，并强制要求所有成员国在 2020 年以前实现燃料乙醇在运输汽油中所占比例的最低目标，除此之外，还制定了燃料供应商的脱碳目标。在消费端，该指令还要求居民的车用燃料消费所产生的温室气体大幅下降，具体而言，相比 2008 年，2009 年减少 35%，2017 年减少 50%，2018 年减少 60%，以此来促进燃料乙醇汽油的消费。

2）混合性政策工具

欧盟十分注重对燃料乙醇产业提供补贴或税收减免。首先，在生产环节，为了保障原材料供应，1992 年的《共同农业政策》决定对在休耕土地上种植燃料乙醇原材料作物给予一定的补贴。2003 年，欧盟又出台《能源作物计划》，决定对生产能源作物的农户给予每公顷 45 欧元的补贴。除此之外，欧盟还对燃料乙醇生产企业提供消费税豁免。欧盟 1992 年发布的《斯克里夫纳指令》建议豁免液体生物燃料消费税，紧接着，1992 年法国对试点生产生物燃料的工厂实行税收豁免。2001 年的《白皮书：2010 年欧盟运输政策：时间决定》再次强调对包括燃料乙醇在内的替代燃料进行消费税豁免，除此之外，还免征于 1999 年开征的生态税，作为对燃料乙醇在促进环保方面的奖励。除了税收豁免，欧盟还有针对生产的直接补贴。但不同国家采取的形式有差异，如捷克共和国的生产补贴是基于当前的产出，而拉脱维亚则是基于历史产出。

欧盟还十分重视对非粮燃料乙醇的支持，早在 2003 年，欧盟就出台了《生物质行动计划》，注重对欧盟成员国生产 2 代纤维素燃料乙醇提供支持政策。2006 年出台的《生物燃料战略》也再次提出对 2 代纤维素燃料乙醇提供支持，包括研发支持、政府采购等。在《生物燃料战略》提出的 7 项政策目标中，包括了前面提到的对在休耕土地上种植燃料乙醇原材料作物提供补贴，这项补贴主要用于补贴非粮作物的种植。事实上，对于 2 代纤维素燃料乙醇，欧盟主要提供针对研发投入的资金支持政策。在欧盟 2002~2006 年的第六个科技框架计划内，欧盟一共向 2 代纤维素燃料乙醇的研发工作提供了 6 800 万欧元的资金支持。而在第七个科技框架计划（2007~2013 年）中，欧盟设定了 53.2 亿欧元的燃料乙醇研发支持预算，其中有 8 个工作计划是针对 2 代纤维素燃料乙醇的支持项目，只有两个是针对 1 代粮食燃料乙醇。

2.2　中国燃料乙醇产业发展现状与政策

2.2.1　中国燃料乙醇产业发展背景

随着我国社会经济的发展，石油消费量和进口量也快速增加，能源安全问题日益凸显。20 世纪 90 年代初期，我国还是石油净出口国，到 1992 年后，石油消费需求急剧增长（刘仕华等，2005）。2010 年，我国原油进口量达 2.5 亿吨，对外依存度首次超过美国，达到 55.2%，随后继续攀升，到 2018 年，我国石油对外依存度达到 70.9%（郑国富，2019）。

传统化石能源的使用带来的环境问题也日趋严重，传统化石能源在燃烧过程中不仅会释放二氧化硫、CO 等有害气体，还会增加空气中的 $PM_{2.5}$ 浓度，造成雾霾天气。燃料乙醇作为一种重要的清洁可再生能源，具有可循环利用、环境友好等优点。EIA 数据显示，每加仑汽油燃烧将产生 8.91 千克的 CO_2，而每加仑 E10 乙醇汽油燃烧产生的 CO_2 量仅为 8 千克，乙醇添加比例越高，相应的碳排放也越少，且乙醇中没有含硫有机物及苯类醚类等有毒物质（EIA，2013）。我国在 20 世纪 80 年代中期引进了燃料乙醇生产工艺，并通过科研项目资助来支持燃料乙醇生产的技术开发，但未进入实质性的生产阶段。我国推广使用燃料乙醇的最初设想在 1999 年，当时我国粮食供给较为充裕，能满足需求，且存在大量粮食储存变质从而变成陈化粮的情况，如何解决陈化粮问题也成了当务之急。在严峻的国内能源形势与陈化粮问题的双重背景下，我国政府将燃料乙醇确立为当时重点发展的可再生清洁能源（宋雪燕，2010）。

2.2.2 中国燃料乙醇产业发展历程与现状

我国从 2000 年起逐步开展燃料乙醇的生产与车用乙醇汽油的推广应用工作，并决定将燃料乙醇的生产与车用乙醇汽油的推广应用列入第十个五年规划。2002 年，国家计划委员会等五部委颁布了《陈化粮处理若干规定》，规定陈化粮必须在县级以上粮食批发市场公开拍卖，确定陈化粮的用途主要用于生产酒精、饲料等。之后，在粮食主产区，国家规划了 4 个大的燃料乙醇生产项目，用陈化粮生产燃料乙醇，以满足车用乙醇汽油生产所需。这 4 个大的燃料乙醇生产项目即 2001 年国家投资 50 亿元在黑龙江、吉林、安徽和河南等省建立的 4 个燃料乙醇生产企业，分别为安徽丰原生物化学股份有限公司、黑龙江华润酒精有限公司、河南天冠燃料乙醇有限公司和吉林燃料乙醇有限责任公司，4 家企业的年总生产能力在 100 万吨左右（黄季焜等，2009）。在消费端，2002 年，国家计划委员会等部门发布了《车用乙醇汽油使用试点方案》，本着先试点后推广的原则，河南省的郑州、洛阳、南阳与黑龙江省的哈尔滨、肇东 5 个城市成为首批进行车用乙醇汽油的使用试点城市，使用的均为 E10 乙醇汽油，即燃料乙醇与普通汽油以 1∶9 的比例进行调配。同年，为了保障原材料的充足供应，国家计划委员会发布的《车用乙醇汽油“十五”发展专项规划》提出短期内以陈化粮为主开展燃料乙醇的试点项目，在推广时考虑使用商品粮作为燃料乙醇生产的原料，而这个政策在某种程度上为之后粮食价格上涨及由此引发的“与粮争地”“与人争粮”的讨论埋下种子。2003 年 11 月，吉林省率先开始在全省范围内封闭运行推广车用乙醇汽油。2004 年 2 月，经国务院同意，国家发展改革委等 8 部门联合颁布了《车用乙醇汽油扩大试点方案》和《车用乙醇汽油扩大试点工作实施细则》，把推广使用车用乙醇汽油作为国家一项战略性举措。此后，2004 年下半年，辽宁、黑龙江两省相继实现了全省车用乙醇汽油封闭销售。2005 年 2 月，第十届全国人民代表大会常务委员会第十四次会议审议并通过了《可再生能源法》，明确提出将大力发展包括燃料乙醇在内的可再生能源。随后试点地区进一步扩大，2005 年 4 月，安徽、河南加入封闭推广乙醇汽油、禁止销售普通汽油的行列，湖北 9 个地市、山东 7 个地市、江苏 5 个地市、河北 6 个地市也成为局部试点城市。到 2005 年底，上述各省、市辖区范围基本实现了车用乙醇汽油替代传统汽油（军队特需、国家和特种储备用油除外）。到 2006 年，我国燃料乙醇产量突破 100 万吨，达到 130 万吨。根据 10%

的混配比例，则可生产 1 300 万吨 E10 乙醇汽油，当时大约占我国汽油消费总量的 20%，顺利满足了上述试点地区的车用燃料需求（李志军，2008）。以上时期，在燃料乙醇生产方面，最初 4 个燃料乙醇生产企业 100 万吨左右的产能中，生产原料均为储备较久的陈化粮，其中，80%左右是玉米、20%左右是小麦等其他粮食（USDA，2013）。这一时期，我国也对 4 家燃料乙醇生产企业制定了价格补贴、税收减免等一系列支持政策，促进了燃料乙醇生产规模的快速增长。

但是，2006 年之后，我国燃料乙醇产能增速明显放缓，主要原因是政府考虑到粮食安全问题，开始严格限制以粮食为原料的燃料乙醇生产规模，转而提倡开发非粮燃料乙醇生产技术，新建非粮燃料乙醇生产线，并停止审批新的粮食燃料乙醇项目，但非粮燃料乙醇潜在产能因存在技术瓶颈无法立即释放。此后，在保证现有的粮食燃料乙醇生产的基础上，我国燃料乙醇生产企业在非粮燃料乙醇方面主要面临两条发展道路：一是木薯燃料乙醇（1.5 代非粮燃料乙醇），二是纤维素燃料乙醇（2 代非粮燃料乙醇）。木薯燃料乙醇方面，2007 年底，经国家发展改革委审批，中粮集团有限公司（以下简称中粮集团）在广西北海投资成立了广西中粮生物质能源有限公司，建成以木薯为原材料年产能 20 万吨的燃料乙醇生产基地，这是我国第一个正式投产的非粮燃料乙醇生产企业，标志着我国燃料乙醇生产正式走上“非粮化”道路（胡少雄，2014）。在这样的背景下，从 2008 年 4 月 15 日起，广西壮族自治区开始在全境封闭销售、使用车用乙醇汽油，使广西成为我国第 10 个推广使用车用乙醇汽油的省（区、市），也是国内首个推广使用非粮作物为原料的车用燃料乙醇汽油的省（区、市）（孙陆晶，2011）。随后，安徽丰原生物化学股份有限公司和河南天冠燃料乙醇有限公司也相继建立了完备的木薯燃料乙醇生产线。经过几年发展，木薯燃料乙醇达到规模化生产阶段，技术发展也已相对完善。2011 年，由天津大学、广西中粮生物质能源有限公司等单位承担的“木薯非粮燃料乙醇成套技术及工程应用”项目获得国家科学技术进步奖，该技术达到国际领先水平，并建成年产 20 万吨木薯燃料乙醇示范装置。在纤维素燃料乙醇方面，国内很多企业和研究院所都相继开展了纤维素燃料乙醇的生产和试验项目。2007 年 3 月，中粮集团与英国 British Petroleum 公司（英国石油公司）在河北、山东和内蒙古贫困地区建立了以甜高粱茎秆生产燃料乙醇的试验田项目。2010 年 7 月 23 日，国家能源局正式批准中粮集团设立国家能源生物液体燃料研发中心，这是我国燃料乙醇产业发展的一个转折点，主要目标是推动纤维素燃料乙醇发展。在此之前的 2010 年 5 月 27 日，中粮集团、中石化与丹麦诺维信公司决定在肇东联合建立我国规模最大的纤维素燃料乙醇工厂。但受生产技术尚不成熟的影响，纤维素燃料乙醇生产成本过高，国内纤维素燃料乙醇的生产规模较小，短期内产能难以迅速扩大。

2006 年后，我国对粮食燃料乙醇产业的限制较为苛刻，加上非粮燃料乙醇的产能短期内难有突破，导致2006年后国内燃料乙醇产量增长缓慢。2012年7月，国家能源局发布《生物质能发展“十二五”规划》，计划到2015年生物质能年利用量超过500万吨，其中，燃料乙醇年利用量达到400万吨。但2006年后，国内燃料乙醇产量的年均涨幅仅为6.9%左右，到2016年，我国燃料乙醇的产量也仅为249万吨（USDA，2017a）。为促进国内燃料乙醇产业的发展，2016年10月，国家能源局继续发布了《生物质能发展“十三五”规划》，该规划中重新提到发展粮食燃料乙醇，指出在统筹粮食安全、食品安全和能源安全的基础上，以霉变玉米、毒素超标小麦、“镉大米”等为原料，在“问题粮食”集中区，适度扩大粮食燃料乙醇生产规模。同时，该规划也再次重申发展非粮燃料乙醇的必要性，并提出较为明确的发展方向，强调要选择木薯、甜高粱茎秆等原料丰富地区或利用边际土地和荒地种植能源作物，建设10万吨级非粮燃料乙醇工程。

在消费端，试点地区范围持续扩大。2013年11月开始，内蒙古自治区成为第11个试点燃料乙醇的地区，并首先在巴彦淖尔市、乌海市、阿拉善左旗行政区域内封闭销售车用乙醇汽油。2016年7月，山东省决定在原有的7个地级市试点燃料乙醇汽油的基础上，进一步扩大试点范围，在德州市试点燃料乙醇。至2016年，全国已经有6省（区、市）（黑龙江、吉林、辽宁、安徽、河南和广西）封闭使用燃料乙醇汽油，另有5省（区、市）采取部分地市试点燃料乙醇汽油，包括湖北9个地市、山东8个地市、河北6个地市、江苏5个地市和内蒙古3个地市。为了在消费端进一步促进燃料乙醇产业的发展，2017年9月，国家发展改革委、国家能源局等15部门联合印发《关于扩大生物燃料乙醇生产和推广使用车用乙醇汽油的实施方案》，要求到2020年，在全国范围内推广使用车用乙醇汽油，基本实现全覆盖，且纤维素燃料乙醇5万吨级装置实现示范运行，到2025年，力争实现纤维素乙醇规模化生产，形成更加完善的市场化运行机制。2018年8月22日，国务院总理李克强主持召开国务院常务会议，会议决定有序扩大燃料乙醇使用地区，除上述11个试点省（区、市）外，于2018年底前进一步在北京、天津等15个省（区、市）推广乙醇汽油。

2.2.3 中国燃料乙醇产业政策

我国燃料乙醇产业相对美国、巴西而言，发展时间较短，但也相继出台了许多政策来支持或指导该产业发展。我国主要的燃料乙醇产业政策可总结为以下几类。

1. 强制性政策工具

我国燃料乙醇消费端产业发展所采用的强制性政策工具主要是通过各项政策确立和不断扩大国内燃料乙醇试点地区的范围。不断扩大试点地区的范围在一定程度上达到了强制要求试点地区的消费者使用燃料乙醇汽油的目的，从而保障了我国燃料乙醇汽油的市场需求。而对于生产端，政府在燃料乙醇生产的具体生产企业、企业原材料供应、企业生产标准、产量目标、企业出售给石油和石化企业的定价机制等方面都有相应的强制性政策工具相匹配。首先，为了保障早期燃料乙醇的供应，国家能源局于 2002 年 3 月出台了《车用乙醇汽油使用试点方案》和《车用乙醇汽油使用试点工作实施细则》，对燃料乙醇的供应实行指定生产和经营，即由前文提到的 4 家燃料乙醇生产企业进行生产和销售。为了保障这几家燃料乙醇生产企业的原材料供应，2002 年 8 月，国家计划委员会、财政部、国家工商总局、国家粮食局、中国农业发展银行等 5 部门联合发布《陈化粮处理若干规定》，规定各地区陈化粮的主要用途之一为生产燃料乙醇。在具体生产环节，《车用乙醇汽油使用试点工作实施细则》对燃料乙醇、车用乙醇汽油调和组分油、车用乙醇汽油等相关产品的生产提供了明确的执行标准。在产量方面，从 2007 年开始，政府的一些相关文件规定了不同阶段我国具体的燃料乙醇利用目标，从而间接对产量提供了要求。例如，2007 年国家发展改革委印发的《可再生能源中长期发展规划》规定，到 2020 年生物燃料乙醇利用量达到 1 000 万吨。

2012 年国家能源局出台的《可再生能源“十二五”发展规划》和《生物质能发展“十二五”规划》要求到 2015 年燃料乙醇的利用规模要达到 400 万吨。由于燃料乙醇产业发展增速趋缓，2015 年未能达到 400 万吨的年利用量目标，2016 年 10 月，国家能源局又发布《生物质能发展“十三五”规划》，基于 2015 年的燃料乙醇利用量情况（约 250 万吨），确定了到 2020 年燃料乙醇使用量达到 400 万吨的目标。

在燃料乙醇生产企业向石油、石化企业出售燃料乙醇方面，2004 年 2 月，国家发展改革委等 8 个部门联合发布《车用乙醇汽油扩大试点方案》和《车用乙醇汽油扩大试点工作实施细则》，文件规定了燃料乙醇结算价格，即定价机制，按国家发展改革委同期公布的 90 号汽油出厂价（供军队和国家储备）乘以车用乙醇汽油调配销售成本的价格折合系数 0.911 1，由此构成燃料乙醇生产企业与石油、石化企业的结算价格。2011 年出台的《关于调整变性燃料乙醇价格的通知》（发改办能源 2011〔316〕号）又将其调整为按 93 号汽油出厂价乘以价格折合系数 0.911 1 得到结算价格。该定价机制保障了石油、石化企业的收益不受燃料乙醇试点工作的影响，从而保障了企业向市场正常提供燃料乙醇的积极性。

随着该产业的迅速发展，燃料乙醇的年产量也急剧上升，导致大量的粮食消耗。出于粮食安全问题的考虑，国家对该产业的政策及时地进行了调整，主要体现在针对原材料选择问题出台了一系列新的强制性政策工具。2006 年 9 月，财政部、国家发展改革委、农业部、国家税务总局、国家林业局等联合印发了《关于发展生物能源和生物化工财税扶持政策的实施意见》，要求各企业发展燃料乙醇要坚持“不与粮争地”。受该政策影响，企业需要通过开发边际土地或承包海外土地来种植各类原料作物。另外，直到2007年，各企业生产燃料乙醇所使用的原材料仍基本为小麦、玉米等粮食作物，因此，2007年6月，国务院召开常务会议，决定立即叫停在建的粮食燃料乙醇项目，也不再批准新建粮食燃料乙醇项目，并要求各企业在不占用耕地、不消耗粮食的原则下，坚持发展非粮燃料乙醇。由此，粮食燃料乙醇的产能被严格固定，企业不得不转而发展非粮燃料乙醇。2007年8月出台的《可再生能源中长期发展规划》也明确要求各企业逐步转向非粮燃料乙醇的生产。此后，国家又相继出台了一系列涉及燃料乙醇产业的政策文件，主要目的都是敦促企业尽快开发、建立非粮燃料乙醇项目，扩大非粮燃料乙醇产能，并逐步淘汰粮食燃料乙醇生产线。例如,《可再生能源“十二五”发展规划》和《生物质能发展“十二五”规划》要求在河南、吉林、黑龙江、山东等地建设纤维素燃料乙醇的示范工程，规定以农作物秸秆为主要原料。又如，2016年的《生物质能发展“十三五”规划》也要求加快建设以木薯、甜高粱茎秆为原料的非粮燃料乙醇生产项目。

2. 混合性政策工具

混合性政策工具与世界典型国家一致，均主要采用税收优惠和财政补贴。税收优惠方面，政府在发展该产业之初，就决定对当时批准的4家燃料乙醇生产企业免征用于调配车用乙醇汽油的变性燃料乙醇 5%的消费税，以提高企业的营利能力。2005年，财政部、国家税务总局发布的《关于变性燃料乙醇定点生产企业有关税收政策问题的通知》明确提出对当时4家燃料乙醇生产企业生产的用于调配车用乙醇汽油的燃料乙醇免征消费税，并且将之前所征收的消费税也退还给企业，以此来保障企业的利润空间。这一税收优惠政策的出台主要是由于随着陈化粮消耗殆尽，企业购买粮食的价格上涨，企业生产成本上升，利润空间缩小。2007年以后，由于燃料乙醇产业的发展方向开始向非粮燃料乙醇产业转移，政府的税收优惠政策也开始向这方面倾斜，如对于当时国内主要的木薯燃料乙醇生产企业广西中粮生物质能源有限公司,财政部、国家税务总局决定自2008年3月1日起，对该公司以非粮作物木薯为原料生产的燃料乙醇给予免征消费税、已征收的消费税予以退还、增值税先征后退等税收支持。这些举措在支持该公司继续大力发展非粮燃料乙醇产业的同时，也对其他企业起到了鼓励作用。

在财政补贴方面，随着我国燃料乙醇产业的发展，国家在不同阶段提供了不同的财政补贴方案，从这类方案的变迁情况来看，政府的财政补贴一方面支持了相关燃料乙醇生产企业的发展，保障了企业的正常生产经营，另一方面起到了引导产业发展方向的作用。反过来，企业和该产业的发展情况也反作用于政策制定者，使之对政策方案进行适时调整。具体而言，在该产业发展初期，为了保障几家试点企业的生产积极性，同时也为了使产量在短时间内能达到国内需求水平，国家以保障企业固定收益（约 5%的收益率）的原则，对企业提供补贴，具体补贴额度视企业的生产成本和燃料乙醇的销售价格而定。

在这样的补贴方案下，各企业间由于生产成本有差异，从而获得的补贴额度不一样，另外，由于每家企业的生产成本也不固定，各企业每年获得的补贴额度也不一样。2002~2004 年，国家均采用上述补贴方案，但一些企业经过几年发展后，通过进行生产设备改造降低了生产成本，该类企业也因此获得了相对更低的补贴额度。在生产成本逐渐降低的情形下，国家也于 2004 年适时调整补贴方案，改为针对所有企业提供统一的补贴额度。2005 年 8 月，财政部下发的《财政部关于燃料乙醇补贴政策的通知》对补贴额度做了进一步的明确，文件要求，对生产和销售燃料乙醇的企业（经过批准的定点试点企业）发生的亏损，国家依据保本微利的原则由中央财政给予定额补贴，2005~2008 年补贴标准分别为 1 883 元/吨、1 628 元/吨、1 373 元/吨、1 373 元/吨。可以看到，较之上一阶段，该阶段的补贴力度呈逐步下降的趋势。在这样的情况下，很多企业的生产积极性下降，自 2005 年开始，国内燃料乙醇产量的增速也明显放缓，如 2005 年增速为 207%，到 2006 年迅速下降到 41%，而在 2007 年，产量增速仅为 5%（USDA，2017a）。

2007 年 11 月，财政部印发《生物燃料乙醇弹性补贴财政财务管理办法》，对燃料乙醇生产企业的生产补贴政策再次进行了调整，提出国家定点生物燃料乙醇生产企业享受弹性补贴政策，即每年的补贴额度不固定，依据当年的企业标准生产成本而定。具体而言，每年年初，财政部将根据标准生产成本、燃料乙醇销售结算价，并考虑企业合理利润计算财政补贴标准。每年 11 月测算，如果油价、粮价波动对企业盈亏影响较大，国家将充分考虑燃料乙醇销售结算价与粮价变动因素对原补贴标准予以调整。可见，该举措主要是让财政部门可依据现实情况对补贴额度进行调整，从而保障大多数企业的合理利润空间。该政策实施后，2008 年的补贴标准调整为 2 055 元/吨，2009 年和 2010 为 1 659 元/吨，2011 年为 1 276 元/吨（曹俐，2016）。但上述补贴方案也存在一定的弊端，如国家早在 2007 年就明确提出限制粮食燃料乙醇，并鼓励企业发展非粮燃料乙醇，但在补贴政策方面，针对不同类型的燃料乙醇生产，国家给予同样的补贴额度，非粮燃料乙醇成本相对更高，从而导致企业发展非粮燃料乙醇的动力不足，而粮食燃料乙醇的产量却不减反增。

在该背景下，2012 年 4 月，财政部下发《关于调整生物燃料乙醇财政补助政策的通知》，对补贴政策做了重大调整，大幅下调了粮食燃料乙醇的补贴额度，改为 500 元/吨，并且为木薯燃料乙醇生产设定了一个更高的 750 元/吨的补贴额度，意在进一步限制粮食燃料乙醇的发展，鼓励非粮燃料乙醇的发展。除此之外，财政部还规定自 2014 年开始对纤维素燃料乙醇的生产提供 800 元/吨的定额补贴，每年补贴额度不变。但随后，国家为了进一步鼓励企业发展纤维素燃料乙醇，开始逐年下调粮食燃料乙醇生产和薯类非粮燃料乙醇生产的补贴额度，到2016年，针对粮食燃料乙醇生产的补贴完全取消，而针对薯类非粮燃料乙醇生产的补贴也在2018年被取消。对不同原材料补贴额度的变化情况见表2-1。

表2-1　对不同原材料补贴额度的变化情况　　单位：元/吨

年份	粮食燃料乙醇	1.5代非粮燃料乙醇	2代非粮燃料乙醇
2002~2004	固定收益的浮动补贴	—	—
2005	1 883	—	—
2006	1 628	—	—
2007	1 373	—	—
2008	2 044	—	—
2009	1 659	—	—
2000	1 659	—	—
2011	1 276	—	—
2012	500	750	—
2013	300	750	—
2014	200	600	800
2015	100	450	800
2016	0	300	800
2017	0	150	800
2018	0	0	800

资料来源：USDA（2017b）

第3章 中国燃料乙醇供需预测

从我国燃料乙醇产业的发展历程和政策变迁来看，我国燃料乙醇产业起步时就高度依赖政策的支持。2006年以后，出于粮食安全的考虑，针对以粮食为原料的燃料乙醇生产的政策支持力度不断降低，燃料乙醇产业的发展增速放缓。非粮燃料乙醇产业得到政策鼓励，但受到土地资源、交通运输等因素的制约，发展缓慢。然而，在消费端，随着汽车保有量的增长，燃料乙醇的需求量依然保持较大潜力。以木薯为代表的1.5代非粮燃料乙醇在生产技术上已基本成熟，纤维素燃料乙醇的生产成本也有所下降，加上我国存在大面积边际土地可用于种植非粮作物，说明我国燃料乙醇的生产供给潜力也比较大，产能有进一步提升的空间。燃料乙醇市场的供给和需求相匹配，才能促进该产业的健康长足发展，相关的财税政策也应当以市场的供需条件为基础，一方面积极开展车用乙醇汽油试点工作，扩大市场需求量，另一方面，向燃料乙醇生产企业、非粮作物种植户等提供财税政策支持，充分调动其生产积极性，激发潜在产能，以满足市场的需求。因此，对未来我国燃料乙醇供给潜能及需求量的科学预测是设计相关政策的基础，本章首先在把握当前国内燃料乙醇市场供求现状的基础上，对土地供给潜力、粮食安全、不同原材料燃料乙醇转化率等条件下的燃料乙醇供给潜能进行预测。其次，对2025年的经济增长目标、能源安全与环境保护目标下的燃料乙醇需求量进行预测。最后，从供给侧、需求侧和新近政策导向等方面入手，综合分析燃料乙醇供求关系，确定供求量。

3.1 市场供求现状

我国燃料乙醇供给实行严格的行业准入制度，截至2018年，已有7家企业获得燃料乙醇定点生产资格。其中，中粮生物化学（安徽）股份有限公司、吉林燃料乙醇有限责任公司、中粮生化能源（肇东）有限公司和河南天冠燃料乙醇有限公司4家企业主要以玉米、小麦为原料生产燃料乙醇。以上4家企业也是最早开展燃料乙醇生产的企业，由于2007年国务院叫停粮食燃料乙醇，不再批准新的粮食燃料乙醇生产项目，目前的粮食燃料乙醇也仅由这4家企业生产，虽然当时国家也要求这些企业逐步转入非粮燃料乙醇生产，但粮食燃料乙醇产量在这些企业中依旧占据较高比重。其他获得定点生产资格的企业还有以木薯为原料生产非粮燃料乙醇的广西中粮生物质能源有限公司、以甜高粱茎秆和玉米秸秆为原料生产非粮燃料乙醇的中兴能源有限公司和山东龙力生物科技股份有限公司。以上企业截至2016年产能和生产原材料及其燃料乙醇产品的主要供给区域见表3-1。

表3-1 我国各燃料乙醇生产企业产能及原材料等情况

生产厂家	产能/万吨	比例	主要原材料	供应区域
中粮生化能源（肇东）有限公司	45	14.0%	玉米、小麦	黑龙江
吉林燃料乙醇有限责任公司	75	23.4%	玉米、小麦	吉林、辽宁
广西中粮生物质能源有限公司	40	12.5%	木薯	广西
中兴能源有限公司	8	2.5%	甜高粱茎秆	内蒙古
山东龙力生物科技股份有限公司	8	2.5%	玉米秸秆	山东
河南天冠燃料乙醇有限公司	75	23.4%	玉米	河南、湖北、河北
中粮生物化学（安徽）股份有限公司	70	21.8%	玉米	安徽、山东、江苏、河北
合计	321	100%		

资料来源：USDA（2017a）；由于舍入修约，数据有偏差

燃料乙醇的供给市场与原料市场紧密相关，原料的供给情况直接决定生产的成本及产量。燃料乙醇生产的原料具有多元化、易获取的特点。我国可用于生产燃料乙醇的原料包括三类：淀粉质原料（玉米、小麦、木薯、甘薯、甜高粱等），糖质原料（甘蔗、甜菜、糖蜜等）和纤维素原料（农作物茎秆、柴草、木材加工剩余物等）（宋雪燕，2010）。

淀粉质原料主要为玉米和小麦，分布在我国东北、华北等地区，用途包括食用、饲料和农产品深加工等，同时，它也是我国最早发展的粮食燃料乙醇原料之一，具有获取方便、技术成熟、种植面积广等特点。在燃料乙醇转化率方面，淀粉质原料是单位重量产量最高的生产原料，平均每3.3吨玉米可生产1吨燃料乙醇，每3.6吨小麦可生产1吨燃料乙醇。然而，我国人多地少，粮食安全问题始终是国家最重视的战略问题之一，因此，粮食燃料乙醇虽然在我国具有良好的使用及推广价值，但从国情出发，非粮作物是相对更好的燃料乙醇生产原料，玉米和小麦作为燃料乙醇生产原料在未来的市场供给潜力非常有限。对于同为淀粉质原料的木薯，由于其较少被用于食用且薯类作为粮食也非主食，一般不把木薯燃料乙醇作为1代粮食燃料乙醇，其通常被称为1.5代非粮燃料乙醇。木薯具备耐旱、耐瘠薄，病害少、易栽培，不与粮食作物争地且可与其他作物混种等优点。此外，鲜木薯块根含有27%~33%的淀粉、4%左右的蔗糖，燃料乙醇的生产主要

是利用木薯块根中的淀粉，平均 7 吨鲜木薯可生产 1 吨燃料乙醇（靳胜英等，2011）。由于木薯加工性能好、易粉碎、蒸煮时间短、糊化温度低，被普遍认为是替代玉米原料的最佳选择。目前，我国木薯生产区主要分布在海南、广西、广东和云南等省（区、市），其中，广西是全国木薯主产区，种植规模和产量占全国70%以上（谢铭和李肖，2010）。广西中粮生物质能源有限公司以木薯为原料生产燃料乙醇。但木薯燃料乙醇也存在以下两个问题：第一，原料的充分供应问题，即目前国内木薯产量难以满足发展燃料乙醇的全部需求；第二，环保问题，木薯燃料乙醇生产的废液治理难度很大。上述问题严重制约了木薯燃料乙醇的发展。即便如此，木薯的“不与人争粮”“不与粮争地”的优点，使其在未来我国燃料乙醇生产的原料市场中仍将占据重要地位。

对于糖质原料，我国主要采用甘蔗。与其他原料相比，甘蔗燃料乙醇具有产能优势，1 公顷甘蔗可生产的燃料乙醇量达 11.5 吨~18 吨，比玉米高 6.7~7.8 倍、比小麦高 9.8~12.8 倍、比木薯高 3.9~6.7 倍、比甜菜高 9.8~12.8 倍，是单位面积能源作物中产量最高的，且在生产燃料乙醇过程中还可产出高附加值的副产品，如糖蜜，使甘蔗能被充分利用，并可降低成本（谭显平，2004）。我国甘蔗主要生产区是广西、云南、广东、福建等省（区、市），其中，广西是甘蔗最大的生产区，但甘蔗燃料乙醇生产在我国起步较晚，企业数量和规模较小，加工技术还需进一步完善，加上我国食糖的长期供需形势趋紧，因此，甘蔗燃料乙醇在我国的发展前景不被看好，在未来燃料乙醇原料市场中的份额有待观望。

纤维素原料主要有农作物秸秆、农林废弃物、木屑等，其主要成分是纤维素、半纤维素和木质素。作为主要的纤维素来源，秸秆在我国分布广泛、获取方便。我国是世界排名第一的人均秸秆生产国，在燃料乙醇转化率方面，平均 8 吨秸秆可生产 1 吨燃料乙醇（靳胜英等，2011）。由于该类原料完全不能被食用，秸秆等木质纤维素原料也被认为是真正的非粮燃料乙醇原料。但以秸秆为原料生产燃料乙醇首先面临的是原料体积庞大，收集、运输、储存成本高等问题；其次是原料木质素含量较高，采用酸解预处理产生的酸性废水难以处理；最后是酶制剂关键技术难突破，使得纤维素燃料乙醇成本过高（李萌，2012）。高生产技术要求和高昂的生产成本始终制约着纤维素燃料乙醇生产的发展，我国也在积极研究降低纤维素燃料乙醇生产成本的技术，未来燃料乙醇的产业化将依靠纤维素燃料乙醇的发展，但短期内上述问题也难有较大突破。

需求方面，目前燃料乙醇的消费和使用集中在试点省（区、市）或地区，主要通过这些地区的各类汽车消费车用乙醇汽油来拉动对燃料乙醇的需求。因此，其需求量与车用汽油消费量密切相关，车用汽油消费量又与汽车保有量呈正相关关系。随着我国汽车保有量的快速增加及试点范围的扩大，国内燃料乙醇的需求量快速上升。从统计数据来看，我国燃料乙醇消费量从 2003 年起步，快速增加到

2006 年的 130 万吨，之后虽然由于原料限制和政策变动等增速有所放缓，但是，由于试点范围的进一步扩大，到 2016 年，国内燃料乙醇消费总量也已达到 316 万吨（USDA，2017a）。

总的来看，我国燃料乙醇的供给和消费在产业发展初期大致保持在一个基本平衡的状态，后出现供不应求的情况，如表 3-2 所示。

表 3-2　2003~2016 年我国燃料乙醇产量及消费量变化情况

年份	产量/万吨	增长率	消费量/万吨	增长率
2003	2	—	2	
2004	30	1 400%	30	1 400%
2005	92	207%	92	207%
2006	130	41%	130	41%
2007	137	5%	137	5%
2008	158	15%	177	29%
2009	172	9%	193	9%
2010	168	−2%	195	1%
2011	178	6%	202	4%
2012	192	8%	225	11%
2013	231	20%	231	3%
2014	233	1%	234	1%
2015	243	4%	280	20%
2016	249	2%	316	13%

资料来源：USDA（2017a）

3.2　中国燃料乙醇市场供需预测

在我国燃料乙醇的推广应用方面，国家发展改革委在 2007 年印发的《可再生能源中长期发展规划》中提出，到 2020 年，我国燃料乙醇年使用量要达到 1 000 万吨。然而，截至 2016 年，燃料乙醇使用量仅为 316 万吨，而产量尚不足 300 万吨，与目标数字相距甚远。这样来看，要达到 2020 年的目标，并在此基础上进一步发展燃料乙醇产业似乎比较困难。我国具有较大的燃料乙醇供给潜能，而国内需求更多受到政府试点范围等限制，并未完全释放潜在需求，根据我国汽油消费量，国内燃料乙醇潜在需求十分庞大，如果国内供需双方的潜力均被释放，完全有可能达到甚至超过既定目标。

本书中，我们选择 2016~2025 年这 10 年为研究区间，首先对 2025 年我国燃料乙醇理论上的供给潜能和需求量进行预测，其次结合经济发展趋势、政策实施情况和能源结构变化等因素，针对 2025 年我国燃料乙醇的供给和需求量进行分析。

3.2.1　供给潜能预测

按照“不与粮争地”的原则，我国燃料乙醇产业发展主要以木薯、甘薯、甜高粱茎秆等非粮作物为原料，种植区域主要被限定在边际土地。2003 年国土资源部、2007 年农业部分别对我国耕地后备资源和适宜种植能源作物的边际土地的数量、质量、类型及利用现状进行了全面调查，并制定了Ⅰ等、Ⅱ等、Ⅲ等三种等级边际土地的评估依据。根据上述调查数据，将不适宜开发边际土地的区域剔除后得到Ⅰ等边际土地可开发面积 4.05×10^6 公顷，Ⅱ等边际土地可开发面积约为 7.69×10^6 公顷，Ⅲ等边际土地可开发面积 1.17×10^6 公顷。作为燃料乙醇生产原料的能源作物一般具有抗逆性稍弱、生长间隔期短的特点，大都是一季作物，因此，全部Ⅰ等和部分Ⅱ等边际土地可用于种植醇类能源作物，Ⅲ等边际土地则不能用于该用途。

由于不同等级边际土地的开发难度和质量不同，需要有侧重地开发，边际土地的垦殖率也会有差别。其中，Ⅰ等边际土地无须改造就可直接开发，如果从现在开始种植能源作物并全部用于生产燃料乙醇，2015 年、2020 年、2025 年的垦殖率依次可达到 40%、60%、80%；Ⅱ等边际土地的开发成本更高，土地垦殖率提高得更慢一些，2015 年、2020 年、2025 年的垦殖率依次可达到 30%、50%、65%（严良政等，2008）。现有的研究数据显示，Ⅰ等边际土地种植木薯、甘薯和甜高粱的单位面积燃料乙醇转化率依次为 3.69 吨/公顷、3.03 吨/公顷和 3.92 吨/公顷。由此，测算出 2015~2025 年我国各区域非粮燃料乙醇生产潜能及各能源作物燃料乙醇生产潜能，具体结果见表 3-3 和表 3-4（付畅和吴方卫，2014）。

表 3-3　各区域非粮燃料乙醇生产潜能

区域	燃料乙醇产量/万吨		
	2015 年	2020 年	2025 年
东北地区	54.49	88.93	123.5
华北地区	36.89	59.49	82.88
黄土高原地区	81.27	129.43	180.88
长江中下游	65.18	106.25	147.67
蒙新区	436.23	705.33	981.77
华南区	32.64	52.78	73.49
西南区	161.50	263.06	365.67
合计	868.20	1405.27	1955.86

资料来源：付畅和吴方卫（2014）

表 3-4　各能源作物燃料乙醇生产潜能　　单位：万吨

年份	木薯乙醇	甘薯乙醇	甜高粱茎秆乙醇	合计
2015	121.32	189.53	557.34	868.19
2020	197.13	307.00	900.78	1 404.91
2025	274.16	427.45	1 253.95	1 955.56

资料来源：付畅和吴方卫（2014）

综上分析可知，到 2025 年，通过开发边际土地种植木薯、甘薯等能源作物，我国燃料乙醇生产的原材料瓶颈将得到极大缓解，仅考虑能源作物的生产潜能，燃料乙醇的产量理论上即可达到 1 955.56 万吨。

3.2.2　需求量预测

1. 预测模型构建

我国各年度燃料乙醇的需求量可表示为

$$D_{\mathrm{FE}}^{t} = D_{\mathrm{G}}^{t} \times P_{\mathrm{FE}}^{t} \quad (3\text{-}1)$$

其中，D_{FE}^{t} 代表第 t 年我国燃料乙醇需求量；D_{G}^{t} 代表第 t 年我国车用汽油消费量；P_{FE}^{t} 表示第 t 年燃料乙醇在全国车用汽油中的平均添加比例。

预测第 t 年的全国燃料乙醇需求量，需要分别预测第 t 年的全国车用汽油需求量和平均添加比例，下面将分别讨论对这两个变量的预测。

汽油需求量的预测采用投入产出模型。基于里昂惕夫（Leontief）投入产出模型的投入产出表可以详细地描述社会各部门之间复杂的经济运行过程。投入产出表中的投入是指一个系统进行某项活动过程中的消耗，包括中间品投入和最终投入两部分；投入产出表中的产出是指一个系统进行某项活动过程的结果，按各部门对相应部门产出的需求可分为中间需求和最终需求。

投入产出表的核心是将中间品投入和中间需求的交叉部分组成的一个方阵，也称中间流量矩阵，该方阵详细地描述了各部门在生产过程中对其他部门的消耗情况和各部门对其他部门生产的投入情况。例如，方阵中的元素 z_{ij} 代表第 j 部门在生产过程中对第 i 部门的消耗量。

在价值型投入产出表中，交通运输及仓储业部门（不含家用汽车）对石油加工和炼焦部门的直接消耗值为当年交通运输及仓储业部门对各类石油燃料消耗量的市场价格；同理，社会服务与公共事业部门对石油加工及炼焦部门的直接消耗值为当年家用汽车对各类石油燃料消耗量的市场价格。将前者定义为 z_1^t，将后者定义为 z_2^t，则第 t 年这两个部门对石油燃料的总消耗量为

$$z^t = z_1^t + z_2^t \quad (3\text{-}2)$$

$$\text{令}\ C^t = \frac{D_G^t}{z^t} \tag{3-3}$$

作为一个转换比例，则：

$$D_G^t = C^t \times z^t \tag{3-4}$$

即若知道第 t 年的 C^t 和 z^t ，可求得第 t 年的汽油消耗量。

关于预测目标年份的 C^t 值，由于可获取我国历年汽油消费量数据，即 D_G^t ，并根据历年投入产出表获取各年份的 z 值，可以求得历年 C^t 值。本书在获取历年 C^t 值的基础上选择一元线性回归的方法预测目标年份的 C^t 值，主要基于以下两方面的原因：第一，该值会受社会经济结构、汽车燃油效率、部门间生产投入结构、生产技术水平等多方面因素的影响，并在各方面因素的综合影响下与年份之间大致形成线性关系，且在各类因素的影响机制尚不明确的情况下难以选择更为科学准确的预测方法；第二，本书预测年份（2025 年）距离该数据的截止年份（2015 年）较近，因此回归预测的误差相对较小。

而要求某一目标年份的 z^t ，即目标年份交通运输业与仓储业部门、社会服务与公共事业部门对石油加工和炼焦部门的直接消耗量，则必须借助该年份的投入产出表，即通过已有年份的投入产出表的更新方法编制出目标年份的投入产出表。

2. 投入产出表更新模型

本书借鉴陈锡康等在《投入产出技术》一书中介绍的双比例平衡法对投入产出表进行更新。该方法的特点是从行和列两个角度来更新、平衡矩阵。具体而言，首先，该方法根据若干基年各部门的中间需求合计、总产出、中间品投入合计、总投入，通过一元线性回归推算出目标年份各部门对应的指标。其次，将目标年份投入产出表中对应的各部门中间需求合计和中间品投入合计分别作为行向控制量和列向控制量，基于这两个控制量对距离目标年份最近一年的投入产出表所对应的中间品投入结构（$\boldsymbol{A}$ 矩阵）进行修正，从而得到目标年份的中间消耗系数矩阵 $\boldsymbol{A}$ 及中间流量矩阵。最后，完成目标年份投入产出表的更新。

具体更新步骤如下：首先，以基年直接消耗系数矩阵 $\boldsymbol{A}^0$ 按列（或行）乘以对应的目标年总产出（或总投入）向量 $\boldsymbol{X}^1$，得到按照基年的中间品投入关系所预测的目标年份中间流量矩阵。其次，由于基年与目标年份之间的生产技术差异，该中间流量矩阵的行和可能与控制量不等，因此需要在行向上进一步更新。具体做法同上：$\boldsymbol{A}^0\hat{\boldsymbol{X}}^1$ 矩阵的每一行乘以一个调整系数，使得各行之和等于目标年份该行中间需求合计。用矩阵方式表达为：$\hat{\boldsymbol{R}}^1\boldsymbol{A}^0\hat{\boldsymbol{X}}^1$，其中，$\hat{R}^1$ 表示行调整系数所构成的对角阵，上角标“1”表示进行的第 1 次行调整。此时，行平衡约束条件满足，但列平衡约束条件可能不满足，还需继续更新，即重复上述步骤，反复迭代，最终行和列调整系数将随着迭代步数的增加逐渐趋于 1，当达到预先设定的可接受误差范围内时，迭代即停止，此时，调整后矩阵的行和与列和都将非常接近于控制量，即已经同时满足了行、列双方向的约束条件。此时更新得到的 $\boldsymbol{A}^U$ 为目标年份的中间消耗系数矩阵。

通过上述分析，可知更新系数矩阵与基年矩阵的关系可表示为

$$\boldsymbol{A}^U = \hat{\boldsymbol{R}}\boldsymbol{A}^0\hat{\boldsymbol{X}}^1\hat{\boldsymbol{S}}(\hat{\boldsymbol{X}}^1)^{-1} \tag{3-5}$$

其中，$\hat{\boldsymbol{S}}$ 表示列调整系数所构成的对角阵。

如果求解过程经过 n 次行列调整，调整系数才收敛到 1，那么：

$$\hat{\boldsymbol{R}} = \hat{\boldsymbol{R}}^1\hat{\boldsymbol{R}}^2\cdots\hat{\boldsymbol{R}}^n \tag{3-6}$$

$$\hat{\boldsymbol{S}} = \hat{\boldsymbol{S}}^1\hat{\boldsymbol{S}}^2\cdots\hat{\boldsymbol{S}}^n \tag{3-7}$$

对于对角阵而言，$\boldsymbol{AB}=\boldsymbol{BA}$，故式 $\boldsymbol{A}^U = \hat{\boldsymbol{R}}\boldsymbol{A}^0\hat{\boldsymbol{X}}^1\hat{\boldsymbol{S}}(\hat{\boldsymbol{X}}^1)^{-1}$ 可变为

$$\boldsymbol{A}^U = \hat{\boldsymbol{R}}\boldsymbol{A}^0\hat{\boldsymbol{S}} \tag{3-8}$$

根据更新后的投入产出表和该表中的中间消耗关系，可得到第 t 年的 z^t 值，将其代入式（3-4），得到第 t 年的汽油消费量 D_{G}^t。

根据近几年全国燃料乙醇消费量和车用汽油消费量数据，可得到最近各年份燃料乙醇在全国汽油中的平均添加比例 P_{FE}。根据该数据的连续性及与年份之间的线性关系，以及数据彼此之间的独立性，本书采用一元线性回归预测目标年份 t 的燃料乙醇平均添加比例 P_{FE}^t，将其代入式（3-1）可计算出第 t 年的全国燃料乙醇需求量 D_{FE}^t。

3. 数据与计算结果

1）数据

1987 年 3 月底，为加强国民经济宏观调控和管理，提高经济决策的科学性，国务院办公厅发出《关于进行全国投入产出调查的通知》（国办发〔1987〕18 号），明确规定每五年进行一次全国投入产出调查和编表工作。1987 年，我国进行了第一次全国性的投入产出调查和编表工作。1989 年，《中国 1987 年投入产出表》编制成功，1992 年，国家统计局在《中国 1987 年投入产出表》的基础上，编制了《中国 1990 年投入产出表》。此后，逢 2、逢 7 年份编制全国投入产出表，逢 5、逢 10 在之前投入产出表的基础上编制全国投入产出延长表。截至 2018 年，国家统计局已经发布了 12 份全国投入产出表或延长表，本书即选取了这 12 份表做 2025 年投入产出表的更新，为剔除价格的影响，对除 1987 年以外的其他 11 份表按 1987 年的价格水平做了基价处理。

本书根据国家统计局每年在其官网发布的我国历年各类能源使用情况，选取了 1996~2016 年我国各行业汽油消费量。同时，本书根据美国农业部发布的

当年我国以燃料乙醇、生物柴油为代表的生物能源的生产、消费和政策变化情况的统计数据（USDA，2017a），选取关于我国历年燃料乙醇消费量方面的数据，并结合我国历年车用汽油消费量计算我国历年燃料乙醇在全国汽油中的平均添加比例。

2）计算结果

根据上述模型和数据，我们计算得出 2025 年国内车用汽油预期消费量为 17 200 万吨，各相关指标预测结果见表 3-5。该预测结果与 2000 年以来我国历年汽油表观消费量的对比情况见图 3-1。从图 3-1 中近年来汽油消费量的变化趋势来看，本书预测的结果基本符合现实发展趋势。未来燃料乙醇需求量按照汽油消费量乘以燃料乙醇在全国汽油中的平均添加比例计算，在推广区域和添加比例不变的情况下，燃料乙醇在全国汽油中的平均占比为 2.5%，以及将 E10 乙醇汽油使用推广到全国，则占比为 10%，那么，2025 年在这两种情况下国内的燃料乙醇需求量将分别为 430 万吨和 1 720 万吨。

表 3-5　各相关指标预测结果

预测指标	2025 年 C 值/（吨/元）	2025 年 z 值/万元	2025 年汽油消费量/万吨
预测结果	0.000 657 34	26 165 444.55	17 199.59

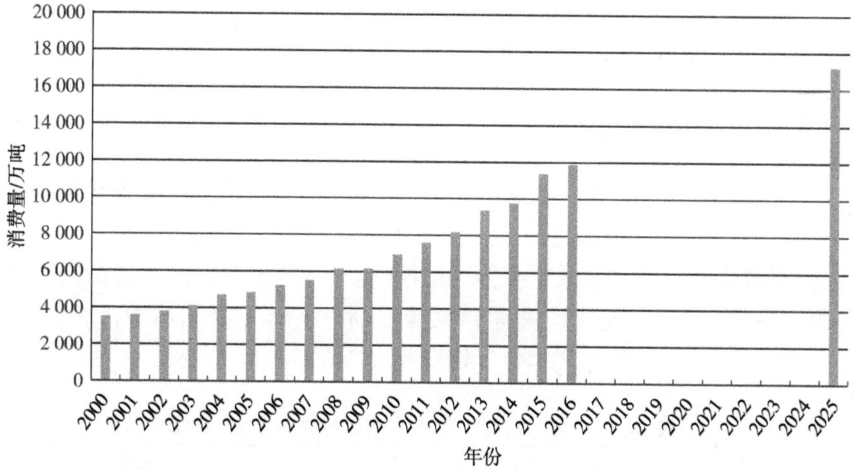

图 3-1　2000 年以来我国历年汽油表观消费量及与 2025 年预测值对比

资料来源：国家统计局（2018）

3.2.3　供需分析

1. 从供给侧分析

目前，制约我国燃料乙醇产业发展的主要障碍是原料供应不足，除了粮食作物作为燃料乙醇生产的原料有限，以及技术较为成熟的 1.5 代非粮作物产量不足以外，影响供给的重要原因还在于原料和生产辅料，如酶的价格偏高，其中原料成本偏高的具体成因包括以下几个方面。

1）边际土地分布零散

根据2002年国土资源部的土地利用变更调查及2003年的耕地后备资源调查，边际土地大多零散分布在边远地区，且大面积集中的边际土地要么为荒漠地，不适宜作物种植，要么分布于远离人烟的未开发地区，生产困难（张坤等，2010）。具有一定规模适宜开发利用的边际土地也大多零散分布于经济交通不发达地区的农村和山林地带，由此带来的交通运输成本也会很高，难以快速形成有效的原料供应市场。

2）边际土地开垦、复垦成本高

边际土地不同于一般耕地，由于地理分布、土壤结构等因素，开垦、复垦这些边际土地的成本很高，这也是目前我国很大一部分边际土地未被利用的重要原因之一。若非政府牵头、政府出资进行开发利用，周边的农民很少主动去开发这些土地，在鼓励政策不充分的情况下，企业承担高昂的开垦、复垦成本的积极性也难以调动。

3）交通运输成本高

由于边际土地大多位于交通不发达地区，甚至深藏于深山老林，即使这部分土地得以开发和利用，在运送各类原材料过程中也将产生巨额的运输费，这将间接推高企业的燃料乙醇生产成本，若非政府出资改善交通条件，企业前往这些地区购买原料的动力必然受限。

此外，全球著名咨询机构科尔尼公司的《中国燃料乙醇产业现状与展望——产业研究白皮书》提供的数据表明：我国燃料乙醇的生产成本远高于巴西、美国等;在生产效率上也存在较大的差距,如我国生产 1 吨燃料乙醇需要消耗 12 吨水，而美国这一数字是 1.8 吨；我国需要 3.3 吨玉米生产 1 吨燃料乙醇，而美国是 2.9 吨（韦永贡，2012）。具体成本对比情况见表 3-6。

表 3-6　各国（地区）无水酒精生产成本及原料对比

国家（地区）	无水酒精成本/（美元/升）	原料
巴西	0.21	甘蔗
美国	0.33	玉米
欧盟	0.55	小麦
中国	0.60~0.70	玉米、小麦、甘薯

资料来源：韦永贡（2012）

也就是说，生产成本的大幅降低还需要进行技术和设备方面的改进。短时间内技术突破及设备的更新难以预料，加上近年来政府补贴力度逐年下降，我国燃料乙醇产业到 2029 年将难以满足 1 720 万吨的需求。

2. 从需求侧分析

当前，世界各国积极发展燃料乙醇产业来替代不可再生的化石能源、缓解能源危机的同时，也在加快寻找并发展其他类别的新能源，生产并推广相适应的以新能源为动力的汽车，其中最具代表性的就是受到普遍关注的电动汽车。由于电能的可再生性和电动汽车行驶的无污染性，该类汽车已经成为世界各国汽车行业的新宠儿，我国也不例外。我国正在大力推广各种类型的电动汽车，在政策和市场需求的双重推动下，近年来，国内电动汽车生产量和销售量呈现急速上升的态势。以上态势无疑会直接冲击我国的汽油消费市场，因此，在这种情况下，到 2025 年我国车用汽油消费量将可能不及此前预计。

2012 年 7 月，国务院发布《节能与新能源汽车产业发展规划（2012—2020 年）》，指出我国将以纯电动汽车为新能源汽车发展的主要战略取向，并在发展目标中明确表示，2015 年我国纯电动和插电式混合动力汽车累计产量力争达到 50 万辆；到 2020 年，纯电动和插电式混合动力汽车累计产销量要超过 500 万辆。2013 年 9 月，国务院又印发《关于继续开展新能源汽车推广应用工作的通知》，提出依托城市推广应用新能源汽车，并对消费者购买新能源汽车给予补贴，对示范城市充电设施给予财政奖励。2014 年 7 月，国务院出台《政府机关及公共机构购买新能源汽车实施方案》，该方案主要有以下强制性措施：2014 年，在京津冀地区、长江三角洲地区（以下简称长三角地区）、珠江三角洲地区（以下简称珠三角地区），政府购买的车辆中必须包含至少 15%的新能源汽车，对于其他地区的政府机构，新购车辆中新能源汽车的比例不得低于 10%，且这一比例要求在 2015 年和 2016 年分别增加到 20%和 30%；充电接口与新能源汽车数量比例不低于 1∶1。同年，国务院又连续发布了《关于加快新能源汽车推广应用的指导意见》和《关于免征新能源汽车车辆购置税的公告》，明确规定自 2014 年 9 月 1 日至 2017 年 12 月 31 日，对购置的新能源汽车免征车辆购置税。在如此大力度、高密度的政策支持下，我国以电动汽车为主的新能源汽车很可能在近期进入快速发展阶段，从而降低市场对车用汽油的需求。

工业和信息化部、国家发展改革委、科学技术部在 2017 年 4 月发布的《汽车产业中长期发展规划》提出，到 2020 年，新能源汽车年产销达到 200 万辆，到 2025 年，新能源汽车占汽车产销 20%以上。基于 2020 年 200 万辆的销售预期，2025 年新能源汽车目标销量为 700 万辆，2020~2025 年平均增长率在 30%左右，以此推断，仅考虑 2020~2025 年销售的电动汽车，则 2025 年我国电动汽车保有量也将达到 2 500 万辆左右。此外，郝瀚等（2011）对我国的乘用车和商用车保有量进行预测显示，到 2020 年，我国汽车保有量将达到 2.7 亿辆，2030 年预计达到 4.7 亿辆，且 2020~2030 年的年均增长率为 5.7%，以此推断，2025 年我国汽车保有量预计约为 3.5 亿辆。结合前面 2025 年电动汽车 2 500 万辆的保有量估计值，则这一年电动汽车的市场占有率达 7%，以此推算，2025 年，车用汽油消费量仅为预计值的 93%，即 16 000 万吨左右，燃料乙醇需求量为 1 600 万吨，而供给量也将达到这一水平。

3. 新近政策导向分析

2018 年 8 月 22 日，李克强总理主持召开国务院常务会议，确定了燃料乙醇产业总体布局。会议提出，坚持控制总量、有限定点、公平准入，适量利用酒精闲置产能，适度布局粮食燃料乙醇生产，加快建设木薯燃料乙醇项目，开展秸秆、钢铁工业尾气等制燃料乙醇产业化示范。除黑龙江、吉林、辽宁等 11 个试点省（区、市）外，2018 年进一步在北京、天津、河北等 15 个省（区、市）推广。根据 2017 年下发的《关于扩大生物燃料乙醇生产和推广使用车用乙醇汽油的实施方案》，京津冀及周边地区、长三角地区、珠三角地区等大气污染防治重点区域 2018 年开始推广使用车用乙醇汽油；2019 年，以上地区实现全覆盖；2020 年，在全国范围内推广使用车用乙醇汽油，基本实现全覆盖；到 2025 年，力争纤维素乙醇实现规模化生产，先进生物液体燃料技术、装备和产业整体达到国际领先水平，形成更加完善的市场化运行机制。

据统计，2016 年全国汽油表观消费量达到 11 866 万吨（国家统计局，2018），若按照 10%的燃料乙醇添加比例，以及 2020 年实现全国推广使用车用乙醇汽油，则预计 2020 年燃料乙醇需求量将至少达到 1 200 万吨。美国燃料乙醇产业在 20 世纪后出现了井喷式发展，这是美国得天独厚的原料优势和政府大力度财税政策共同作用的结果，这两类因素也是巴西燃料乙醇产业稳步发展的关键所在。若借鉴美国的成功经验，我国继续为燃料乙醇产业（特别是非粮燃料乙醇）的发展注入更多的资金支持，给予企业更多的财政补贴，在全国范围内推行已经试点使用多年的 E10 乙醇汽油，则到 2025 年国内车用汽油中燃料乙醇的平均所占比例将由之前的 2.5%上升至 10%，在该情境下，我国 2025 年燃料乙醇需求量将达 17 200×10%万吨，即 1 720 万吨。通过前述对供给潜能的分析，到 2025 年我国燃料乙醇生产能力可达 1 955 万吨，足以满足 1 720 万吨的需求量，即 2025 年我国燃料乙醇产业将实现 1 720 万吨的供需平衡。

第4章　燃料乙醇产业发展政策理论与政策设计

燃料乙醇产业的发展离不开财税政策支撑，根据前文对燃料乙醇未来供求量的分析，为实现未来燃料乙醇供给和消费潜力的发挥，亟待国家在生产端和消费端给予政策激励。本章从理论与实践角度分析现有燃料乙醇政策，并提出政策需求，在此基础上设计政策方案，为后续政策模拟与优选提供依据。

4.1　理论基础

燃料乙醇产业发展具有能源环境方面的正外部性，也可能产生粮食危机等负外部性。同时，燃料乙醇产业发展政策有不同的工具选择，在现有工具的基础上，如何优选工具并设计政策方案是本书研究的重点之一。本节从外部性理论和政策工具理论出发分析燃料乙醇产业发展的政策理论需求。

4.1.1　外部性理论

通常情况下，个体经济单位（如个人或单个企业）在做出经济决策和行为之前，主要着眼于个体在相应经济活动中的经济成本或收益，因而容易忽视自身行为对社会或其他个体部门的影响。这样一来，某一个体的经济行为可能导致这项活动的个人成本或收益与包括自身在内的社会总体成本和收益不一致，同时经济个体也没有为此承担额外的义务或得到额外的回报，而外部性这一重要的经济学概念就被用来描述这一现象。事实上，基于个体成本（或收益）与社会成本（或收益）之间的对比情况，外部性又可分为正外部性（或外部经济）与负外部性（外部不经济）。所谓正外部性，即个体的经济行为给包括自身在内的社会总体所带来的收益（或福利）大于个体收益，一个典型的例子是当某一企业员工选择进一步接受教育，将提高自身的工资水平及企业的生产率，而更高的企业生产率也将进一步提高总体的社会福利水平。所谓负外部性，即个体的经济行为给包括自身在内的社会总体所带来的成本（或损失）大于个体成本，一个典型的例子是工厂主生产排放的污染气体或水对周围的环境和居民造成伤害，但这种伤害产生的经济或社会成本并不会计入工厂主的生产成本。在外部性存在的情况下，个体经济在做出相应的经济决策（如企业决定产量）之前，未能准确衡量这项经济决策的真实成本或收益，因此，基于个体成本或收益所作出的经济决策也会与社会所需的理想经济决策之间产生背离。例如，当某一企业的生产活动具有负外部性，其在决定产量过程中所考虑的成本比实际社会成本低，从而得出的最佳产量水平将高于社会理想的水平，相反，正外部性的存在将使企业确定的最佳产量水平低于社会的理想水平。而上述两个方面都将导致市场失灵的产生，即市场不能使资源分配达到帕累托最优。

外部性理论的发展和成熟，主要归功于马歇尔、庇古和科斯这三位经济学家。首先，外部性理论来源于"外部经济"这一概念，而这一概念最早出现在马歇尔于 1890 年发表的综合性经济专著《经济学原理》一书中。根据他的定义，外部经济是指与企业生产成本相关的一些企业外部因素（如企业所需原材料供应地的位置、市场容量或需求量、交通及通信便利程度等）的改变，导致企业的生产费用或成本下降。可以看到，这一概念并不等同于今天所讲的外部性（或外部经济），因为它实质上是站在企业的视角考虑其从其他个体经济行为中的获益情况，而非企业自身的行为给社会带来的额外福利。

庇古作为马歇尔的学生，在上述"外部经济"概念的基础上，进行了进一步的思考，认为一方面企业外部的各项因素，包括企业外的居民或其他企业的经济行为等，会对企业的生产成本或收益产生影响，反过来企业的经济行为同样会对企业外的居民或其他企业产生影响，而这种影响才与今天所说的外部性大体契合。在马歇尔的影响下，庇古用边际的概念分析经济学问题，他通过研究边际私人成本（或收益）和边际社会成本（或收益）之间的关系来解释外部性问题。他认为外部经济可以被解释为边际私人成本大于边际社会成本，或边际私人收益小于边际社会收益。同时，边际私人成本也可能小于边际社会成本，或边际私人收益大于边际社会收益，为此庇古在"外部经济"概念的基础上进行了扩充，提出了针对上述情况的"外部不经济"概念。上述"外部经济"和"外部不经济"概念与今天所讲的外部性的两个方面涉及的现实情况基本一致，只是在表述和定义上强调"边际"这一概念。同时，庇古还认为一旦私人和社会在边际成本或边际收益上不一致，就难以使社会资源达到最优配置，而政府在这个时候就应该进行政策干预，使私人和社会在边际成本和边际收益上达到一致，这就为政府针对经济行为的政策干预提供了理论基础。根据庇古的理论，政府实现上述目的的主要手段包括对边际私人收益大于边际社会成本的企业实施补贴，相应地对边际私人成本大于边际社会成本的企业进行征税。

但政府的政策干预是否是消除外部性，并使资源合理有效配置的唯一有效手段呢？新制度经济学的代表人物科斯对此提出了否定看法。在他看来，庇古在提出政府干预的方案过程中，忽视了政府政策实行过程中产生的额外行政成本，而这部分成本也属于社会总成本的一部分，一旦这部分成本超过了企业给社会带来的负外部性或它弥补给企业的正外部性，则政策干预反而增加了社会总福利的损失。进而，科斯还认为，在某些情况下，即使完全没有政策干预，私人方也可以通过谈判或讨价还价等方式解决外部性问题，但存在三个必要的前提条件，即产权明确、双方行为合理及交易费用为零（或极低）。上述观点也被称为科斯定理。根据科斯定理的三个条件，结合现实情况来看，科斯提到的情况很难发生，因此政府的政策干预仍然是当前人们普遍认为的解决外部性问题的最重要手段。

4.1.2 燃料乙醇产业发展的外部性

燃料乙醇产业发展既会产生正外部性，也会引发负外部性，正外部性主要表现为该燃料作为清洁能源不仅能够补充能源供给不足，还可促进节能减排、拉动社会就业、增加农民收入等；负外部性主要表现为大量使用粮食生产燃料乙醇可能引发粮食危机等风险。

1. 燃料乙醇生产的外部性

燃料乙醇生产引致的外部性主要与原料有关。由于燃料乙醇生产所需的原料来自农业部门，因此，从正外部性来讲，该产业的发展将促进相关地区农业的发展，同时给该产业链相关部门提供就业。IRENA（International Renewable Energy Agency，国际可再生能源署）于 2018 年 5 月发布的《可再生能源及就业：2018 年度回顾》显示，2017 年可再生能源行业全球从业人数达 1 030 万人，其中，从事生物燃料相关行业的人数达 306 万人（IRENA，2018）。但燃料乙醇生产的负外部性同样需要引起关注。在非粮燃料乙醇发展尚不成熟的背景下，大量使用玉米、小麦等粮食生产燃料乙醇可能会导致一些地区的粮食供应短缺，造成粮价上涨，增加居民的生活成本，甚至引发粮食危机。同时，种植非粮燃料乙醇所需的甘薯、木薯等能源作物需要占用土地和水资源，这也间接影响粮食的价格和供应。在我国，燃料乙醇的生产也将通过占用土地、水等粮食种植所必需的自然资源影响到粮食的产量和价格，从而对我国的粮食安全问题造成不利影响（黄季焜等，2009；孙凤莲等，2009；付青叶，2011；Ge et al.，2014）。

2. 燃料乙醇消费的外部性

燃料乙醇消费的外部性主要体现为能源环境方面的正外部性。车用乙醇汽油的使用，不仅能够减少汽油消费量，缓解能源供应紧张局面，还能够减少 CO_2 等温室气体的排放量，降低环境污染风险（Demirbas et al.，2004；Bernetti et al.，2004）。据统计，由于燃料乙醇的使用，1979~2002 年巴西的 CO_2 排放减少了 9 000 万吨。燃料乙醇的使用，对于减少汽车 CO 的排放和汽油直喷式汽车尾气的 PM（颗粒物）排放有显著作用，尤其是当车用乙醇汽油中的乙醇比例提高到30%以上，PM排放量会减少30%~45%（Wang et al.，2008）。在我国，燃料乙醇的推广应用可以有效改善城市大气质量，缓解石油紧缺的现状。2003~2016年，我国通过使用燃料乙醇，累计节约了约2 600万吨纯汽油的使用（USDA，2017a）。2000~2030年，我国非粮燃料乙醇的推广应用将产生4 902.7万吨的CO_2减排潜力（李红强和王礼茂，2012）。

4.1.3　政策工具理论

政策工具是实现政策目标的手段或方式，科学、合理的工具选择对政策目标的实现起着至关重要的作用。

1. 政策工具的含义

政策工具研究最早源于20世纪80年代，并在20世纪90年代和21世纪初迅速发展。对于政策工具，目前学术界没有形成统一的定义。在界定政策工具的概念之前我们需要将行政工具、政策工具、政府计划及公共政策区分开来。公共政策的范围最广，政府计划次之，再次是政策工具，最后才是行政工具。政策工具的理论内涵可以用图4-1表示。

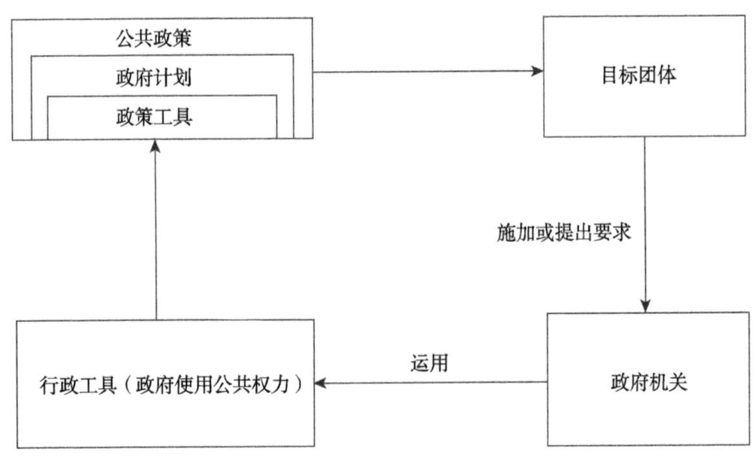

图4-1　政策工具的理论内涵

资料来源：陈恒钧和黄婉玲（2004）

关于政策工具的定义，Elmore（1987）认为政策工具是达到政策目标权威性的选择，是实现目标政策不可缺少的手段；Howlett（1991）认为政策工具是指政府机关为了达到政策目标使用的各种处理方法，是实际使用的手法和手段。张成福和党秀云（2001）认为，政策工具可以称为“治理工具”，是政府将实质目标转化为行动的路径或机制，没有政策工具就不会有政策目标的实现。陈振明（2004）

也强调政策工具是政府治理的手段和途径，是政策目标与政策行动之间的联结机制。因此，政策工具包含了目标和行动方案。

2. 政策工具分类与选择

关于政策工具的分类与选择，学者具有以下代表性的观点。

Hood（1983）认为选择政策工具时必须考虑节点、权威、财政和组织等四种资源，根据这四种资源的应用，政策工具可以分为劝告、调查、法律、登记、补助与借贷、咨询、服务的传送、统计等八种；Linder 和 Peters（1992）认为政策工具应该包含命令、管制、财政补助、权威、劝诫、契约等；Doern 和 Phidd（1983）主张按照强制程度将政策工具分为私人行为、规劝、支出、管制和公共所有，并假定各类工具间可以相互替代；Schneider 和 Ingram（1990）将政策工具分为权威型工具、诱因型工具、能力型工具、象征及劝说型工具和学习型工具。陈恒均和黄婉玲（2004）将政策工具分为直接型工具、间接型工具、基础型工具和引导型工具；Howlett 和 Ramesh（1995）依据政府介入公共物品与服务提供的程度将政策工具分为强制性工具、混合性工具和自愿性工具，上述三种政策工具从政府干预程度来看逐渐减弱。其中，强制性工具的政府干预程度最高，即政府将政策强制作用于个人或企业，个人或企业对此几乎没有自由裁量的余地，具体包括管制、公共事业、直接提供等；混合性工具也存在一定的政府干预，但个人或企业也保留一定的最终决定权，具体包括信息与劝解、补贴、产权拍卖、征税与用户收费等；自愿性工具的政府干预程度最低，是由个人和企业在自愿的基础上完成政策任务，具体包括家庭与社区、志愿者组织、市场等。

本书采用 Howlett 和 Ramesh（1995）的政策工具分类，研究我国燃料乙醇产业发展政策工具选择的问题，主要基于以下两个方面的考虑：首先，Howlett 和 Ramesh（1995）的政策工具分类按照政府在公共产品及服务供给中的介入程度，这符合作为新兴产业的燃料乙醇产业发展政策中政府承担的不同角色；其次，Howlett 和 Ramesh（1995）的分类较为系统，有利于对燃料乙醇产业发展政策工具在生产端和消费端进行系统、全面的选择和分析。

4.2　中国燃料乙醇产业发展政策实践

根据燃料乙醇产业发展政策工具的选择与运用特征，本书将我国燃料乙醇产业发展政策分为以下四个阶段进行分析。

4.2.1　第一阶段：2002~2004 年

这一阶段的主要特征是以强制性工具为主，结合混合性工具，建立和发展燃料乙醇产业。

国家能源局于 2002 年出台了《车用乙醇汽油使用试点方案》和《车用乙醇汽油使用试点工作实施细则》。在这两个文件中，主要采用的是强制性工具，从而在短时间内为该产业确定市场地位。这两个文件明确了各级政府的职责，指定了试点企业和试点范围，以及车用乙醇汽油的生产执行标准、车用乙醇汽油调配中心的建设执行标准和参加车用乙醇汽油试点的加油站建设标准等。除此之外，这两个文件还采用了针对燃料乙醇生产企业的生产补贴和税收优惠等混合性工具，以鼓励和支持这些企业改造生产线，迅速扩大产能，保障试点地区的燃料乙醇供应。随着试点的顺利推行，2004 年政府决定扩大试点范围，出台了《车用乙醇汽油扩大试点方案》和《车用乙醇汽油扩大试点工作实施细则》。

政策工具的选择以强制为主、混合为辅的方式，强制性工具明显多于混合性工具，对试点的地区范围、生产企业、燃料乙醇的供应量和目的地均进行了严格规定。在混合性工具方面，对企业采用的补贴和税收优惠工具不变，但是将生产企业按保本微利据实结算改为实行定额补贴。在扩大试点阶段，政府也重视混合性工具中的信息与劝诫工具的使用，目的是宣传燃料乙醇汽油在节能及环保方面的优点，以保障试点的顺利开展。该阶段政策工具的使用详见附表 1。

4.2.2 第二阶段：2005~2007 年

这一阶段的主要特征是以混合性工具为主，以强制性工具为辅，扩大试点并保障燃料乙醇产业顺利发展。

该阶段主要通过混合性工具对燃料乙醇的生产进行激励，使用定额补贴、税收优惠等工具，有一部分也采用了强制性工具中的标准制定等。该阶段相继出台了《可再生能源法》（2005 年）、《财政部关于燃料乙醇亏损补贴政策的通知》（2004 年）、《关于变性燃料乙醇定点生产企业有关税收政策问题的通知》（财税〔2005〕174 号）、《可再生能源发展专项资金管理暂行办法》（2006 年）、《关于发展生物能源和生物化工财税扶持政策的实施意见》（2006 年）和《财政部关于印发〈生物能源和生物化工原料基地补助资金管理暂行办法〉的通知》（2007 年）等政策文件。

该阶段政策工具选择的主要目的是在燃料乙醇产业得到初步发展之后，进一步完善燃料乙醇产业，扩大市场竞争力。在此期间，最为重要的是将政策上升到法律的层面，出台的《可再生能源法》的第四章第十六条明确指出，“国家鼓励清洁、高效地开发利用生物质燃料，鼓励发展能源作物”，“石油销售企业应当按照国务院能源主管部门或者省级人民政府的规定，将符合国家标准的生物液体燃料纳入其燃料销售体系”。另外，出台的各项政策中有五项主要针对补贴和税收政策，同时，在强制性工具方面重视技术开发、标准制定、示范工程、资源勘查等，如附表 2 所示。

4.2.3　第三阶段：2007~2015 年

这一阶段的主要特征是以强制性工具限制粮食燃料乙醇的生产，并配合混合性工具促进非粮燃料乙醇发展。

2007 年 6 月 7 日，国务院紧急召开常务会议，讨论可再生能源的发展问题。会议决定立即停止在建的粮食燃料乙醇项目，也不再批准新的粮食燃料乙醇项目。同时，会议要求各企业在不得占用耕地、不得消耗粮食、不得破坏生态环境的原则下，坚持发展非粮燃料乙醇。随后，2007 年 8 月，国家发展改革委出台了《可再生能源中长期发展规划》，再次明确提出“不再增加以粮食为原料的燃料乙醇生产能力，合理利用非粮生物质原料生产燃料乙醇”。该阶段又相继出台了《生物燃料乙醇弹性补贴财政财务管理办法》（2007 年）、《可再生能源“十二五”发展规划》（2012 年）、《生物质能发展“十二五”规划》（2012 年）、《关于调整生物燃料乙醇财政补助政策》（2012 年）等文件。国家通过混合性工具调整针对粮食燃料乙醇和非粮燃料乙醇的财政补贴差距，逐年降低粮食燃料乙醇的补贴，并计划到 2016 年底针对粮食燃料乙醇的补贴完全取消。同时，国家继续补贴非粮燃料乙醇生产，特别是给予纤维素燃料乙醇生产更高的补贴力度，如附表 3 所示。

4.2.4　第四阶段：2016 年至今

这一阶段的主要特征是以强制性工具确立发展目标，扩大试点范围，以振兴燃料乙醇产业。

2016 年 10 月，国家能源局发布《生物质能发展“十三五”规划》，制定了 2020 年燃料乙醇 400 万吨的利用目标。除此之外，该规划针对粮食燃料乙醇的政策也有新的表述，提出“控制总量发展粮食燃料乙醇，统筹粮食安全、食品安全和能源安全，以霉变玉米、毒素超标小麦、“镉大米”等为原料，在“问题粮食”集中区，适度扩大粮食燃料乙醇生产规模”。这是 2007 年国家开始限制粮食燃料乙醇以来，首次重新提出发展粮食燃料乙醇产业。针对非粮燃料乙醇，该规划要求选择木薯、甜高粱茎秆等原料丰富地区或利用边际土地和荒地种植能源作物，建设 10 万吨级非粮燃料乙醇工程。2016 年 12 月，国家发展改革委发布《可再生能源发展“十三五”规划》，在总结可再生能源形势下，提出加快发展以燃料乙醇为主的生物质能，并重申了上述关于燃料乙醇产业的发展目标和方向。2017 年 9 月，国家发展改革委、国家能源局等 15 部门联合印发了《关于扩大生物燃料乙醇生产和推广使用车用乙醇汽油的实施方案》，该方案强调扩大生物燃料乙醇的生产和推广使用车用乙醇汽油，规定到 2020 年，在全国范围内推广使用车用乙醇汽油，并着力处理超期超标粮食。该方案的出台，极大地提高了燃料乙醇的市场需求水平，对于重新振兴和发展燃料乙醇产业具有重要意义。2018 年 8 月 22 日，国务院总理李克强主持召开国务院常务会议，再次强调要进一步扩大试点地区范围，会议决定在2018年新增北京、天津等15个燃料乙醇试点省（区、市），如附表4所示。

综上，我国燃料乙醇产业采取的政策工具在四个阶段主要以强制性工具和混合性工具为主，每个阶段的目标和侧重点有所差别。第一阶段，产业发展主要依靠政府的推动，并制定燃料乙醇的生产标准，使用了约63%的强制性工具，在混合性工具方面以生产补贴和税收优惠为主，这两项政策占第一阶段政策工具的22%；第二阶段，燃料乙醇产业已经处于发展期，国家更多地使用了混合性工具中的生产补贴措施促进生产扩大；第三阶段，我国限制粮食燃料乙醇，开始转为非粮燃料乙醇产业的发展，国家强制规定燃料乙醇原料的使用，并较少使用生产补贴和税收优惠政策；第四阶段，重新提出适度发展粮食燃料乙醇产业，并计划将车用乙醇汽油试点范围扩大到全国，详见表4-1。

表4-1 燃料乙醇产业政策工具运用情况分析

工具类别	工具名称	第一阶段		第二阶段		第三阶段		第四阶段	
		工具数	比重	工具数	比重	工具数	比重	工具数	比重
自愿性工具		—	—	—	—	—	—	—	—
强制性工具	命令性和权威性工具	26	44%	5	29%	19	59%	8	52%
	监督	4	7%	—	—	1	3%	1	7%
	规制	7	12%	2	12%	1	3%	1	7%
混合性工具	生产补贴	7	12%	6	35%	1	3%	1	7%
	税收优惠	6	10%	1	6%	1	3%	1	7%
	信息与劝诫	9	15%	3	18%	9	28%	3	20%

4.3 中国燃料乙醇产业发展政策需求与工具设计

我国燃料乙醇产业政策的设计实质上是政策工具选择与设计的问题，在产业初期得到强制性工具和混合性工具的支持之后，现实背景下应如何进一步促进燃料乙醇产业发展，本节在分析政策的理论与实践需求的基础上，设计我国燃料乙醇产业发展政策工具方案。

4.3.1 政策需求分析

1. 基于外部性理论的燃料乙醇产业发展政策需求分析

燃料乙醇产业发展具有正负双向外部性，因此，财税政策的制定应促进正外部性的发挥，减少负外部性。对燃料乙醇生产企业的补贴和税收优惠等政策，能够更好地发挥燃料乙醇产业的正外部性，而相对提高粮食燃料乙醇的生产成本或减少非粮燃料乙醇的生产成本，能够有效控制粮食燃料乙醇的生产规模，从而较好地避免作为负外部性的粮食危机发生（图 4-2）。

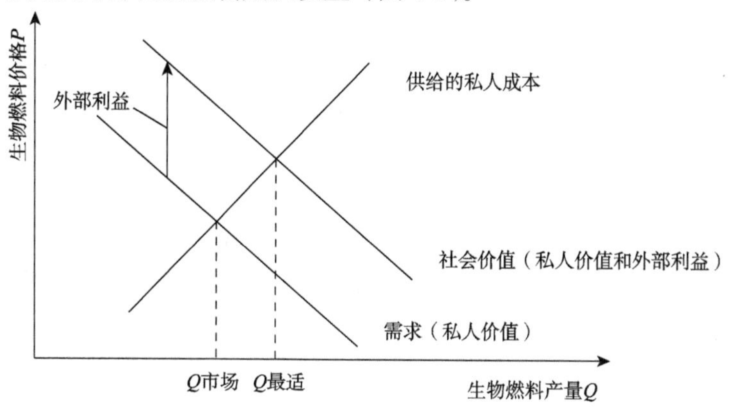

图 4-2　矫正性补贴对于生物燃料市场均衡的影响效果

综上所述，基于外部性理论的分析，燃料乙醇产业发展财税政策的需求可以从生产端和消费端提出。

在生产端，粮食燃料乙醇产业发展有助于提高农民收入、增加农村劳动力就业、消化陈化粮，这是粮食燃料乙醇产业发展的正外部性；但同时，也会产生粮食价格上涨、“与人争粮”等负外部性。非粮燃料乙醇产业发展的负外部性极小，而在正外部性方面表现为提高农民收入、促进边际土地利用，但受制于边际土地所处的位置、交通基础设施等因素，非粮燃料乙醇产业发展较为缓慢。因此，生产端的政策需求主要考虑粮食燃料乙醇生产规模的限制和非粮燃料乙醇生产规模的扩大。具体而言，针对粮食燃料乙醇产业，需要降低现有的生产补贴及相关税收优惠力度；针对非粮燃料乙醇产业，则应该提高生产补贴及相关税收优惠力度，同时，考虑制约因素，需要为边际土地开发和复垦、非粮作物的种植及非粮燃料乙醇生产线提供技术和资金的支持。

在消费端，主要考虑移动端的燃料替代问题，即用车用乙醇汽油替代传统汽油，以减少对石油产品的对外依存度和降低机动车尾气排放污染。这种替代存在三类政策需求，第一类是保持传统汽油的现有政策，提高车用乙醇汽油的消费补贴强度；第二类是保持车用乙醇汽油的现有政策，提高传统汽油的消费税率；第三类是提高车用乙醇汽油的消费补贴强度，同时，提高传统汽油的消费税率。在具体政策设计中，我们需要考虑传统汽油是国民经济发展的重要基础燃料，因此，政府应谨慎选择提高传统汽油消费税率的政策工具。

2. 基于产量目标的实践需求

燃料乙醇产业的发展目标和规模也主要以产量作为衡量因素。近年来，我国燃料乙醇产业的产量增速逐渐放缓，大致处在 300 万吨的水平，这也是我国燃料乙醇产业发展受阻的直接体现。因此，现有支持政策也主要以扩大产能、增加产量及市场消费量为出发点。关于产量目标，早在 2007 年，国家发展改革委发布的《可再生能源中长期发展规划》就明确提出，到 2020 年我国生物燃料乙醇年利用量要达到 1 000 万吨，这一目标也基本符合当时我国燃料乙醇产业的发展状况和产量增速，只是后期政策变更导致产量增速放缓。根据当前的产量和技术水平，要使燃料乙醇产量到 2020 年达到 1 000 万吨，需要在 2016 年产量的基础上增加两倍。另外，根据我们的预测，若放开试点地区的限制，在全国范围内推广使用车用乙醇汽油，则到 2025 年国内对燃料乙醇的需求就将高达 1 720 万吨，为此，产量目标也必须保证能满足这一市场需求水平。

通过前面的分析，我们发现，电动汽车行业的快速发展也将间接制约燃料乙醇产业的发展，电动汽车的推广不仅挤占汽油市场，形成竞争关系，还可能导致国家进一步降低对燃料乙醇产业的支持力度，转而支持电动汽车行业。因此，未来我国燃料乙醇的产量甚至会下降。事实上，电动汽车的潜在环境成本常常被忽视。根据国家统计局的数据，2016 年我国火电、煤电装机容量达 10.9 亿千瓦，占总装机容量的 61%（国家统计局，2017），即电动汽车行驶过程中消耗的电能有一半以上来自煤炭等高排放、高污染能源燃烧产生。从这个角度来看，电动汽车非但没有起到降低环境污染的作用，甚至通过间接使用煤炭来代替相对更清洁的汽油，造成污染更加严重。相比之下，燃料乙醇燃烧产生的 CO_2 和水基本不会污染空气，不会带来雾霾等环境问题，虽然产生的 CO_2 可能造成温室效应，但根据第 1 章的研究综述，燃料乙醇燃烧产生的 CO_2 排放量要低于等量的普通汽油，从替代效应来看，燃料乙醇的使用还能减缓气候变化，有利于减排。

因此，发展燃料乙醇产业应当被继续作为未来能源结构优化的重点，进一步扩大试点地区的范围，并提供各项政策使其达到所预测的 2025 年 1 720 万吨的产量目标。

3. 基于国外经验借鉴的实践需求

与燃料乙醇产业发展较为成熟的国家相比，可以看出，我国燃料乙醇产业发展政策尚存在以下实践需求。

1）燃料乙醇消费端的激励不足

巴西政府对燃料乙醇汽车的生产减免产品税和增值税，大大刺激了燃料乙醇汽车的生产，也为燃料乙醇的消费奠定了基础。我国应在现有 E10 乙醇汽油推广应用基础上，开发、生产完全以燃料乙醇驱动的汽车产品，加大税收激励，免征增值税。另外，对于消费端，巴西和美国的经验是采用强制性工具推广应用燃料乙醇，如巴西的“国家乙醇计划”。美国规定了车用乙醇汽油加油站的最低数量，以此来强制民众消费车用乙醇汽油。我国在发展之初也采取半封闭和全封闭的试点方式，但试点范围较小，至今试点地区仍主要集中在东北地区、中部地区和南部地区若干省（区、市），且这些地区很少是经济发达、汽油消费量很高的地区，消费潜力有限。另外，我国还在一些省（区、市）的部分地级市采取试点，这样一方面是封闭性不足，有些居住在两市交界附近的居民可能会前往相邻的城市加油，另一方面也容易引起该类地区民众的抵触和不满，因此，试点地区的范围应进一步扩大。

2）燃料乙醇生产端的原料供给激励不足

我国的财税政策主要用于支持燃料乙醇生产企业，缺少对原料生产资料和生产者的补贴。巴西燃料乙醇产业发展的一个成功经验是有充足且廉价的原料供应，这与政府对能源作物种植者的补贴分不开。巴西政府不仅对蔗农补贴，还对投资能源作物种植的公共部门和私人部门给予补贴。我国有较为宏观的政策激励非粮作物的种植和边际土地的开垦、复垦，但缺乏对非粮作物种植的具体补贴或税收优惠措施，在这方面，我国可以借鉴巴西的经验，促进原料的生产，降低原料的价格，从而降低燃料乙醇生产企业的生产成本，激发其生产积极性。

3）非粮燃料乙醇产业发展的政策保障不力

美国尤其重视非粮燃料乙醇产业的发展，美国政府在2007年颁布的《能源与独立安全法》中为非粮燃料乙醇的生产规定了具体的产量目标，并从研发、生产、市场推广等各环节为非粮燃料乙醇产业的发展提供政策支持，包括美国农业部、能源部等多个与该产业相关的部门都参与其中。我国早已将非粮燃料乙醇作为燃料乙醇产业的发展重点，然而，自国家开始限制粮食燃料乙醇以来，相应的非粮燃料乙醇产业的支持政策并没有及时跟上。目前，国家针对非粮燃料乙醇产业的支持政策仍以生产补贴为主，没有针对整个产业链的其他相关环节设计相应政策。

非粮燃料乙醇的生产从所需原材料到生产设备，再到生产过程，均不同于一般的粮食燃料乙醇。1.5代非粮燃料乙醇使用的甘薯、木薯等原料并没有充足且成熟的国内市场，虽然国家倡导利用边际土地生产该类作物，从而在实现原料充分供应的同时达到“不与粮争地”的目的。然而，开发边际土地是一项耗资巨大的工作，且在该类土地上种植非粮作物的成本也比较高，但政府对这两个环节均没有具体的财税政策支持。此外，燃料乙醇生产企业从生产粮食燃料乙醇转变为生产非粮燃料乙醇，需要对设备进行更新改造，涉及大量的一次性资金投入，政府也没有在这方面为企业提供便利和补贴，导致企业转向非粮燃料乙醇生产的步伐缓慢。另外，非粮燃料乙醇的发展需要多个部门的协作，如与原料供应相关的农业部门，与企业增加固定资产投资相关的金融部门，与财政补贴、税收优惠相关的财税部门，等等。目前，参与这一产业发展相关的部门主要为财税相关部门，从而导致政策的单一化和片面化。

4.3.2 中国燃料乙醇产业发展的财税政策设计

根据前文燃料乙醇产业发展政策的理论需求和实践需求分析，本书将财税政策方案设计如下。

1. 生产端政策

1）增强对燃料乙醇生产企业的投资支持

虽然我国已经规划了燃料乙醇产业的中长期发展目标，并计划到2020实现在全国范围内推广使用车用乙醇汽油，但充足的市场供给是这一目标得以实施的基本条件。若不针对生产企业实施相应的支持政策，按照当前国内燃料乙醇生产企业的产能来看，届时国内燃料乙醇市场将出现供不应求的情况，因此，国家相关政策首先应当促进企业扩大产能，激发企业的生产积极性。

我国将发展非粮燃料乙醇作为这一产业的发展原则，并敦促各粮食燃料乙醇生产企业尽快完成生产线的更新改造，逐步压缩粮食燃料乙醇生产的比例。但现实情况是：目前国内几家大型燃料乙醇生产企业，如河南天冠燃料乙醇有限公司、吉林燃料乙醇有限责任公司、中粮生化能源（肇东）有限公司等仍主要生产粮食燃料乙醇，非粮燃料乙醇生产进展缓慢，其中一个重要的原因就是该类大型企业在转向非粮燃料乙醇的生产之前，需要对许多大型设备更新改造，这就要求企业短期内进行大量的资金投入。在利润率本就不高的情况下，这样的大额资金投入对于企业来讲存在短期内资金紧张、生产中断等风险。

随着国家能源局《生物质能发展“十三五”规划》及国家发展改革委、国家能源局等15部门联合印发的《关于扩大生物燃料乙醇生产和推广使用车用乙醇汽油的实施方案》出台，国内对燃料乙醇的需求量短期内将大幅上升。因此，目前各大企业还面临产能不足、急需扩大产能以满足市场供给的问题，这就需要企业在短期内新增生产设备、雇用更多劳动力及专业技术人员等。为此，政府应当增强对企业的投资支持，具体包括要求银行为这些企业提供低息贷款，并给予相对较长的贷款周期，还可直接拨发专项资金，并规定这类资金主要用以企业新增非粮燃料乙醇生产线，等等。另外，目前2代纤维素燃料乙醇产业的生产技术尚不成熟，生产成本高，因此，企业或相关科研机构需要开展技术研发，如研发低成本的纤维素酶等。但这类研发在初期也需要大量的资金支持，政府可成立相关的专项基金，来支持企业、科研机构或高校开展研究。

2）加强非粮作物种植的补贴激励

由于2代纤维素燃料乙醇的生产成本较高，技术难度较大，目前我国主要发展以甘薯、木薯等为原料的1.5代非粮燃料乙醇产业。1.5代非粮燃料乙醇也是接下来取代粮食燃料乙醇的主要选择。甘薯、木薯等作物经济效益较低，特别是木薯，一般不用作食用，因此，农民的种植积极性较低，若需要大量扩大1.5代非粮燃料乙醇的产能，需要首先解决该类作物的供应问题。

我国存在大面积的边际土地，该类土地不适宜种植小麦、玉米、水稻等农作物，但可用来生产甘薯、木薯等非粮作物。根据第 3 章的供给潜能预测，能否顺利开发国内的边际土地来生产非粮作物，是决定我国 1.5 代非粮燃料乙醇生产潜能能否充分释放的关键。目前，国家针对燃料乙醇产业的政策主要提供给燃料乙醇生产企业，对于燃料乙醇产业链上游的原料供应环节缺乏具体的支持政策，没有针对边际土地的开发利用及非粮作物种植的财政补贴政策。

为促进非粮作物种植业的发展，从而为燃料乙醇生产企业提供充足的原料供应，政府应当对经济效益较低的甘薯、木薯的种植提供财政支持，具体包括农机购买补贴、农业基础设施改造资金补贴及生产补贴，从而调动农民的积极性；还应疏通、拓宽非粮作物的销售渠道，可由政府统一采购并转售给燃料乙醇生产企业，也可鼓励农民自己成立相应的中介公司进行交易，从而减少中间的交易成本。

3）促进边际土地开发的资金与技术投入

我国地貌多样，地形复杂，边际土地的分布较为分散，且常常位于交通不发达的山区，开发难度大、开垦成本高。在这样的情况下，农民或企业难有积极性去主动开发该类土地，导致该类边际土地长期未被合理利用。政府除了对非粮作物的生产提供支持外，还应对边际土地的开发提供财税政策支持，即鼓励边际土地周边的居民或企业开发、开垦边际土地，在这个过程中由政府提供资金支持，包括低息贷款和财政补贴，并将这些土地以相对较低的价格承包给农户或企业。

2. 消费端政策

1）扩大车用乙醇汽油的使用范围

燃料乙醇产业的需求水平与试点范围密切相关。尽管我国已在黑龙江、吉林、辽宁、河南、安徽、广西、广东等省（区、市）封闭试点乙醇汽油，但在一些经济较为发达、汽油消费量较高的地区，如长三角地区、京津冀地区和山东省，仍采用部分试点的方式，燃料乙醇的消费潜力没有被充分释放，这也是近年来该产业发展缓慢的因素之一。因此，扩大试点范围，充分激发需求潜力，是在消费端促进该产业发展最直接有效的方式。

《关于扩大生物燃料乙醇生产和推广使用车用乙醇汽油的实施方案》已经明确提出，到 2020 年在全国范围内推行燃料乙醇的使用，为接下来该产业在市场推广方面明确了目标。另外，在目前暂未试点地区，加油站应同时提供传统汽油及燃料乙醇汽油，并对车用乙醇汽油提供一定的消费补贴，促使更多消费者选择车用乙醇汽油，为全面推广乙醇汽油打好基础。

2）提高传统汽油的消费税率

传统汽油作为车用乙醇汽油在市场上的竞争产品，其市场销量与车用乙醇汽油的销量呈负相关关系。因此，为了促进消费者使用车用乙醇汽油，应当通过一定的政策手段降低传统汽油的消费量。提高传统汽油消费税的税率是重要的政策工具，该工具通过提高传统汽油的销售成本，从而间接降低车用乙醇汽油的销售价格，提高车用乙醇汽油的竞争力。该政策在促进燃料乙醇产业发展的同时，可增加政府的财政收入，而这部分收入可用于补贴燃料乙醇生产企业或非粮作物种植户。

第5章　中国燃料乙醇产业发展动态CGE模型的构建

CGE模型是基于一般均衡理论发展的可计算模型，被广泛用于社会经济政策的分析和评估。本章针对燃料乙醇产业发展，在梳理一般均衡理论与 CGE 模型发展历程的基础上，构建动态 CGE 模型和编制相应的 SAM，为燃料乙醇产业发展政策模拟提供工具。

5.1　一般均衡理论与CGE模型发展

一般均衡理论是由法国经济学家瓦尔拉斯（Walras）于 1874 年在其著作《纯粹经济学要义》（*Elements of Pure Economics*）中首先提出的，该理论将经济系统看作一个整体，研究其中各因素之间复杂的相互作用和相互依存关系（庞军和石媛昌，2005）。一般均衡理论描述的经济系统的均衡状态，包括价格均衡和数量均衡，以及在外生冲击下的价格与数量变动、再回均衡状态的过程。一般均衡理论是对经济系统中的所有商品和要素的研究，不是仅研究一种商品、一个市场的供求变化，只有当所有商品和要素市场均处于均衡状态时，单个市场才会处于均衡状态。

瓦尔拉斯认为，满足下列条件的经济状态是一般均衡状态：①经济系统中每个消费者均为了实现自身效用最大化，在预算约束下决策所购商品的最佳组合，其中，预算约束由生产要素和商品的价格决定；②在一定的生产要素和商品价格下，每个消费者决定向生产者提供生产要素的数量；③在一定的技术水平条件下，每个生产者均为实现利润最大化而决策生产活动，但长期利润为零；④商品和要素市场供求均衡，不存在超额需求（庞军和傅莎，2008）。

一般均衡理论出现在 1874 年，瓦尔拉斯仅给出了一组线性方程式和较为粗糙的证明（赵永和王劲峰，2008）。到 20 世纪 30 年代，Wald 于 1936 年在数学上证明了一般均衡状态在一系列模型中的存在性，表明了其普遍性（Wald，

1951）。由于最初的一般均衡理论具有高度的抽象性，直到20世纪五六十年代，在模型的可计算方法得到突破后，CGE模型才得以发展，特别是Arrow（1951）、Arrow和Debreu（1954）、Debreu（1959）、McKenzie（1959）、Hahn（1962）、Debreu和Scarf（1963）、Scarf（1967）等研究利用集合论、拓扑学等方法，在严格的假设条件下证明了CGE模型存在均衡解，且这种均衡在没有外部冲击情况下可处于稳定状态，并同时满足经济效率要求（赵永和王劲峰，2008）。由此，抽象的一般均衡理论发展成为可用于政策效果分析和评价的实用工具（孙林，2011）。

第一个真正的CGE模型被认为是Johansen（1960）的多部门增长模型，该模型用于研究挪威经济增长（赵永和王劲峰，2008）。这个多部门增长模型包含一个内生的家庭账户，实现了多部门商品价格的内生性，其他账户（政府、投资、出口等）的消费被假定为外生。然而，在Johansen（1960）的模型之后，20世纪60年代，CGE模型基本处于发展停滞状态。直至Scarf（1967）开发了有关Walrasian体系均衡数值解的不动点算法，CGE模型的求解技术得以突破，CGE模型在20世纪70年代才又进入兴盛时期。20世纪70年代CGE模型的兴盛也与当时的国际经济环境、计算机技术的发展有关（Dixon and Parmenter，1996）。1978年，世界银行开发了第一个CGE模型，即Adelman和Robinson（1978）有关韩国收入分配政策的模型。进入20世纪八九十年代后，CGE模型作为应用经济学的一个领域被建立起来，大量有关CGE模型的综述研究（如Shoven and Whalley，1984；Robinson，1989）、专著（如Dixon et al.，1992）和国际会议出现（赵永和王劲峰，2008）。

5.2 能源CGE模型的发展

20世纪七八十年代能源问题的凸显促进了能源政策研究的盛行，能源政策的执行除产生能源环境效应外，也会引致经济、福利、贸易等领域的效应，因此，能源问题及其政策涉及整个社会经济系统的运行，单一维度的政策研究无法描绘这一影响过程。在此背景下，CGE模型在能源问题及其政策研究中开始得到广泛应用。

第一次石油危机后，石油供需及其对经济影响的相关研究逐渐增多，Hudson和Jorgenson（1974）构建了CGE模型，并第一次将其应用于能源问题研究，该研究构建价格反馈的多产业生产结构和动态变化的需求结构具有方法上的创新性，并用于预测1975~2000年的能源需求和分析税收政策对能源使用的影响。在该研究基础上，Manne（1977）改进了Hudson-Jorgenson的模型，将更为细致的能源技术描述纳入模型中。这些研究促进了CGE模型在能源研究领域的应用。

自此以后，许多研究用 CGE 模型分析能源相关问题，如 Bergman（1990）研究了经济增长中的能源与环境约束问题；Naqvi（1998）利用 CGE 模型分析了能源、经济与收入平等间的关系；Galinis 和 van Leeuwen（2000）分析了核能在未来的发展潜力；Hanley 等（2006）、Allan 等（2007）、Otto 等（2007）、Mahmood 和 Marpaung（2014）、Bataille 和 Melton（2017）分析了能源效率和技术提高对经济和环境的影响；Scaramucci 等（2006）研究了甘蔗渣发电对巴西电力短缺的作用和贡献；Guivarch 等（2009）构建了能源–环境–经济 CGE 模型，研究印度经济对油价上涨的反应；Semboja（1994）、Bor 和 Huang（2010）、Lu 等（2010）、Sancho（2010）、Farajzadeh 和 Bakhshoodeh（2015）、He 等（2015）分析能源税收、补贴、价格、投资等政策效应。在 CGE 模型的能源技术嵌入方面，Schumacher 和 Sands（2007）提出了新的技术嵌入函数；Dai 等（2011）将 12 类发电技术纳入模型中，评估我国 2020 年碳减排目标实现的影响；Martinsen（2011）将技术学习纳入模型中，分析全球能源技术扩散效应；Fujimori 等（2014b）将各类能源终端应用技术纳入 CGE 模型中，从能源强度和碳排放因子等方面对比该模型与传统模型的区别。

随着生物质能源的大规模发展，CGE 模型又被广泛运用到评价生物质能源政策的领域中，研究主要集中在巴西、美洲和欧洲等地区。Dixon 等（2007）、Banse 等（2008）、Wianwiwat 和 Asafu-Adjaye（2013）、Doumax 等（2014）、Ge 等（2014）、Ge 和 Lei（2017）等构建 CGE 模型评价生物质能源发展的社会经济影响。其中，最典型也是应用最广泛的 CGE 模型为 GTAP 模型和 IFPRI 建立的 CGE 模型。

GTAP-E 模型是将能源部门和要素嵌入 GTAP 标准模型产生的。在生产模块，能源从中间品投入中被分离后，作为生产要素投入被嵌入模型（图 5-1~图 5-3）。

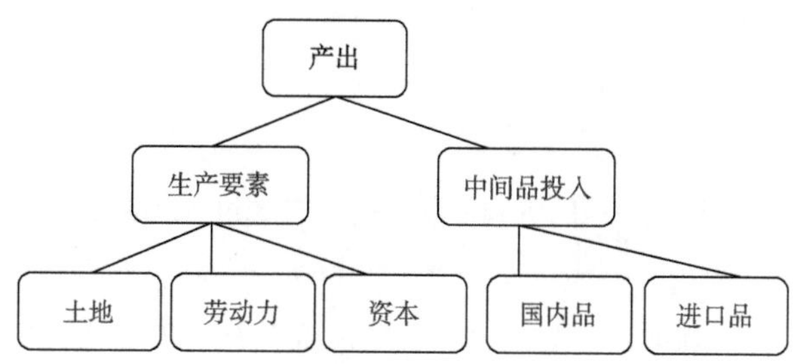

图 5-1　GTAP 标准模型的生产结构

资料来源：Burniaux 和 Truong（2002）

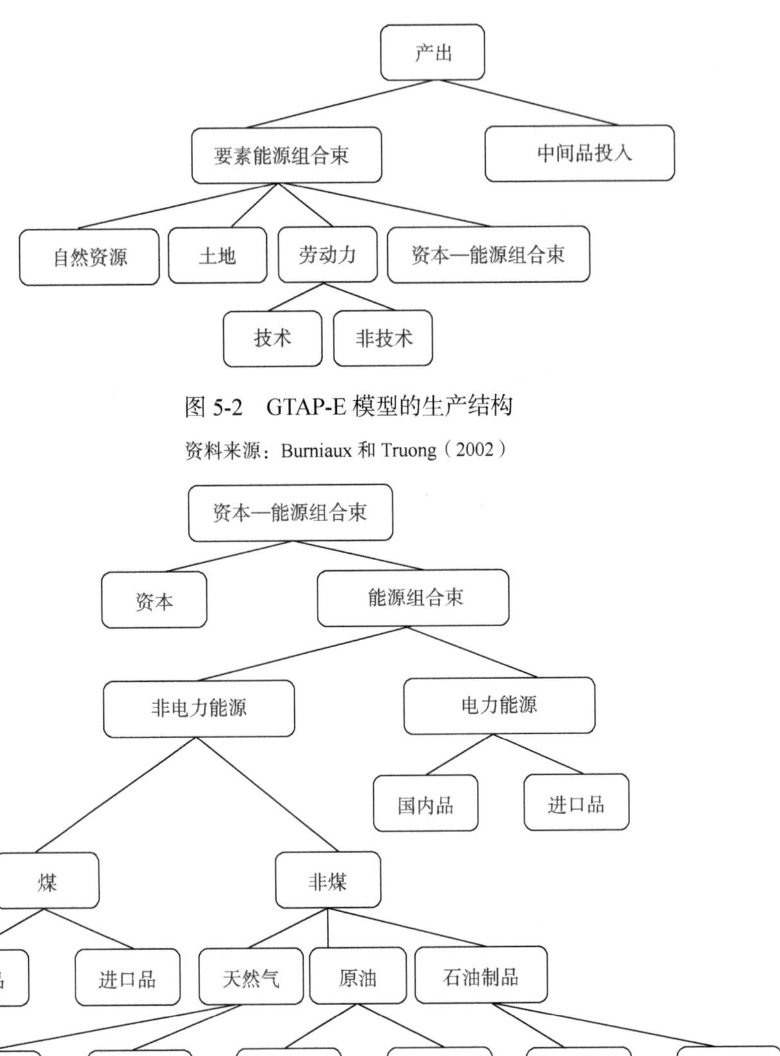

图 5-2 GTAP-E 模型的生产结构

资料来源：Burniaux 和 Truong（2002）

图 5-3 GTAP-E 模型的资本—能源组合束结构

资料来源：Burniaux 和 Truong（2002）

Taheripour 等（2007）首次将生物质能源部门从 GTAP 数据库中单独分离并将用谷类、甘蔗生产的燃料乙醇及用油料作物生产的生物柴油嵌入 GTAP 6.0 版本，被称为 GTAP-BIO。之后，Taheripour 等（2010）用 GTAP-BIO 分析了生物质能源生产的增长对全球畜牧业的影响。

Banse 等（2008）将燃料乙醇嵌入 GTAP-E 模型中。他们将非煤炭能源的资本—能源嵌套调整为由植物油、原油、石油制品和燃料乙醇组成的多层嵌套结构。

在这个结构中，燃料乙醇被假定以甜菜、甘蔗和谷类原料为原料生产所得。同时，这个研究的一个主要贡献是建立了不同类型土地替代的 CET（constant eleasticity of transformation，常转换弹性）三层嵌套结构。

Elbehri 等（2009）在 GTAP-E 模型的基础上为农业和生物能源专门建立了全球 CGE 模型［GLOMAB（global model for agriculture and bioenergy，全球农业和生物能源模型）］用来评价生物能源生产和贸易给农业市场带来的影响。他们在生产模块加入农业残留物，这些残留物主要是一些谷类作物的秸秆，包括大米残留物、小麦残留物、玉米残留物和甘蔗残留物，这些残留物之间的替代弹性为 5。

其他一些研究也在 GTAP-E 模型基础上建立了针对生物质能源的 CGE 模型，如 Dixon 等（2007）、Birur 等（2008）、Boeters 等（2008）、Hertel 等（2008）、Kretschmer 等（2008）、Reilly 和 Paltsev（2008）、Taheripour 等（2008）、Britz 和 Hertel（2011）。

另外，一些研究，特别是关于发展中国家的研究，在 IFPRI 开发的标准 CGE 模型基础上加以扩张，对各国生物质能源政策进行模拟和预测。在 IFPRI 的模型中，生产和消费行为是非线性的、一阶最优条件的，也就是，生产和消费决策是相应地基于利润最大化和效用最大化原则做出的（Lofgren et al.，2002）。IFPRI 的模型的生产模块类似于 GTAP 模型，如图 5-1 所示。

Huang 等（2012）用扩展的 IFPRI 的模型分析佛罗里达林木生物能源的经济影响。这些在标准模型上的扩展主要包括更加强劲的机构之间的资本转移及商业直接税的嵌入。Banerjee 和 Alavalapati（2009）将 IFPRI 的模型发展为动态 CGE 模型来模拟巴西的生物质能源。Arndt 等（2009）也建立了动态 CGE 模型模拟莫桑比克的生物质能源发展对经济增长和收入分配的影响。

5.3　动态CGE模型特征、假设与宏观闭合

5.3.1　模型特征

中国燃料乙醇产业发展动态 CGE 模型是对 Ge 和 Tokunaga（2011）、Ge 等（2014）模型的发展，其将多种能源替代与 CO_2 排放纳入模型中，以实现中国燃料乙醇产业发展的经济、能源与环境效应的分析。同时，本书中的 CGE 模型也由标准 CGE 模型扩展而来，服从标准 CGE 模型的基本假设。在模型中，生产者在要素约束下追求利润最大化，消费者在预算约束下追求效用最大化。

中国燃料乙醇产业发展动态 CGE 模型包含 26 个产业部门、2 类土地要素（普通耕地与边际土地）、1 类资本要素、1 类劳动力要素、2 类居民部门（城镇居民与农村居民）、3 类税收（间接税、直接税和关税），以及企业、政府和国外（包

括居民、企业和政府）等主体。该模型模块包括生产模块、贸易模块、居民与企业模块、政府模块、投资与储蓄模块、均衡模块、碳排放模块及动态模块。

5.3.2 模型假设

中国燃料乙醇产业发展动态 CGE 模型需满足以下经济假设。

（1）中国宏观经济运行环境为完全竞争市场，生产者在完全竞争市场中生产和销售商品/服务，购买和使用生产要素与中间品投入产品，是市场价格的接受者，而非市场价格的决定者，采用规模报酬不变技术，产品价格为产品单位成本，不存在超额利润。

（2）生产要素包括土地、资本和劳动力，土地仅用于农业部门，劳动力在各产业部门间流动，但在国际不流动，土地和劳动力均是有限的，各产业部门有固定的资本存量，仅有新增资本投资才能在部门间流动。

（3）进口商品/服务与国内商品/服务之间存在不完全替代性，且满足阿明顿（Armington）假设，即同一产业的产品根据其产地区分，在这种情况下，在同一国家生产的产品之间是完全替代的，而在不同国家生产的产品是不完全替代的。

（4）市场需求函数是所有消费者需求函数的汇总，是连续的、非负值的关于价格的函数。

（5）货币中性，即仅有相对价格影响宏观经济运行决策，绝对价格不影响均衡产出。

（6）每个产业部门仅生产一种商品/服务。

（7）整个宏观经济运行满足瓦尔拉斯定理。

5.3.3 模型宏观闭合

用 CGE 模型进行政策模型分析时，由于失业、财政赤字等问题的存在，模型不能达到完全的均衡，只能是有条件的均衡。宏观闭合就是为解决该问题而产生的，通过不同宏观闭合规则的设置和选择，进一步贴近现实中的社会经济运行状态，以使政策模拟结果更为科学地指导实践。宏观闭合的基本含义是指，确定模型的外生变量及其赋值，外生变量及模型闭合的不同选择，反映了宏观经济运行的不同假设（赵永和王劲峰，2008）。因此，宏观闭合规则的选择有赖于建模的历史背景和分析目标（Decaluwé and Martens，1988；邓祥征，2011）。

CGE 模型常用的宏观闭合规则有四种，即凯恩斯（Keynes）闭合、新古典（neoclassical）闭合、约翰逊（Johansen）闭合和卡尔多（Kaldorian）闭合（Dervis et al.，1982；Dewatripont and Michel，1987；Bandara，1991；赵永和王劲峰，2008；邓祥征，2011）。

凯恩斯闭合中，劳动力市场与商品市场不同时均衡，舍弃了充分就业条件，将就业率当作内生变量，各产业部门的劳动力数量根据需求调整。除此之外，商品市场均衡条件依然存在，即商品/服务总供给等于总需求，劳动力报酬仍由劳动的边际产出决定，投资为外生。

新古典闭合中，在生产者利润最大化的条件下，政府开支水平外生，投资水平内生，投资与储蓄的均衡由模型外的利率调整达到出清。新古典闭合是 CGE 模型比较静态分析中最常用的方式（Hertel，1999）。

约翰逊闭合中，总投资水平为外生给定，政府收支作为内生变量，通过税收（或补贴）及政府预算结余（或赤字）来使投资和储蓄达到均衡。该闭合中的储蓄由投资决定，整个宏观经济系统的运作也由投资驱动。

卡尔多闭合中，投资水平和政府收支均为外生给定，要素市场优化条件被舍弃，实际工资等于劳动力边际产出这一假定也不被承认，通过收入分配机制使投资和储蓄达到均衡。

中国燃料乙醇产业发展动态 CGE 模型的宏观闭合主要采用新古典闭合方式，模型为储蓄驱动型，同时，政府转移支付和税率不变，而政府储蓄/赤字内生变动；国际收支方面，在“小国”假设下，商品/服务的国际价格不受中国进出口数量的影响，国外净转移支付和要素收入为外生给定；要素市场中，要素总供给与需求、要素价格为内生；商品/服务的总供给与总需求相等，满足瓦尔拉斯定理。

5.4 动态CGE模型模块与方程

中国燃料乙醇产业发展动态 CGE 模型的非线性方程主要采用以下函数形式表达：总产出方程使用中间品投入与增加值的里昂惕夫（Leontief）函数；增加值中的不同要素间采用 CES（constant elasticity of substitution，常替代弹性）函数；产品的国内与国外供给决策采用 CET 生产函数；居民消费行为采用 LES（linear expenditure system，线性支出系统）方程；产品的国内与国外需求决策采用符合 Armington 假设的 CES 生产函数进行表达。

在模型中，生产者使用土地、劳动、资本、能源等初始要素和中间品投入产品生产商品/服务，然后采用 CET 生产函数将商品/服务分配至国内市场和国外市场销售；消费者在预算约束下，购买通过 CES 生产函数得到的进口和国内产品的合成商品/服务来实现效用最大化；根据“小国”假设，进口和出口商品/服务的世界价格是固定的；投资源于储蓄，储蓄来自居民、政府、企业和国外部门。

下面针对不同的模型模块进行阐述。

5.4.1 生产模块

生产模块用于描述生产者在生产要素约束下追求利润最大化的过程，主要包括生产要素的投入与产出关系。模块的方程由描述性方程和最优化方程构成，如生产函数、生产要素供给方程及优化条件方程等。

描述性方程是对生产要素和中间品的投入与产出关系的描述，涉及的主要方程为生产函数。根据生产要素间或生产要素与中间品之间的可替代程度，生产函数可以分为三种形式：C-D（Cobb-Douglas，柯布–道格拉斯）生产函数、CES 生产函数和假设相互间不存在替代关系的 Leontief 生产函数。事实上，C-D 生产函数和 Leontief 生产函数都可以看作 CES 生产函数的特例，C-D 生产函数是 CES 生产函数中要素替代弹性参数趋近于 0 时的极限情况，而 Leontief 生产函数是 CES 生产函数中的要素替代弹性参数趋近于正无穷时的极限情况（邓祥征，2011）。

与描述性方程不同，最优化方程描述的是生产者在要素投入和技术进步约束下，确定投入结构以达到利润最大化的过程，涉及的主要方程为生产要素供给方程和优化条件方程。

中国燃料乙醇产业发展动态 CGE 模型的生产模块以多层嵌套结构的生产函数表示（图 5-4），特别是对能源要素的投入进行分类嵌套，以便获得燃料乙醇产业政策模拟中的能源使用效应，同时，通过能源要素的细化，能够准确核算燃料乙醇产业政策变动带来的 CO_2 排放效应。

在模型的生产模块中，采用六层生产函数的嵌套结构。

第一层，部门产出由增加值（初级要素）投入和中间品投入通过 Leontief 函数描述，两类投入间不可替代，通过固定比例的增加值（初级要素）和中间品投入实现生产过程。

第二层，增加值（初级要素）投入由劳动力和资本—能源组合束组成，两者间可实现一定程度的替代，因此，两者的投入量根据成本最小化原则确定，通过 C-D 生产函数或 CES 生产函数描述；在农业部门中，劳动力、土地与资本—能源组合束间的投入量配置由 C-D 生产函数实现；在非农业部门中，劳动力和资本—能源组合束间的投入量配置由 CES 生产函数实现。

第三层，资本—能源组合束进一步按照成本最小化的原则，由资本和能源进行生产，因此，也采用 CES 生产函数描述。

第四层，参考 GTAP-E 模型，能源组合束按照成本最小化原则，由一次能源的化石能源组合束与二次能源的电力进行生产，采用 CES 生产函数表达。

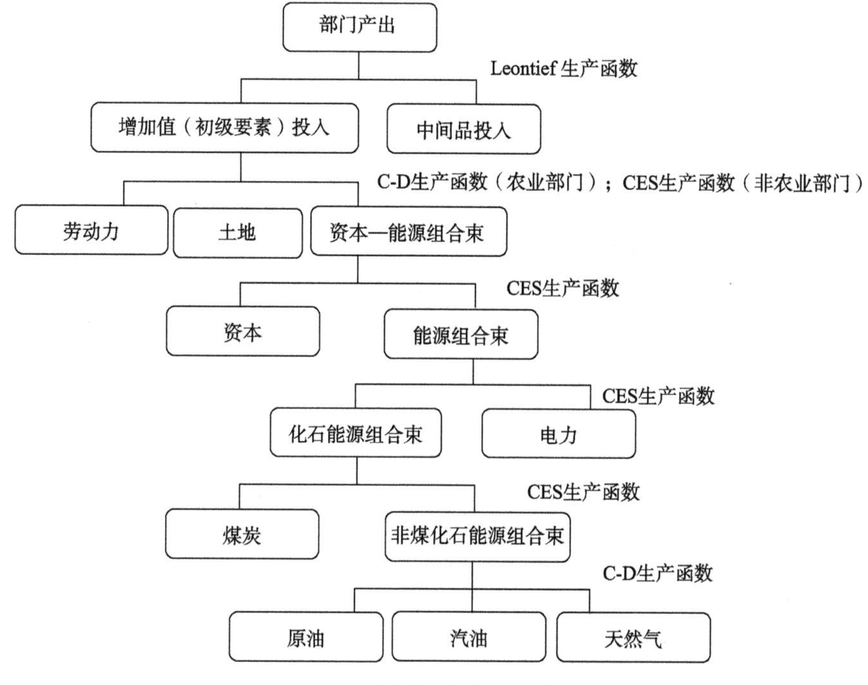

图 5-4　多层嵌套的生产结构

第五层，化石能源组合束通过 CES 生产函数，由煤炭和非煤化石能源组合束决定。

第六层，非煤化石能源组合束通过 C-D 生产函数，由原油、汽油和天然气决定。

生产模块的方程体系如下。

1. 原油、汽油、天然气以 C-D 生产函数形式形成非煤化石能源

1）原油需求

$$\mathrm{OG}_{\mathrm{sec}} = \beta\mathrm{OG}_{\mathrm{sec}} \times \mathrm{PNCO}_{\mathrm{sec}} \times \mathrm{NCO}_{\mathrm{sec}} / P_{\text{"OG"}} \tag{5-1}$$

其中，$\mathrm{OG}_{\mathrm{sec}}$ 表示部门的原油投入量；$\beta\mathrm{OG}_{\mathrm{sec}}$ 表示原油的 C-D 指数；$\mathrm{PNCO}_{\mathrm{sec}}$ 表示非煤化石能源价格；$\mathrm{NCO}_{\mathrm{sec}}$ 表示非煤化石能源投入量；$P_{\text{"OG"}}$ 表示原油的本地销售价格。

2）汽油需求

$$\mathrm{GAO}_{\mathrm{sec}} = \beta\mathrm{GAO}_{\mathrm{sec}} \times \mathrm{PNCO}_{\mathrm{sec}} \times \mathrm{NCO}_{\mathrm{sec}} / P_{\text{"GAO"}} \tag{5-2}$$

其中，$\mathrm{GAO}_{\mathrm{sec}}$ 表示部门的汽油投入量；$\beta\mathrm{GAO}_{\mathrm{sec}}$ 表示汽油的 C-D 指数；$P_{\text{"GAO"}}$ 表示汽油的本地销售价格。

3）天然气需求

$$\mathrm{GAS}_{\mathrm{sec}} = \beta\mathrm{GAS}_{\mathrm{sec}} \times \mathrm{PNCO}_{\mathrm{sec}} \times \mathrm{NCO}_{\mathrm{sec}} / P_{\text{"GAS"}} \tag{5-3}$$

其中，$\mathrm{GAS}_{\mathrm{sec}}$ 表示部门的天然气投入量；$\beta\mathrm{GAS}_{\mathrm{sec}}$ 表示天然气的 C-D 指数；$P_{\text{"GAS"}}$ 表示天然气的本地销售价格。

4）非煤化石能源需求

$$\mathrm{NCO}_{\mathrm{sec}} = b\mathrm{NCO}_{\mathrm{sec}} \times \left(\mathrm{OG}_{\mathrm{sec}}{}^{\beta\mathrm{OG}_{\mathrm{sec}}} \times \mathrm{GAO}_{\mathrm{sec}}{}^{\beta\mathrm{GAO}_{\mathrm{sec}}} \times \mathrm{GAS}_{\mathrm{sec}}{}^{\beta\mathrm{GAS}_{\mathrm{sec}}}\right) \tag{5-4}$$

其中，$b\mathrm{NCO}_{\mathrm{sec}}$ 表示非煤化石能源需求的 C-D 生产函数的效率参数。

2. 煤炭与非煤化石能源以 CES 生产函数形式组成化石能源需求

1）煤炭需求

$$\begin{aligned}\mathrm{COAL}_{\mathrm{sec}} = &\left(\frac{\mathrm{FOF}_{\mathrm{sec}}}{a\mathrm{FOF}_{\mathrm{sec}}}\right) \times \left(\frac{\gamma\mathrm{FOF}_{\mathrm{sec}}}{P_{\text{"COAL"}}}\right)^{\sigma\mathrm{FOF}_{\mathrm{sec}}} \\ &\times \begin{pmatrix}\gamma\mathrm{FOF}_{\mathrm{sec}}{}^{\sigma\mathrm{FOF}_{\mathrm{sec}}} \times P_{\text{"COAL"}}{}^{(1-\sigma\mathrm{FOF}_{\mathrm{sec}})} \\ +\left(1-\gamma\mathrm{FOF}_{\mathrm{sec}}\right)^{\sigma\mathrm{FOF}_{\mathrm{sec}}} \times \mathrm{PNCO}_{\mathrm{sec}}{}^{(1-\sigma\mathrm{FOF}_{\mathrm{sec}})}\end{pmatrix}^{\frac{\sigma\mathrm{FOF}_{\mathrm{sec}}}{(1-\sigma\mathrm{FOF}_{\mathrm{sec}})}}\end{aligned} \tag{5-5}$$

其中，$\mathrm{COAL}_{\mathrm{sec}}$ 表示部门的煤炭投入量；$\mathrm{FOF}_{\mathrm{sec}}$ 表示部门的化石能源投入量；$a\mathrm{FOF}_{\mathrm{sec}}$ 表示化石能源的 CES 生产函数的效率参数；$\gamma\mathrm{FOF}_{\mathrm{sec}}$ 表示化石能源的 CES 生产函数的分配比例参数；$P_{\text{"COAL"}}$ 表示煤炭的本地销售价格；$\sigma\mathrm{FOF}_{\mathrm{sec}}$ 表示化石能源的 CES 生产函数的替代弹性。

2）非煤化石能源需求

$$\begin{aligned}\mathrm{NCO}_{\mathrm{sec}} = &\left(\frac{\mathrm{FOF}_{\mathrm{sec}}}{a\mathrm{FOF}_{\mathrm{sec}}}\right) \times \left(\frac{1-\gamma\mathrm{FOF}_{\mathrm{sec}}}{\mathrm{PNCO}_{\mathrm{sec}}}\right)^{\sigma\mathrm{FOF}_{\mathrm{sec}}} \\ &\times \begin{pmatrix}\gamma\mathrm{FOF}_{\mathrm{sec}}{}^{\sigma\mathrm{FOF}_{\mathrm{sec}}} \times P_{\text{"COAL"}}{}^{(1-\sigma\mathrm{FOF}_{\mathrm{sec}})} \\ +\left(1-\gamma\mathrm{FOF}_{\mathrm{sec}}\right)^{\sigma\mathrm{FOF}_{\mathrm{sec}}} \times \mathrm{PNCO}_{\mathrm{sec}}{}^{(1-\sigma\mathrm{FOF}_{\mathrm{sec}})}\end{pmatrix}^{\frac{\sigma\mathrm{FOF}_{\mathrm{sec}}}{(1-\sigma\mathrm{FOF}_{\mathrm{sec}})}}\end{aligned} \tag{5-6}$$

3）零利润条件

$$\mathrm{PFOF}_{\mathrm{sec}} \times \mathrm{FOF}_{\mathrm{sec}} = P_{\text{"COAL"}} \times \mathrm{COAL}_{\mathrm{sec}} + \mathrm{PNCO}_{\mathrm{sec}} \times \mathrm{NCO}_{\mathrm{sec}} \tag{5-7}$$

其中，$\mathrm{PFOF}_{\mathrm{sec}}$ 表示化石能源的价格。

3. 电力与化石能源以 CES 生产函数形式组成能源需求

1）电力需求

$$\text{ELE}_{\text{sec}}=\left(\frac{\text{ENG}_{\text{sec}}}{a\text{ENG}_{\text{sec}}}\right)\times\left(\frac{\gamma\text{ENG}_{\text{sec}}}{P_{\text{"ELE"}}}\right)^{\sigma\text{ENG}_{\text{sec}}}\times\left(\begin{array}{l}\gamma\text{ENG}_{\text{sec}}{}^{\sigma\text{ENG}_{\text{sec}}}\times P_{\text{"ELE"}}{}^{(1-\sigma\text{ENG}_{\text{sec}})}\\+\left(1-\gamma\text{ENG}_{\text{sec}}\right)^{\sigma\text{ENG}_{\text{sec}}}\times\text{PFOF}_{\text{sec}}{}^{(1-\sigma\text{ENG}_{\text{sec}})}\end{array}\right)^{\frac{\sigma\text{ENG}_{\text{sec}}}{(1-\sigma\text{ENG}_{\text{sec}})}}\tag{5-8}$$

其中，ELE_{sec}表示部门的电力投入；ENG_{sec}表示部门的能源需求；$a\text{ENG}_{\text{sec}}$表示能源的 CES 生产函数的效率参数；$\gamma\text{FOF}_{\text{sec}}$表示能源的 CES 生产函数的分配比例参数；$P_{\text{"ELE"}}$表示电力的本地销售价格；$\sigma\text{ENG}_{\text{sec}}$表示化石能源的 CES 生产函数的替代弹性。

2）化石能源需求

$$\text{FOF}_{\text{sec}}=\left(\frac{\text{ENG}_{\text{sec}}}{a\text{ENG}_{\text{sec}}}\right)\times\left(\frac{1-\gamma\text{ENG}_{\text{sec}}}{\text{PFOF}_{\text{sec}}}\right)^{\sigma\text{ENG}_{\text{sec}}}\times\left(\begin{array}{l}\gamma\text{ENG}_{\text{sec}}{}^{\sigma\text{ENG}_{\text{sec}}}\times P_{\text{"ELE"}}{}^{(1-\sigma\text{ENG}_{\text{sec}})}\\+(1-\gamma\text{ENG}_{\text{sec}})^{\sigma\text{ENG}_{\text{sec}}}\times\text{PFOF}_{\text{sec}}{}^{(1-\sigma\text{ENG}_{\text{sec}})}\end{array}\right)^{\frac{\sigma\text{ENG}_{\text{sec}}}{(1-\sigma\text{ENG}_{\text{sec}})}}\tag{5-9}$$

3）零利润条件

$$\text{PENG}_{\text{sec}}\times\text{ENG}_{\text{sec}}=P_{\text{"ELE"}}\times\text{ELE}_{\text{sec}}+\text{PFOF}_{\text{sec}}\times\text{FOF}_{\text{sec}}\tag{5-10}$$

其中，PENG_{sec}表示能源的价格。

4. 资本与能源以 CES 生产函数形式组成资本—能源组合束

1）资本需求

$$K_{\text{sec}}=\left(\frac{\text{KE}_{\text{sec}}}{a\text{KE}_{\text{sec}}}\right)\times\left(\frac{\gamma\text{KE}_{\text{sec}}}{\text{PK}_{\text{sec}}}\right)^{\sigma\text{KE}_{\text{sec}}}\times\left(\begin{array}{l}\gamma\text{KE}_{\text{sec}}{}^{\sigma\text{KE}_{\text{sec}}}\times\text{PK}_{\text{sec}}{}^{(1-\sigma KE_{\text{sec}})}\\+\left(1-\gamma\text{KE}_{\text{sec}}\right)^{\sigma\text{KE}_{\text{sec}}}\times\text{PENG}_{\text{sec}}{}^{(1-\sigma\text{KE}_{\text{sec}})}\end{array}\right)^{\frac{\sigma\text{KE}_{\text{sec}}}{(1-\sigma\text{KE}_{\text{sec}})}}\tag{5-11}$$

其中，K_{sec}表示部门的初始资本存量，为外生变量；KE_{sec}表示部门的资本—能源组合束投入量；$a\text{KE}_{\text{sec}}$表示资本—能源组合束的 CES 生产函数的效率参数；$\gamma\text{KE}_{\text{sec}}$表示资本—能源组合束的 CES 生产函数的分配比例参数；PK_{sec}表示资本的收益；$\sigma\text{KE}_{\text{sec}}$表示 CES 生产函数的替代弹性。

2）能源需求

$$ENG_{sec} = \left(\frac{KE_{sec}}{aKE_{sec}}\right) \times \left(\frac{1-\gamma KE_{sec}}{PENG_{sec}}\right)^{\sigma KE_{sec}} \times \left(\begin{array}{l}\gamma KE_{sec}{}^{\sigma KE_{sec}} \times PK_{sec}{}^{(1-\sigma KE_{sec})} \\ +(1-\gamma KE_{sec})^{\sigma KE_{sec}} \times PENG_{sec}{}^{(1-\sigma KE_{sec})}\end{array}\right)^{\frac{\sigma KE_{sec}}{(1-\sigma KE_{sec})}} \tag{5-12}$$

3）零利润条件

$$PKE_{sec} \times KE_{sec} = PK_{sec} \times K_{sec} + PENG_{sec} \times ENG_{sec} \tag{5-13}$$

5. 农业部门中资本—能源组合束、劳动力、土地与边际土地以 C-D 生产函数形式组成增加值

1）资本—能源组合束需求

$$KE_{prima} = \beta FK_{prima} \times PVA_{prima} \times VA_{prima} / PKE_{prima} \tag{5-14}$$

其中，prima 为农业部门集合；KE_{prima} 表示农业部门集合的资源—能源组合束投入量；βFK_{prima} 表示农业部门的资本 C-D 生产函数的指数；PVA_{prima} 表示农业部门增加值的价格；VA_{prima} 表示农业部门增加值的投入量；PKE_{prima} 表示农业部门的资本—能源组合束价格。

2）劳动力需求

$$L_{prima} = \beta FL_{prima} \times PVA_{prima} \times VA_{prima} / PL \tag{5-15}$$

其中，L_{prima} 表示农业部门的劳动力投入量；βFL_{prima} 表示农业部门的劳动力 C-D 生产函数的指数；PL 表示劳动力报酬，为模型的价格基准。

3）耕地需求

$$LAN1_{prima} = \beta FLAN1_{prima} \times PVA_{prima} \times VA_{prima} / PLAN1 \tag{5-16}$$

其中，$LAN1_{prima}$ 表示农业部门的耕地投入量；$\beta FLAN1_{prima}$ 表示农业部门的耕地 C-D 生产函数的指数；PLAN1 表示耕地收益。

4）边际土地需求

$$LAN2_{prima} = \beta FLAN2_{prima} \times PVA_{prima} \times VA_{prima} / PLAN2 \tag{5-17}$$

其中，$LAN2_{prima}$ 表示农业部门的边际土地投入量；$\beta FLAN2_{prima}$ 表示农业部门的边际土地 C-D 生产函数的指数；PLAN2 表示边际土地收益。

5）增加值需求

$$VA_{prima} = bF_{prima} \times \left(\begin{array}{l}KE_{prima}{}^{\beta FK_{prima}} \times L_{prima}{}^{\beta FL_{prima}} \\ \times LAN1_{prima}{}^{\beta FLAN1_{prima}} \times LAN2_{prima}{}^{\beta FLAN2_{prima}}\end{array}\right) \tag{5-18}$$

其中，bF_{prima} 表示农业部门增加值的 C-D 生产函数的效率参数。

6. 其他部门中资本—能源组合束与劳动力以 CES 生产函数形式组成增加值

1）资本—能源组合束需求

$$\mathrm{KE}_{\mathrm{inse}}=\left(\frac{\mathrm{VA}_{\mathrm{inse}}}{a\mathrm{F}_{\mathrm{inse}}}\right)\times\left(\frac{1-\gamma F_{\mathrm{inse}}}{\mathrm{PKE}_{\mathrm{inse}}}\right)^{\sigma F_{\mathrm{inse}}} \times\left(\begin{array}{l}\gamma F_{\mathrm{inse}}{}^{\sigma F_{\mathrm{inse}}}\times \mathrm{PL}_{\mathrm{inse}}{}^{(1-\sigma F_{\mathrm{inse}})}\\ +(1-\gamma F_{\mathrm{inse}})^{\sigma F_{\mathrm{inse}}}\times \mathrm{PKE}_{\mathrm{inse}}{}^{(1-\sigma F_{\mathrm{inse}})}\end{array}\right)^{\frac{\sigma F_{\mathrm{inse}}}{(1-\sigma F_{\mathrm{inse}})}} \tag{5-19}$$

其中，inse 是建筑业、工业和服务业部门集合；$\mathrm{KE}_{\mathrm{inse}}$ 表示建筑业、工业和服务业部门集合的资本—能源组合束投入量；$\mathrm{VA}_{\mathrm{inse}}$ 表示建筑业、工业和服务业部门集合的增加值投入量；$\mathrm{PKE}_{\mathrm{inse}}$ 表示建筑业、工业和服务业部门集合的资本—能源组合束价格；$\mathrm{PL}_{\mathrm{inse}}$ 表示建筑业、工业和服务业部门集合的劳动力价格；aF_{inse} 表示 CES 生产函数的效率参数；γF_{inse} 表示 CES 生产函数的比例参数；σF_{inse} 表示 CES 生产函数的替代弹性。

2）劳动力需求

$$L_{\mathrm{inse}}=\left(\frac{\mathrm{VA}_{\mathrm{inse}}}{aF_{\mathrm{inse}}}\right)\times\left(\frac{\gamma F_{\mathrm{inse}}}{\mathrm{PL}}\right)^{\sigma F_{\mathrm{inse}}}\times\left(\begin{array}{l}\gamma F_{\mathrm{inse}}{}^{\sigma F_{\mathrm{inse}}}\times \mathrm{PL}_{\mathrm{inse}}{}^{(1-\sigma F_{\mathrm{inse}})}\\ +(1-\gamma F_{\mathrm{inse}})^{\sigma F_{\mathrm{inse}}}\times \mathrm{PKE}_{\mathrm{inse}}{}^{(1-\sigma F_{\mathrm{inse}})}\end{array}\right)^{\frac{\sigma F_{\mathrm{inse}}}{(1-\sigma F_{\mathrm{inse}})}} \tag{5-20}$$

其中，L_{inse} 表示建筑业、工业和服务业部门集合的劳动力投入量。

3）零利润条件

$$\mathrm{PVA}_{\mathrm{inse}}\times \mathrm{VA}_{\mathrm{inse}}=\mathrm{PL}\times L_{\mathrm{inse}}+\mathrm{PKE}_{\mathrm{inse}}\times \mathrm{KE}_{\mathrm{inse}} \tag{5-21}$$

其中，$\mathrm{PVA}_{\mathrm{inse}}$ 表示建筑业、工业和服务业部门集合的增加值价格。

7. 增加值与中间品投入以 Leontief 生产函数组成部门产出

1）中间品投入需求

$$\mathrm{IO}_{\mathrm{nen,sec}}=\mathrm{iio}_{\mathrm{nen,sec}}\times \mathrm{XD}_{\mathrm{sec}} \tag{5-22}$$

其中，$\mathrm{IO}_{\mathrm{nen,\,sec}}$ 表示非能源的中间品投入；$\mathrm{iio}_{\mathrm{nen,\,sec}}$ 表示 Leontief 生产函数的中间品投入参数；$\mathrm{XD}_{\mathrm{sec}}$ 表示本地产品产出。

2）农业部门增加值需求

$$\mathrm{VA}_{\mathrm{prima}}=\mathrm{iva}_{\mathrm{prima}}\times \mathrm{XD}_{\mathrm{prima}} \tag{5-23}$$

其中，$\mathrm{iva}_{\mathrm{prima}}$ 表示 Leontief 生产函数的增加值投入参数；$\mathrm{XD}_{\mathrm{prima}}$ 表示农业部门集合的本地产品产出。

3）其他部门增加值需求

$$\mathrm{VA}_{\mathrm{inse}}=\mathrm{iva}_{\mathrm{inse}}\times \mathrm{XD}_{\mathrm{inse}} \tag{5-24}$$

4）农业部门价格方程

$$PD_{prima} = iva_{prima} \times PVA_{prima} \times \left(1 + tva_{prima}\right) + \sum_{sec} P_{sec} \times iio_{sec,prima} \quad (5\text{-}25)$$

其中，PD_{prima} 表示生产者价格；tva_{prima} 表示间接税率；P_{sec} 表示商品/服务的本地销售价格；$iio_{sec,prima}$ 表示 Leontief 生产函数的中间品投入参数。

5）其他部门价格方程

$$PD_{inse} = iva_{inse} \times PVA_{inse} \times \left(1 + tva_{inse}\right) + \sum_{sec} P_{sec} \times iio_{sec,inse} \quad (5\text{-}26)$$

其中，PD_{inse} 表示生产者价格；tva_{inse} 表示间接税率；$iio_{sec,inse}$ 表示 Leontief 生产函数的中间品投入参数。

5.4.2 贸易模块

贸易模块的构建采用“小国”假设，即中国的贸易量对世界市场价格不产生影响，中国只是世界市场价格接受者，商品/服务的世界市场价格为外生变量。从贸易的进口端看，进口来源可分为本国生产产品和外国生产产品，基于被广泛使用的 Armington 假设（Shoven and Whalley，1984），本国生产产品和外国生产产品存在不完全替代关系，采用 CES 生产函数描述中国需求方通过成本最小化来确定本国生产产品和外国生产产品的供给份额。从贸易的出口端看，出口方向可分为本国需求市场和外国需求市场，采用 CET 生产函数描述中国生产方通过收入最大化来确定本国需求市场和外国需求市场的流向份额，其中，CET 方程是 CES 方程中非负替代弹性的特殊情况（Lofgren et al.，2002）。在贸易价格方面，关税和汇率调整均会影响贸易价格的变动，从而引起贸易量的变动。

贸易模块的方程体系如下所示。

1. 服从 Armington 函数的进口需求

$$M_{sec} = \left(\frac{X_{sec}}{aA_{sec}}\right) \times \left(\frac{\gamma A_{sec}}{PM_{sec}}\right)^{\sigma A_{sec}} \times \left(\begin{array}{l}\gamma A_{sec}{}^{\sigma A_{sec}} \times PM_{sec}{}^{(1-\sigma A_{sec})} \\ +(1-\gamma A_{sec})^{\sigma A_{sec}} \times PDD_{sec}{}^{(1-\sigma A_{sec})}\end{array}\right)^{\frac{\sigma A_{sec}}{(1-\sigma A_{sec})}} \quad (5\text{-}27)$$

其中，M_{sec} 表示进口需求；X_{sec} 表示本地销售产品；aA_{sec} 表示 Armington 函数的效率参数；γA_{sec} 表示 Armington 函数的比例参数；PM_{sec} 表示进口价格（按当地货币计）；PDD_{sec} 表示本地所产商品/服务的本地价格；σA_{sec} 表示 CES 生产函数的替代弹性。

2. 服从 Armington 函数的本地产出需求

$$\mathrm{XDD}_{\mathrm{sec}}=\left(\frac{X_{\mathrm{sec}}}{aA_{\mathrm{sec}}}\right)\times\left(\frac{1-\gamma A_{\mathrm{sec}}}{\mathrm{PDD}_{\mathrm{sec}}}\right)^{\sigma A_{\mathrm{sec}}} \times\left(\begin{array}{l}\gamma A_{\mathrm{sec}}{}^{\sigma A_{\mathrm{sec}}}\times \mathrm{PM}_{\mathrm{sec}}{}^{(1-\sigma A_{\mathrm{sec}})}\\ +(1-\gamma A_{\mathrm{sec}})^{\sigma A_{\mathrm{sec}}}\times \mathrm{PDD}_{\mathrm{sec}}{}^{(1-\sigma A_{\mathrm{sec}})}\end{array}\right)^{\frac{\sigma A_{\mathrm{sec}}}{(1-\sigma A_{\mathrm{sec}})}} \tag{5-28}$$

其中，$\mathrm{XDD}_{\mathrm{sec}}$ 表示本地所产商品/服务在本地的销售量。

3. Armington 函数的零利润条件

$$P_{\mathrm{sec}}\times X_{\mathrm{sec}}=\mathrm{PM}_{\mathrm{sec}}\times M_{\mathrm{sec}}+\mathrm{PDD}_{\mathrm{sec}}\times \mathrm{XDD}_{\mathrm{sec}} \tag{5-29}$$

4. 服从 CET 生产函数的出口需求

$$E_{\mathrm{sec}}=\left(\frac{\mathrm{XD}_{\mathrm{sec}}}{aT_{\mathrm{sec}}}\right)\times\left(\frac{1-\gamma T_{\mathrm{sec}}}{\mathrm{PE}_{\mathrm{sec}}}\right)^{\sigma T_{\mathrm{sec}}}\times\left(\begin{array}{l}\left(1-\gamma T_{\mathrm{sec}}\right)^{\sigma T_{\mathrm{sec}}}\times \mathrm{PE}_{\mathrm{sec}}{}^{(1-\sigma T_{\mathrm{sec}})}\\ +\gamma T_{\mathrm{sec}}{}^{\sigma T_{\mathrm{sec}}}\times \mathrm{PDD}_{\mathrm{sec}}{}^{(1-\sigma T_{\mathrm{sec}})}\end{array}\right)^{\frac{\sigma T_{\mathrm{sec}}}{(1-\sigma T_{\mathrm{sec}})}} \tag{5-30}$$

其中，E_{sec} 表示出口需求；aT_{sec} 表示 CET 生产函数的效率参数；γT_{sec} 表示 CET 生产函数的比例参数；$\mathrm{PE}_{\mathrm{sec}}$ 表示出口价格（按当地货币计）；σT_{sec} 表示 CET 生产函数的转换弹性。

5. 服从 CET 生产函数的本地产品需求

$$\mathrm{XDD}_{\mathrm{sec}}=\left(\frac{\mathrm{XD}_{\mathrm{sec}}}{aT_{\mathrm{sec}}}\right)\times\left(\frac{\gamma T_{\mathrm{sec}}}{\mathrm{PDD}_{\mathrm{sec}}}\right)^{\sigma T_{\mathrm{sec}}}\times\left(\begin{array}{l}\left(1-\gamma T_{\mathrm{sec}}\right)^{\sigma T_{\mathrm{sec}}}\times \mathrm{PE}_{\mathrm{sec}}{}^{(1-\sigma T_{\mathrm{sec}})}\\ +\gamma T_{\mathrm{sec}}{}^{\sigma T_{\mathrm{sec}}}\times \mathrm{PDD}_{\mathrm{sec}}{}^{(1-\sigma T_{\mathrm{sec}})}\end{array}\right)^{\frac{\sigma T_{\mathrm{sec}}}{(1-\sigma T_{\mathrm{sec}})}} \tag{5-31}$$

6. CET 生产函数的零利润条件

$$\mathrm{PD}_{\mathrm{sec}}\times \mathrm{XD}_{\mathrm{sec}}=\mathrm{PE}_{\mathrm{sec}}\times E_{\mathrm{sec}}+\mathrm{PDD}_{\mathrm{sec}}\times \mathrm{XDD}_{\mathrm{sec}} \tag{5-32}$$

其中，$\mathrm{PD}_{\mathrm{sec}}$ 表示生产者价格。

7. 进口价格

$$\mathrm{PM}_{\mathrm{sec}}=\left(1+\mathrm{tm}_{\mathrm{sec}}\right)\times \mathrm{ER}\times \overline{\mathrm{pWmZ}_{\mathrm{sec}}} \tag{5-33}$$

其中，$\mathrm{tm}_{\mathrm{sec}}$ 表示进口关税率；ER 表示汇率（人民币对美元）；$\overline{\mathrm{pWmZ}_{\mathrm{sec}}}$ 表示国际进口价格（国际市场价格，按美元计）。

8. 出口价格

$$\mathrm{PE}_{\mathrm{sec}}=\mathrm{ER}\times \overline{\mathrm{pWeZ}_{\mathrm{sec}}} \tag{5-34}$$

其中，$\overline{\mathrm{pWeZ}_{sec}}$ 表示国际出口价格（国际市场价格，按美元计）。

5.4.3 居民与企业模块

居民与企业模块主要描述居民的收入、消费与储蓄行为，以及企业的收入与储蓄行为。与生产模块类似，居民与企业模块的方程也分为描述性方程和优化条件方程两类。描述性方程主要用于描述居民的预算约束条件，优化条件方程用于描述居民追求效用最大化的行为，可用 C-D 生产函数、CES 生产函数等表达。在预算约束条件下对效用函数求导，可以得到表示居民支出行为的支出系统方程，本书采用 LES 方程，以商品价格为条件，通过 C-D 效用函数推导。本书中的居民消费结构可以用图 5-5 的多层嵌套结构表达。

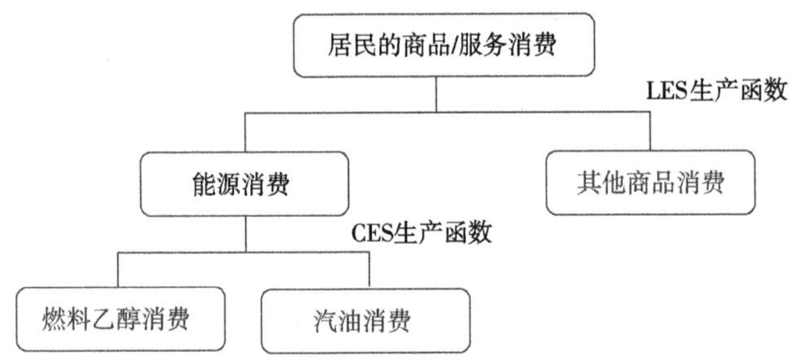

图 5-5　多层嵌套的居民消费结构

居民与企业模块的方程体系如下所示。

1. 居民其他商品消费

$$P_{\mathrm{nce}} \times C_{\mathrm{nce,hou}} = P_{\mathrm{nce}} \times \mathrm{muH}_{\mathrm{nce,hou}} + \alpha \mathrm{HLES}_{\mathrm{nce,hou}} \times \begin{bmatrix} \mathrm{CBUD}_{\mathrm{hou}} - \sum_{\mathrm{nce}} \mathrm{muH}_{\mathrm{nce,hou}} \times P_{\mathrm{nce}} \\ -\mathrm{muH\_CC}_{\mathrm{"CEN",hou}} \times \mathrm{PCEN}_{\mathrm{hou}} \end{bmatrix} \tag{5-35}$$

其中，P_{nce} 表示其他商品的本地销售价格；$C_{\mathrm{nce,hou}}$ 表示居民消费的其他商品；$\mathrm{muH}_{\mathrm{nce,hou}}$ 表示居民对其他商品的基本消费需求；$\alpha\mathrm{HLES}_{\mathrm{nce,hou}}$ 表示居民对其他商品消费的 Stone-Gary 效用函数指数；$\mathrm{CBUD}_{\mathrm{hou}}$ 表示居民的商品总消费；$\mathrm{muH\_CC}_{\mathrm{"CEN",hou}}$ 表示居民对能源组合的基本消费需求；$\mathrm{PCEN}_{\mathrm{hou}}$ 表示能源组合消费价格。

2. 居民能源消费

$$\mathrm{PCEN}_{\mathrm{hou}} \times \mathrm{CEN}_{\mathrm{hou}} = \mathrm{PCEN}_{\mathrm{hou}} \times \mathrm{muH\_CC}_{\mathrm{"CEN",hou}} + \alpha \mathrm{HLES\_CC}_{\mathrm{"CEN",hou}} \times \begin{bmatrix} \mathrm{CBUD}_{\mathrm{hou}} - \sum_{\mathrm{nce}} \mathrm{muH}_{\mathrm{nce,hou}} \times P_{\mathrm{nce}} \\ -\mathrm{muH\_CC}_{\mathrm{"CEN",hou}} \times \mathrm{PCEN}_{\mathrm{hou}} \end{bmatrix} \tag{5-36}$$

其中，$\mathrm{CEN}_{\mathrm{hou}}$ 表示居民对能源组合的消费；$\alpha\mathrm{HLES\_CC}_{\mathrm{"CEN",hou}}$ 表示居民对能源组

合消费的 Stone-Gary 效用函数指数。

3. 燃料乙醇消费与汽油消费以 CES 生产函数形式组成能源消费

1）燃料乙醇消费

$$C_{\text{"ETHA"},\text{hou}}=\left(\frac{\text{CEN}_{\text{hou}}}{a\text{CEN}_{\text{hou}}}\right)\times\left(\frac{\gamma\text{CEN}_{\text{hou}}}{P_{\text{"ETHA"}}}\right)^{\sigma\text{CEN}_{\text{hou}}}\times\left(\begin{array}{l}\gamma\text{CEN}_{\text{hou}}{}^{\sigma\text{CEN}_{\text{hou}}}\times P_{\text{"ETHA"}}{}^{(1-\sigma\text{CEN}_{\text{hou}})}\\+\left(1-\gamma\text{CEN}_{\text{hou}}\right)^{\sigma\text{CEN}_{\text{hou}}}\times P_{\text{"GAO"}}{}^{(1-\sigma\text{CEN}_{\text{hou}})}\end{array}\right)^{\frac{\sigma\text{CEN}_{\text{hou}}}{(1-\sigma\text{CEN}_{\text{hou}})}} \tag{5-37}$$

其中，$C_{\text{"ETHA"},\text{hou}}$ 表示居民消费的燃料乙醇；$a\text{CEN}_{\text{hou}}$ 表示居民对能源组合消费的 CES 生产函数的效率参数；$\gamma\text{CEN}_{\text{hou}}$ 表示居民对能源组合消费的 CES 生产函数的比例参数；$\sigma\text{CEN}_{\text{hou}}$ 表示 CES 生产函数的替代弹性；$P_{\text{"ETHA"}}$ 表示燃料乙醇的本地销售价格。

2）汽油消费

$$C_{\text{"GAO"},\text{hou}}=\left(\frac{\text{CEN}_{\text{hou}}}{a\text{CEN}_{\text{hou}}}\right)\times\left(\frac{1-\gamma\text{CEN}_{\text{hou}}}{P_{\text{"GAO"}}}\right)^{\sigma\text{CEN}_{\text{hou}}}\times\left(\begin{array}{l}\gamma\text{CEN}_{\text{hou}}{}^{\sigma\text{CEN}_{\text{hou}}}\times P_{\text{"ETHA"}}{}^{(1-\sigma\text{CEN}_{\text{hou}})}\\+\left(1-\gamma\text{CEN}_{\text{hou}}\right)^{\sigma\text{CEN}_{\text{hou}}}\times P_{\text{"GAO"}}{}^{(1-\sigma\text{CEN}_{\text{hou}})}\end{array}\right)^{\frac{\sigma\text{CEN}_{\text{hou}}}{(1-\sigma\text{CEN}_{\text{hou}})}} \tag{5-38}$$

其中，$C_{\text{"GAO"},\text{hou}}$ 表示居民消费的汽油。

4. 居民与企业储蓄

$$\text{SP}_{\text{insdng}}=\text{mps}_{\text{insdng}}\times(1-\text{ty}_{\text{insdng}})\times Y_{\text{insdng}} \tag{5-39}$$

其中，$\text{SP}_{\text{insdng}}$ 表示各机构部门的储蓄；$\text{mps}_{\text{insdng}}$ 表示各机构部门的储蓄率；$\text{ty}_{\text{insdng}}$ 表示各机构部门的直接税率；Y_{insdng} 表示各机构的收入。

5. 居民与企业收入

$$Y_{\text{insdng}}=\left(\sum_{\text{sec}}\text{PK}_{\text{sec}}\times K_{\text{sec}}-\text{ER}\times\overline{\text{KSRW}}\right)\times\text{shareKS}_{\text{insdng}}+\text{PL}\times\text{LS}_{\text{insdng}}+\text{ER}\times\overline{\text{NFD}}_{\text{insdng}}+\text{PCINDEX}\times\left(\text{TRI}_{\text{insdng},\text{"GOV"}}+\text{TRI}_{\text{insdng},\text{"ENT"}}\right) \tag{5-40}$$

其中，$\overline{\text{KSRW}}$ 表示国外资本收入；$\text{shareKS}_{\text{insdng}}$ 表示各机构资本收益分配比例；$\text{LS}_{\text{insdng}}$ 表示劳动力总供给；$\overline{\text{NFD}}_{\text{insdng}}$ 表示要素输出收入；PCINDEX 表示价格指数；$\text{TRI}_{\text{insdng}}$ 表示机构间的转移收入。

6. 居民总消费

$$\mathrm{CBUD}_{\mathrm{hou}}=(1-\mathrm{ty}_{\mathrm{hou}})\times Y_{\mathrm{hou}}-\mathrm{SP}_{\mathrm{hou}}-\mathrm{TRI}_{\mathrm{"GOV",hou}} \qquad (5\text{-}41)$$

其中，$\mathrm{ty}_{\mathrm{hou}}$表示居民所得税税率；$Y_{\mathrm{hou}}$表示居民可支配收入；$\mathrm{SP}_{\mathrm{hou}}$表示居民储蓄；$\mathrm{TRI}_{\mathrm{"GOV",hou}}$表示政府对居民的转移支付。

7. 居民福利

$$\mathrm{PLES}_{\mathrm{hou}}=\prod_{\mathrm{sec}}P_{\mathrm{sec}}^{\alpha\mathrm{HLES}_{\mathrm{sec,hou}}} \qquad (5\text{-}42)$$

其中，$\mathrm{PLES}_{\mathrm{hou}}$表示模拟变化的平均价格水平。

$$\mathrm{PLES\_10}_{\mathrm{hou}}=\mathrm{PLES}_{\mathrm{hou}}/\mathrm{PLESZ}_{\mathrm{hou}} \qquad (5\text{-}43)$$

其中，$\mathrm{PLES_10}_{\mathrm{hou}}$表示平均价格水平指数；$\mathrm{PLESZ}_{\mathrm{hou}}$表示初期的平均价格水平。

$$\mathrm{SI}_{\mathrm{hou}}=\mathrm{CBUD}_{\mathrm{hou}}-\sum_{\mathrm{sec}}P_{\mathrm{sec}}\times\mathrm{muH}_{\mathrm{sec,hou}} \qquad (5\text{-}44)$$

其中，$\mathrm{SI}_{\mathrm{hou}}$表示模拟变化的富余收入；muH表示居民对商品的基本消费需求。

$$\mathrm{EV}_{\mathrm{hou}}=\mathrm{SI}_{\mathrm{hou}}/\mathrm{PLES\_10}_{\mathrm{hou}}-\mathrm{SIZ}_{\mathrm{hou}} \qquad (5\text{-}45)$$

其中，$\mathrm{EV}_{\mathrm{hou}}$表示等价变化（equivalent variations）的福利水平；$\mathrm{SIZ}_{\mathrm{hou}}$表示初期的富余收入。

$$\mathrm{CV}_{\mathrm{hou}}=\mathrm{SI}_{\mathrm{hou}}-\mathrm{SIZ}_{\mathrm{hou}}\times\mathrm{PLES\_10}_{\mathrm{hou}} \qquad (5\text{-}46)$$

其中，$\mathrm{CV}_{\mathrm{hou}}$表示补偿变化的福利水平。

5.4.4 政府模块

政府模块主要描述政府的收入与支出行为，政府的收入主要来自直接税收收入和间接税收收入，总收入的一部分用于储蓄，另一部分用于支出，支出主要包括商品/服务消费、转移支付和对外援助等。政府消费行为采用C-D生产函数表达。

政府模块的方程体系如下所示。

1. 政府储蓄

$$\mathrm{SG}=\mathrm{mpg}\times\mathrm{TAXR} \qquad (5\text{-}47)$$

其中，SG表示政府储蓄；mpg表示政府储蓄率；TAXR表示总税收收入。

2. 政府投资收益

$$\mathrm{IG}=\alpha\mathrm{IG}\times S \qquad (5\text{-}48)$$

其中，IG表示政府投资收益；αIG表示政府的投资收益率；S表示总储蓄。

3. 政府消费

$$P_{\sec} \times \mathrm{CG}_{\sec} = \alpha\mathrm{CG}_{\sec} \times \left[\begin{array}{l}\mathrm{TAXR} + \mathrm{IG} \\ -\left(\mathrm{PCINDEX} \times \sum_{\mathrm{insdng}} \overline{\mathrm{TRI}}_{\mathrm{insdng},\text{"GOV"}} + \mathrm{ER} \times \overline{\mathrm{EGF}} + \mathrm{SG}\right)\end{array}\right] \tag{5-49}$$

其中，$\mathrm{CG}_{\sec}$ 表示政府消费；$\alpha\mathrm{CG}_{\sec}$ 表示政府效用函数的 C-D 系数；$\overline{\mathrm{EGF}}$ 表示本国政府对国外的支出。

4. 总税收

$$\begin{aligned}\mathrm{TAXR} = &\sum_{\mathrm{prima}} \mathrm{tva}_{\mathrm{prima}} \times \left(\mathrm{PVA}_{\mathrm{prima}} \times \mathrm{VA}_{\mathrm{prima}}\right) + \sum_{\mathrm{inse}} \mathrm{tva}_{\mathrm{inse}} \times \left(\mathrm{PVA}_{\mathrm{inse}} \times \mathrm{VA}_{\mathrm{inse}}\right) \\ &+ \sum_{\sec} \mathrm{tm}_{\sec} \times \overline{\mathrm{pWmZ}}_{\sec} \times \mathrm{ER} \times M_{\sec} + \sum_{\mathrm{insdng}} \mathrm{ty}_{\mathrm{insdng}} \times Y_{\mathrm{insdng}}\end{aligned} \tag{5-50}$$

5.4.5　投资与储蓄模块

投资与储蓄模块主要描述一个虚拟金融机构的支出与收入行为，收入是金融机构对居民、企业、政府和国外部门储蓄，而支出意味着金融机构对总储蓄的投资分配。中国燃料乙醇产业发展动态 CGE 模型的闭合规则为新古典闭合，在该规则下，居民、企业、政府和国外部门的储蓄率固定，投资内生并等于储蓄。

投资与储蓄模块的方程体系如下所示。

1. 总储蓄

$$S = \sum_{\mathrm{insdng}} \mathrm{SP}_{\mathrm{insdng}} + \mathrm{SG} + \mathrm{ER} \times \overline{\mathrm{SF}} \tag{5-51}$$

其中，$\overline{\mathrm{SF}}$ 表示国外储蓄，为外生变量。

2. 银行的部门投资

$$P_{\sec} \times I_{\sec} = \alpha I_{\sec} \times S \tag{5-52}$$

其中，$\alpha I_{\sec}$ 表示银行效用函数的 C-D 系数。

5.4.6　均衡模块、碳排放模块和动态模块

均衡模块是 CGE 模型的重要组成部分，包括各类要素市场、商品/服务市场的供需均衡，即所有初级要素和商品/服务的总供给等于总需求，整个宏观经济系统的总投资等于总储蓄。

碳排放模块将碳排放强度与能源消费量相关联来表示整个宏观经济系统的生产和消费过程所带来的碳排放过程。碳排放强度在模型中被设定为单位能源消费引致的碳排放量。根据模型中的能源类型，碳排放主要来自煤炭、原油、汽油和

天然气的生产和消费过程。

为了模拟中国燃料乙醇产业发展对未来经济、能源和环境的影响，模型必须有一定的递推增长性。中国燃料乙醇产业发展动态 CGE 模型为递推动态模型（recursive dynamic model），模型对本期末的总资本存量进行折旧，加上本期新增实际总投资作为下期初的总资本存量，再根据各个产业的资本回报率将总资本存量在各个产业之间进行分配，实现模型的动态化（孙林，2011）。

均衡模块的方程体系如下所示。

1. 消费价格指数

$$\mathrm{PCINDEX}=\frac{\sum_{\mathrm{sec}}P_{\mathrm{sec}}\times\overline{\mathrm{CZ}}_{\mathrm{sec}}}{\sum_{\mathrm{sec}}\overline{\mathrm{PZ}}_{\mathrm{sec}}\times\overline{\mathrm{CZ}}_{\mathrm{sec}}} \tag{5-53}$$

其中，$\overline{\mathrm{CZ}}_{\mathrm{sec}}$ 表示初期的商品消费；$\overline{\mathrm{PZ}}_{\mathrm{sec}}$ 表示初期的商品价格。

2. 劳动力市场

$$\sum_{\mathrm{sec}}L_{\mathrm{sec}}=\sum_{\mathrm{insd}}\overline{\mathrm{LS}}_{\mathrm{insd}} \tag{5-54}$$

其中；L_{sec} 表示各部门的劳动力需求量；$\overline{\mathrm{LS}}_{\mathrm{insd}}$ 表示各部门的劳动力供给量。

3. 耕地市场

$$\sum_{\mathrm{prima}}\mathrm{LAN1}_{\mathrm{prima}}=\overline{\mathrm{LANS1}} \tag{5-55}$$

其中，$\overline{\mathrm{LANS1}}$ 表示耕地总供给。

4. 边际土地市场

$$\sum_{\mathrm{prima}}\mathrm{LAN2}_{\mathrm{prima}}=\overline{\mathrm{LANS2}} \tag{5-56}$$

其中，$\overline{\mathrm{LANS2}}$ 表示边际土地总供给。

5. 非能源商品/服务市场

$$X_{\mathrm{nen}}=\sum_{\mathrm{hou}}C_{\mathrm{nen,hou}}+I_{\mathrm{nen}}+\mathrm{CG}_{\mathrm{nen}}+\sum_{\mathrm{sec}}\mathrm{IO}_{\mathrm{nen,sec}} \tag{5-57}$$

其中，X_{nen} 表示非能源商品的本地销售量；$C_{\mathrm{nen,hou}}$ 表示居民的非能源商品消费量；I_{nen} 表示投资的非能源消费量；$\mathrm{CG}_{\mathrm{nen}}$ 表示政府的非能源商品消费量。

6. 原油市场

$$X_{\text{"OG"}}=\sum_{\mathrm{hou}}C_{\text{"OG",hou}}+I_{\text{"OG"}}+\mathrm{CG}_{\text{"OG"}}+\sum_{\mathrm{sec}}\mathrm{OG}_{\mathrm{sec}} \tag{5-58}$$

其中，$X_{\text{"OG"}}$ 表示原油的本地消费量；$I_{\text{"OG"}}$ 表示投资的原油消费量；$\mathrm{CG}_{\text{"OG"}}$ 表示政府的原油消费量；$C_{\text{"OG",hou}}$ 表示居民消费的原油。

7. 汽油市场

$$X_{"GAO"} = \sum_{hou} C_{"GAO",hou} + I_{"GAO"} + CG_{"GAO"} + \sum_{sec} GAO_{sec} \quad (5\text{-}59)$$

其中，$X_{"GAO"}$ 表示汽油的本地消费量；$C_{"GAO",hou}$ 表示居民的汽油消费量；$I_{"GAO"}$ 表示投资的汽油消费量；$CG_{"GAO"}$ 表示政府的汽油消费量。

8. 天然气市场

$$X_{"GAS"} = \sum_{hou} C_{"GAS",hou} + I_{"GAS"} + CG_{"GAS"} + \sum_{sec} GAS_{sec} \quad (5\text{-}60)$$

其中，$X_{"GAS"}$ 表示天然气的本地消费量；$I_{"GAS"}$ 表示投资的天然气消费量；$CG_{"GAS"}$ 表示政府的天然气消费量；$C_{"GAS",hou}$ 表示居民的天然气消费量。

9. 煤炭市场

$$X_{"COAL"} = \sum_{hou} C_{"COAL",hou} + I_{"COAL"} + CG_{"COAL"} + \sum_{sec} COAL_{sec} \quad (5\text{-}61)$$

其中，$X_{"COAL"}$ 表示煤炭的本地消费量；$I_{"COAL"}$ 表示投资的煤炭消费量；$CG_{"COAL"}$ 表示政府的煤炭消费量；$C_{"COAL",hou}$ 表示居民的煤炭消费量。

10. 电力市场

$$X_{"ELE"} = \sum_{hou} C_{"ELE",hou} + I_{"ELE"} + CG_{"ELE"} + \sum_{sec} ELE_{sec} \quad (5\text{-}62)$$

其中，$X_{"ELE"}$ 表示电力的本地消费量；$I_{"ELE"}$ 表示投资的电力消费量；$CG_{"ELE"}$ 表示政府的电力消费量；$C_{"ELE",hou}$ 表示居民的电力消费量。

11. 国际收支

$$\begin{aligned}\sum_{sec} \overline{pWmZ}_{sec} \times M_{sec} + \overline{KSRW} + (PK/ER) \times \overline{EGF} \\ = \sum_{sec} \overline{pWeZ}_{sec} \times E_{sec} + \overline{SF} + \sum_{insdng} \overline{NFD}_{insdng}\end{aligned} \quad (5\text{-}63)$$

其中，PK 表示资本的收益。

12. GDP

1）名义 GDP

$$\begin{aligned}NGDP = & \sum_{nen,sec} P_{nen} \times IO_{nen,sec} + \sum_{sec} P_{"OG"} \times OG_{sec} + \sum_{sec} P_{"GAO"} \times GAO_{sec} \\ & + \sum_{sec} P_{"GAS"} \times GAS_{sec} + \sum_{sec} P_{"COAL"} \times COAL_{sec} + \sum_{sec} P_{"ELE"} \times ELE_{sec} \\ & + \sum_{sec,hou} P_{sec} \times C_{sec,hou} + \sum_{sec} P_{sec} \times CG_{sec} + \sum_{sec} P_{sec} \times I_{sec} + \sum_{sec} PE_{sec} \times E_{sec} \\ & - \sum_{sec} PM_{sec} \times M_{sec}\end{aligned} \quad (5\text{-}64)$$

其中，NGDP 表示名义 GDP；P_{nen} 表示非能源产品本地销售价格；$P_{"OG"}$ 表示原油本地销售价格；$P_{\text{"ELE"}}$ 表示电力本地销售价格；$C_{sec,hou}$ 表示居民的商品消费量。

2）实际 GDP

$$
\begin{aligned}
\text{RGDP} = & \sum_{nen,sec} \overline{\text{PZ}}_{nen} \times \text{IO}_{nen,sec} + \sum_{sec} \overline{\text{PZ}}_{\text{"OG"}} \times \text{OG}_{sec} + \sum_{sec} \overline{\text{PZ}}_{\text{"GAO"}} \times \text{GAO}_{sec} \\
& + \sum_{sec} \overline{\text{PZ}}_{\text{"GAS"}} \times \text{GAS}_{sec} + \sum_{sec} \overline{\text{PZ}}_{\text{"COAL"}} \times \text{COAL}_{sec} + \sum_{sec} \overline{\text{PZ}}_{\text{"ELE"}} \times \text{ELE}_{sec} \\
& + \sum_{sec,hou} \overline{\text{PZ}}_{sec} \times C_{sec,hou} + \sum_{sec} \overline{\text{PZ}}_{sec} \times \text{CG}_{sec} + \sum_{sec} \overline{\text{PZ}}_{sec} \times I_{sec} \\
& + \sum_{sec} \overline{\text{PEZ}}_{sec} \times E_{sec} - \sum_{sec} \overline{\text{PMZ}}_{sec} \times M_{sec}
\end{aligned}
\tag{5-65}
$$

其中，RGDP 表示实际 GDP；$\overline{\text{PZ}}_{nen}$ 表示初期非能源产品本地销售价格；$\overline{\text{PZ}}_{\text{"OG"}}$ 表示初期原油本地销售价格；$\overline{\text{PZ}}_{\text{"GAO"}}$ 表示初期汽油本地销售价格；$\overline{\text{PZ}}_{\text{"GAS"}}$ 表示初期天然气本地销售价格；$\overline{\text{PZ}}_{\text{"COAL"}}$ 表示初期煤炭本地销售价格；$\overline{\text{PZ}}_{\text{"ELE"}}$ 表示初期电力本地销售价格；$\overline{\text{PZ}}_{sec}$ 表示初期产品本地销售价格；$\overline{\text{PEZ}}_{sec}$ 表示初期商品的出口价格；$\overline{\text{PMZ}}_{sec}$ 表示初期商品的进口价格；M_{sec} 表示商品的进口量。

碳排放模块的方程体系如下所示。

13. 煤炭在生产过程的排放

$$\text{CO}_2\_\text{COAL}_{sec} = \text{COAL}_{sec} \times \text{emsCO}_2\_\text{COAL}_{sec} \tag{5-66}$$

其中，$\text{CO}_2\_\text{COAL}_{sec}$ 表示煤炭在生产过程中的 CO_2 排放；$\text{emsCO}_2\_\text{COAL}_{sec}$ 表示煤炭在生产过程中的 CO_2 排放系数。

14. 原油在生产过程的排放

$$\text{CO}_2\_\text{OG}_{sec} = \text{OG}_{sec} \times \text{emsCO}_2\_\text{OG}_{sec} \tag{5-67}$$

其中，$\text{CO}_2\_\text{OG}_{sec}$ 表示原油在生产过程中的 CO_2 排放；$\text{emsCO}_2\_\text{OG}_{sec}$ 表示原油在生产过程中的 CO_2 排放系数。

15. 汽油在生产过程的排放

$$\text{CO}_2\_\text{GAO}_{sec} = \text{GAO}_{sec} \times \text{emsCO}_2\_\text{GAO}_{sec} \tag{5-68}$$

其中，$\text{CO}_2\_\text{GAO}_{sec}$ 表示汽油在生产过程中的 CO_2 排放；$\text{emsCO}_2\_\text{GAO}_{sec}$ 表示汽油在生产过程中的 CO_2 排放系数。

16. 天然气在生产过程的排放

$$\text{CO}_2\_\text{GAS}_{sec} = \text{GAS}_{sec} \times \text{emsCO}_2\_\text{GAS}_{sec} \tag{5-69}$$

其中，$\text{CO}_2\_\text{GAS}_{sec}$ 表示天然气在生产过程中的 CO_2 排放；$\text{emsCO}_2\_\text{GAS}_{sec}$ 表示天然气在生产过程中的 CO_2 排放系数。

17. 煤炭在消费过程的排放

$$\text{CO}_2\_C\_\text{COAL}_{hou} = C_{\text{"COAL"},hou} \times \text{emsCO}_2\_C\_\text{COAL}_{hou} \tag{5-70}$$

其中，$CO_2\_C\_COAL_{hou}$ 表示煤炭在消费过程中的 CO_2 排放；$emsCO_2\_C\_COAL_{hou}$ 表示煤炭在消费过程中的 CO_2 排放系数。

18. 原油在消费过程的排放

$$CO_2\_C\_OG_{hou} = C_{"OG",hou} \times emsCO_2\_C\_OG_{hou} \tag{5-71}$$

其中，$CO_2\_C\_OG_{hou}$ 表示原油在消费过程中的 CO_2 排放；$emsCO_2\_C\_OG_{hou}$ 表示原油在消费过程中的 CO_2 排放系数。

19. 汽油在消费过程的排放

$$CO_2\_C\_GAO_{hou} = C_{"GAO",hou} \times emsCO_2\_C\_GAO_{hou} \tag{5-72}$$

其中，$CO_2\_C\_GAO_{hou}$ 表示汽油在消费过程中的 CO_2 排放；$emsCO_2\_C\_GAO_{hou}$ 表示汽油在消费过程中的 CO_2 排放系数。

20. 天然气在消费过程的排放

$$CO_2\_C\_GAS_{hou} = C_{"GAS",hou} \times emsCO_2\_C\_GAS_{hou} \tag{5-73}$$

其中，$CO_2\_C\_GAS_{hou}$ 表示天然气在消费过程中的 CO_2 排放；$emsCO_2\_C\_GAS_{hou}$ 表示天然气在消费过程中的 CO_2 排放系数。

动态模块的方程体系如下所示。

21. 基期（t=0）的各总投资

$$KT_t = \sum_{sec} I_{sec,t} \Big/ growth_{sec,t} \tag{5-74}$$

其中，KT_t 表示第 t 期的总投资；$growth_{sec,t}$ 表示第 t 期各部门的稳态增长率。

22. 基期（t=0）的各部门的资本存量

$$K_{sec,t} = \frac{KPAY_{sec,t}}{\sum_{sec} KPAY_{sec,t}} \times KT_t \tag{5-75}$$

其中，$K_{sec,t}$ 表示基期（t=0）的各部门的资本存量；$KPAY_{sec}$ 表示第 t 期的资本支出。

23. 基期（t=0）的各部门的资本收益

$$PK_{sec,t} = KPAY_{sec,t} / KZ_{sec} \tag{5-76}$$

其中，$PK_{sec,t}$ 表示基期（t=0）的各部门的资本收益；KZ_{sec} 表示初期资本量。

24. 第 t 期总投资形成

$$IT_t = \sum_{sec} I_{sec,t} \tag{5-77}$$

其中，IT_t 表示第 t 期的总投资形成；$I_{sec,t}$ 表示第 t 期各部门的投资形成。

25. 第 t 期平均资本收益

$$\text{PKAVERAGE}_t = \frac{\sum_{\text{sec}} \text{PK}_{\text{sec},t} \times K_{\text{sec},t}}{\sum_{\text{sec}} K_{\text{sec},t}} \tag{5-78}$$

其中，PKAVERAGE_t 表示第 t 期的平均资本收益（预期收益）。

26. 第 t 期的各部门投资倾向：投资倾向参数为 0.5

$$\text{INV}_t = \text{INV}_{t=0} \times \left(\frac{\sum_{\text{sec}} \text{PK}_{\text{sec},t}}{\text{PKAVERAGE}_t} \right)^{0.5} \tag{5-79}$$

其中，INV_t 表示第 t 期各部门新增资本量。

27. 第 t 期的各部门新增投资的分配

$$\text{INV}_t = \text{IT}_t \times \frac{\text{INV}_{\text{sec},t}}{\sum_{\text{sec}} \text{INV}_{\text{sec},t}} \tag{5-80}$$

其中，$\text{INV}_{\text{sec},t}$ 表示第 t 期各部门新增资本量。

28. 第 t+1 期的各部门资本存量

$$K_{\text{sec},t+1} = (1 - \text{delta}_{\text{sec}}) \times K_{\text{sec},t} + \text{INV}_{\text{sec},t} \tag{5-81}$$

其中，$\text{delta}_{\text{sec}}$ 表示资本折旧率，设定为 0.05。

5.5 社会核算矩阵的编制

本节以《2010 年中国投入产出延长表》为基础编制我国燃料乙醇产业 SAM。SAM 是 CGE 模型的数据集，当然其本身也是一种有用的经济分析方法，它以矩阵的形式描述在一个特定时期（一般是一年）经济系统内发生的各种数量交易。Taylor（1983）定义 SAM 为："对一个均衡状态的经济体系和其中的所有部门而言，收入和支出必然相等，而这恰好与 SAM 的'行和与列和相等'的内在平衡机制相对应。" Round（2003）认为，SAM 可以被定义为"一个单式记账的核算体系，矩阵中的每一行和其相应的列代表一个宏观账户，行记录收入，列记录支出"。1960 年，SAM 最先由 Richard Stone 教授建立并被用作工业国家的宏观经济分析（Round，2003）。在此基础上，SAM 被进一步发展并用于国家经济研究。20 世纪 70 年代开始，SAM 开始被用于发展中国家的贫困和收入分配问题的研究（Pyatt and Thorbecke，1976）。

燃料乙醇产业 SAM 的编制包括两个部分，即宏观 SAM 及在宏观 SAM 基础上编制的细分 SAM。

宏观 SAM 的数据来源包括以下两类：第一类是中国统计出版社出版的 65 部门《2010 年中国投入产出延长表》；第二类是宏观统计资料，有《中国统计年鉴（2011）》、《中国金融年鉴（2011）》和《中国财政年鉴（2011）》等。其中，《2010 年中国投入产出延长表》能够为宏观 SAM 提供中间品投入、劳动报酬、资本投入、居民消费、政府消费、出口、投资、生产税和进口等数据；《中国统计年鉴（2011）》的“国际收支平衡”“经常转移”等部分提供了转移支付数据；《中国财政年鉴（2011）》的“国家财政预算、决算收支总表”提供了居民的个人所得税、企业所得税、关税、政府债务收入、政府对居民、国外部门的转移支出等；《中国金融年鉴（2011）》提供了储蓄数据。宏观 SAM 的其他数据为平衡项。

然而，宏观 SAM 只能对整个宏观经济活动提供一个全面的、广泛的框架描述。为了分析具体问题，必须要对宏观 SAM 进行细化。因此，本书需要建立一个包含燃料乙醇产业部门和细化农业部门的 SAM 以满足研究的需要。

在细分 SAM 中，本书将《2010 年中国投入产出延长表》中的“农林牧渔业”拆分为“非粮作物种植业”和“其他农林牧渔业”两个部门，同时，将“燃料乙醇制造业”从“食品及酒精饮料制造业”中分离出来形成独立的产业部门。在“农林牧渔业”部门拆分中，由于对各个细化农业部门的统计资料非常有限，本书主要根据联合国粮食及农业组织统计库和《全国农产品成本收益资料汇编（2011）》编制非粮作物种植业部门；在“燃料乙醇制造业”部门编制中，主要采用 Ge（2011）的数据结构，并根据燃料乙醇产量和生产者价格的变动进行修正和更新，得到本书的燃料乙醇生产与消费结构。

5.6　动态CGE模型参数校准与求解

参数校准运用 SAM 中的基础数据集和模型方程来计算模型中待定的参数，在无外生冲击的情况下，校准的模型重新运行应该生成与基准年一致的均衡状态和数据。然而，并不是所有的参数都能由基准年数据计算得出，对于影响模型稳定性和有效性的参数，尤其是弹性参数一般需要外生设定。

模型的弹性参数包括要素投入间的替代弹性、居民对汽油与燃料乙醇消费之间的替代弹性、本地市场与国外市场的替代弹性等。汽油与燃料乙醇的替代弹性是模型中的关键参数，弹性值参照 Birur 等（2008）被确定为 2。Armington 弹性值描述了消费者对进口品和国内产品所做的选择，CET 弹性值表示出口品与国内供给品之间的替代关系，它们的值参考 Zhai 和 Hertel（2005）。要素投入间的替代弹性中，煤与非煤能源的替代弹性、电力与化石能源的替代弹性、资本与能源的替代弹性参考 GTAP-E 数据库，分别为 0.5、0.7 和 0.9；资本—能源组合束与劳动力的替代弹性值（0.8）参考 Zhang（2004），其值得到 Marouani（2009）认同。

模型由于具有高度非线性，对运行软件要求很高，本书采用 GAMS（general algebraic modeling system，通用代数建模系统）完成求解，求解过程主要分为两步。第一步是用 GAMS 程序描述模型的逻辑结构，包括 SAM 数据输入、参数定义及方程描写。这些程序需要界定变量初始值、控制命令、模型声明及结果输出语句（Meeraus，1983）。第二步是用 CONOPT3（非线性规划求解器）实现模型求解。CONOPT 是对 MINOS（modular incore optimizing system，模块化集成优化系统）和其他非线性问题求解的替代。GAMS 官方网站有关于 CONOPT 优势的详细说明。

第6章　燃料乙醇产业政策的模拟与优选

在构建中国燃料乙醇产业发展动态 CGE 模型的基础上，本书将目前燃料乙醇产业发展的政策需求设置为模拟情境，将政策工具及其强度设置为模型变量与赋值，实现燃料乙醇产业政策的模拟。本书基于经济、能源与环境效应的模拟结果，对所设计的燃料乙醇产业政策进行优选。

6.1　情境设计

由于我国燃料乙醇产业尚处于起步阶段，产业发展政策主要以补贴政策为主来促进燃料乙醇生产与消费。然而，补贴政策尚存在补贴目标不清晰、结构不合理、方式不完善、主体单一、力度不够，以及补贴资金管理机制与法律制度建设有待完善等问题（曹俐，2016）。

如果以现有速度发展，燃料乙醇产量在 2020 年很难达到 1 000 万吨规模。在接下来的发展中，需要进一步完善补贴政策拉动燃料乙醇产业发展。美国、巴西、欧盟的生物质燃料发展政策均呈现出多环节补贴并重的趋势。因此，本书的情境设置也将通过各环节补贴政策的对比，提出燃料乙醇发展政策建议。

情境设计以生产端与消费端补贴政策为主，生产端补贴政策包括对燃料乙醇产业的投资补贴、非粮作物种植业的投资补贴、非粮作物种植业的边际土地利用补贴；消费端补贴政策主要体现为对燃料乙醇消费的补贴。政策冲击强度分别为 10%、30%、50%、70%和 90%。具体情境设置如表 6-1 所示。

表 6-1　燃料乙醇产业发展政策模拟的情境

情境	政策冲击
S1	对燃料乙醇制造业进行投资补贴，涵盖低息贷款、生产补贴、研发资金支持固定资产投资补贴等，分别施以 10%、30%、50%、70%和 90%的政策冲击
S2	对非粮作物种植业进行投资补贴，涵盖低息贷款、生产补贴、农机购买补贴、农业基础设施改造资金补贴等，分别施以 10%、30%、50%、70%和 90%的政策冲击

续表

情境	政策冲击
S3	对非粮作物种植业给予边际土地利用补贴，主要体现为边际土地低价承包、复垦资金补贴等，分别施以 10%、30%、50%、70%和 90%的政策冲击
S4	对燃料乙醇消费进行补贴，在未实施乙醇汽油封闭运行的地区开展燃料乙醇消费补贴，通过价格补贴方式促进燃料乙醇推广，分别施以 10%、30%、50%、70%和 90%的政策冲击
S5	提高汽油消费税税率，分别施以 10%、30%、50%、70%和 90%的政策冲击

6.2　静态模拟结果

由于 S5 情境下，燃料乙醇产业对宏观经济影响呈现较大的负面性，本书主要针对 S1、S2、S3 和 S4 情境进行结果分析。

6.2.1　宏观经济影响

图 6-1~图 6-8 列出了不同情境下燃料乙醇产业发展政策对宏观经济的影响。根据图 6-1，总体而言，生产端的投资可以拉动 GDP 增长，而消费端的补贴则对 GDP 具有负向效应，并且这种负向效应随着政策强度增加而增加。在 GDP 核算中，本书采用支出法，即 GDP 由消费、投资和净出口拉动。S4 情境下，CPI（consumer price index，居民消费价格指数）上涨导致居民和政府消费减少，同时，投资也大幅降低，因此，S4 情境下，GDP 呈现负增长。S2 和 S3 情境下，GDP 的增长幅度最大，这主要得益于投资的增加。对燃料乙醇产业生产端的投资虽然对 GDP 增长具有正向推动作用，但是推动作用不如对非粮作物种植业的投资，这可能与两个部门的中间品投入组合及要素投入比重有关。

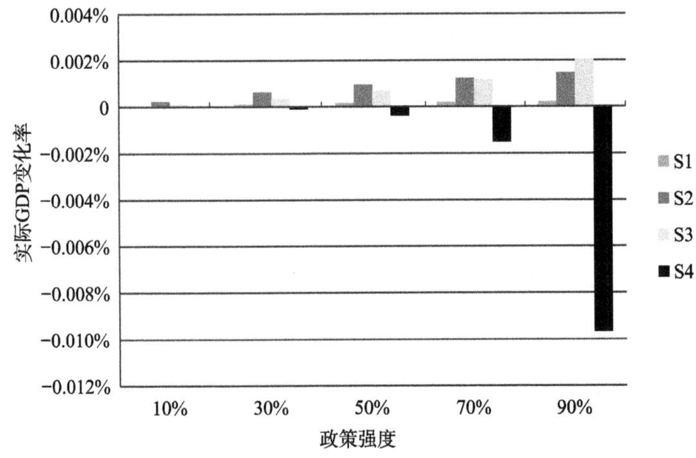

图 6-1　燃料乙醇产业发展政策对实际 GDP 的影响

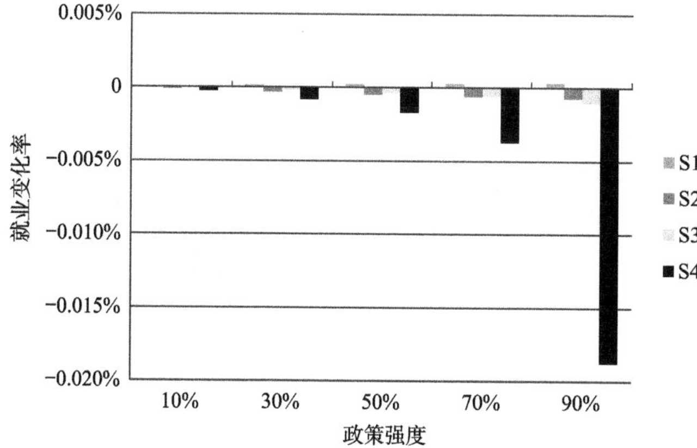

图 6-2　燃料乙醇产业发展政策对就业的影响

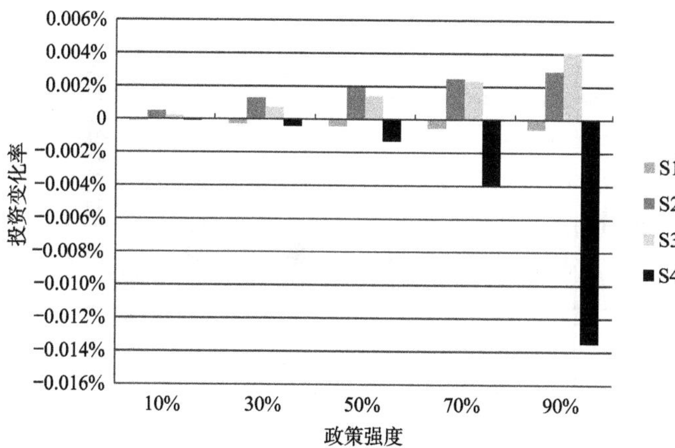

图 6-3　燃料乙醇产业发展政策对投资的影响

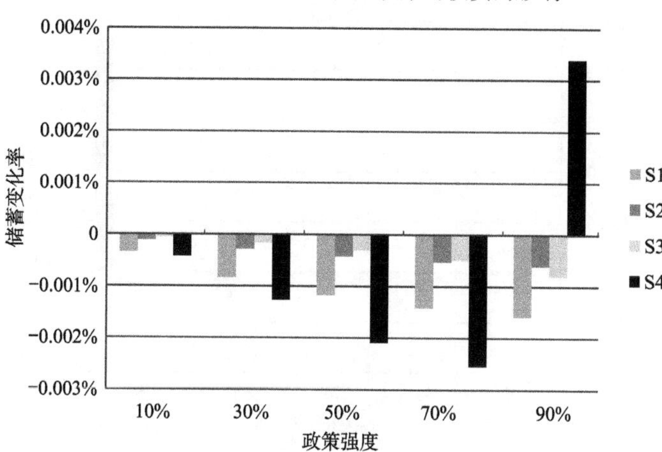

图 6-4　燃料乙醇产业发展政策对储蓄的影响

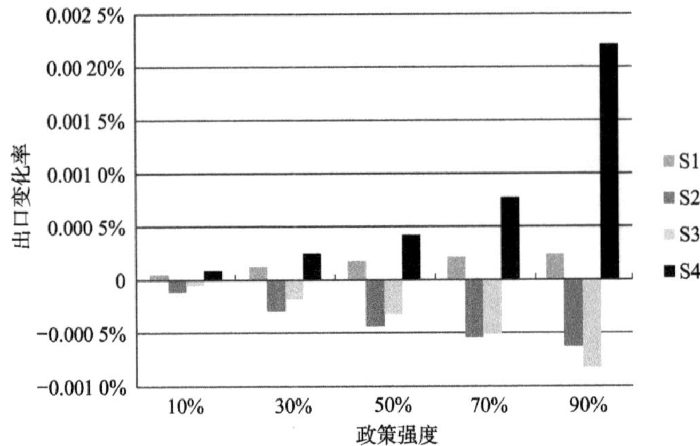

图 6-5　燃料乙醇产业发展政策对出口的影响

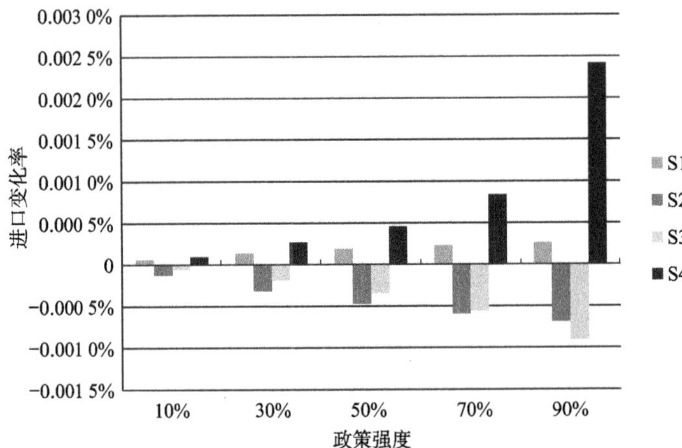

图 6-6　燃料乙醇产业发展政策对进口的影响

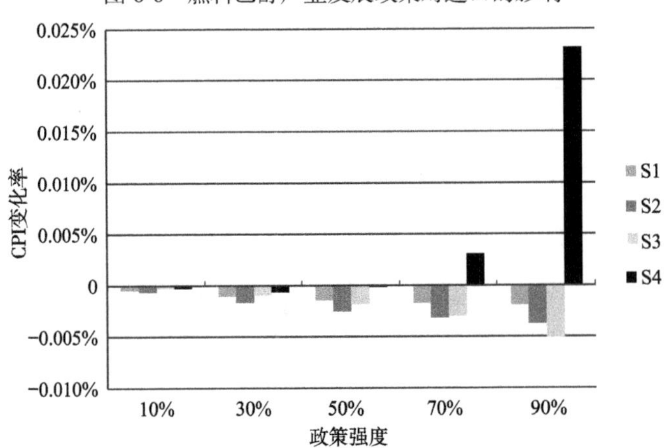

图 6-7　燃料乙醇产业发展政策对 CPI 的影响

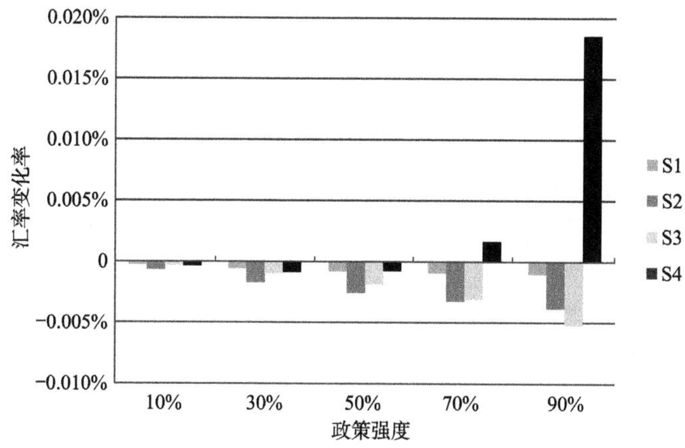

图 6-8　燃料乙醇产业发展政策对汇率的影响

在就业上，如图 6-2 所示，本书设定以劳动力价格作为基准价格，因此，劳动力需求与产业部门产出水平相关。除 S1 情境外，其他情境下，劳动力需求都呈现下降趋势，这影响了居民劳动报酬的增加，也是消费减少的其中一个原因。在 S2 和 S3 情境下，对非粮作物种植业部门的投资增加，形成了对劳动力投入的部分替代，因此劳动力需求减少。S4 情境下，燃料乙醇价格下降导致需求增加，进而导致燃料乙醇部门产出增长，从而形成对劳动力需求的增加。然而，燃料乙醇价格下降导致居民对其消费增加，而对其他商品消费减少，从而造成其他产业部门对劳动力需求减少，当其他部门劳动力需求减少效应大于燃料乙醇部门劳动力需求增加效应时，劳动力总需求便会下降。

图 6-3 揭示了投资变化率，投资来源于各经济主体的储蓄，同时也受制于各商品价格。如图 6-4 所示，虽然 S4 情境下政策强度达到 90%时，总储蓄增加，但同时价格上升过快，导致投资到各部门的数量也有所减少。图 6-7 虽然说明了 S1、S2 和 S3 情境下价格均表现为下降，但由于储蓄也有所下降，故投资表现不同。S1 情境下，价格下降幅度不如储蓄下降幅度大，因此，投资也相应减少。而 S2 与 S3 情境正好与 S1 情境相反，虽然价格下降，但储蓄下降幅度相对较小，因此，对各部门的投资也相对增加。

由于燃料乙醇均由国内生产、国内消费，对贸易条件影响较小。S1 和 S4 情境下，出口增长幅度不如进口增长幅度，贸易条件相对恶化；S2 和 S3 情境下，出口下降幅度不如进口下降幅度，贸易条件相对好转。

因此，在燃料乙醇产业发展政策中，对生产端的投资将更利于投资改善与经济发展，而对消费端的价格补贴将会对投资、就业和经济发展形成一定的负面效应。

6.2.2 产业发展影响

1. 燃料乙醇及其原料部门产出

表 6-2 给出了不同情境下燃料乙醇产业发展政策对燃料乙醇及其原料部门产出的影响。燃料乙醇生产成本中占比最大的是原料，因此，燃料乙醇产出变化与非粮作物产出变化紧密相连。本书的政策均为促进燃料乙醇产业的发展，因此，在所有情境下燃料乙醇产出及其原料部门产出均有不同幅度的增长。其中，S4 情境下，燃料乙醇产出增长幅度最大，政策冲击效果最好，增长幅度与政策冲击强度成正比，同时，非粮作物产出也有大幅上涨，这是由于燃料乙醇产出增长对原料产生需求，进而推动原料产出的增长。从促进燃料乙醇生产而言，消费端补贴政策是最优的，而对生产端的投资政策和价格补贴政策效果相对较弱，这可能与消费端燃料乙醇对汽油替代的敏感性要强于生产端要素、中间品投入相互间的替代关系有关。

表 6-2　燃料乙醇产业发展政策对燃料乙醇产出及其原料部门产出的影响

情境	部门	政策冲击强度				
		10%	30%	50%	70%	90%
S1	燃料乙醇制造业	1.270%	3.389%	5.072%	6.425%	7.526%
	非粮作物种植业	1.010%	2.680%	4.000%	5.057%	5.914%
S2	燃料乙醇制造业	0.280%	0.781%	1.222%	1.614%	1.968%
	非粮作物种植业	2.160%	5.894%	9.020%	11.694%	14.021%
S3	燃料乙醇制造业	0.130%	0.432%	0.851%	1.504%	2.966%
	非粮作物种植业	0.990%	3.320%	6.398%	10.956%	20.183%
S4	燃料乙醇制造业	2.520%	10.07%	23.994%	53.750%	146.588%
	非粮作物种植业	1.990%	7.882%	18.411%	39.659%	97.887%

2. 其他部门产出

从图 6-9~图 6-13 可见，燃料乙醇产业发展政策最主要的影响表现在煤炭开采业、石油天然气开采业、石油制品业、电力、热力的生产和供应业、燃气的生产和供应业、水的生产和供应业、交通运输业、文教体卫社会福利业和其他服务业，这是因为以上部门是燃料乙醇生产中除原料部门外关联最大的投入部门。随着政策冲击强度的增加，S4 情境下，燃料乙醇产业发展政策对以上部门的影响程度增大。燃料乙醇产业发展对其竞争产业带来较大的负面影响，特别是对石油制品业和石油天然气开采业的产出表现为较强的抑制作用，而对其最主要的下游产业，即对交通运输业起到较大的推动作用，促进交通运输业产出的增长，这种对比效果在 S4 情境下体现得最为明显。同时，无论是生产端投资和价格补贴，还是消费端补贴，均会引起燃料乙醇价格一定程度的下降，会影响居民、政府和投资主体对其他商品的消费，从而影响其他产业的产出水平。在所有情境下，燃料乙醇产业政策均对文教体卫社会福利业和其他服务业的产出体现为较强的抑制作用，可能与这两个部门在燃料乙醇产业和石油制品业生产中表现为不同投入重要性有关，燃料乙醇生产中对这两个部门的投入需求较低，而在石油制品业生产中的投入需求较高，当燃料乙醇产业发展抑制石油部门产出时，会对文教体卫社会福利业和其他服务业的产出产生一定的负面影响。

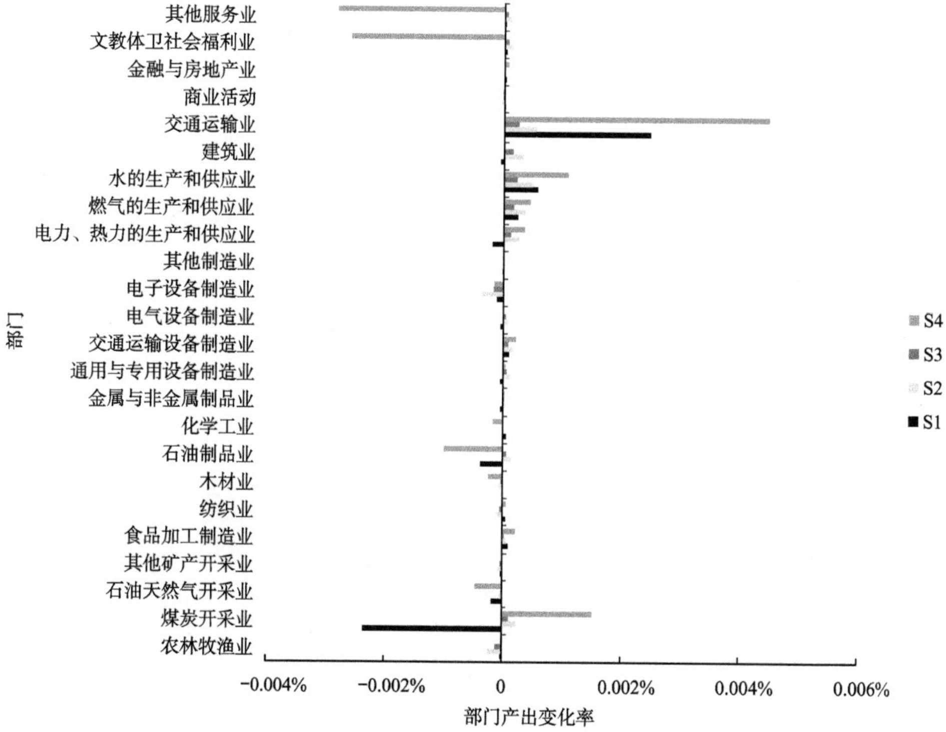

图 6-9　燃料乙醇产业发展政策（冲击强度 10%）对部门产出的影响

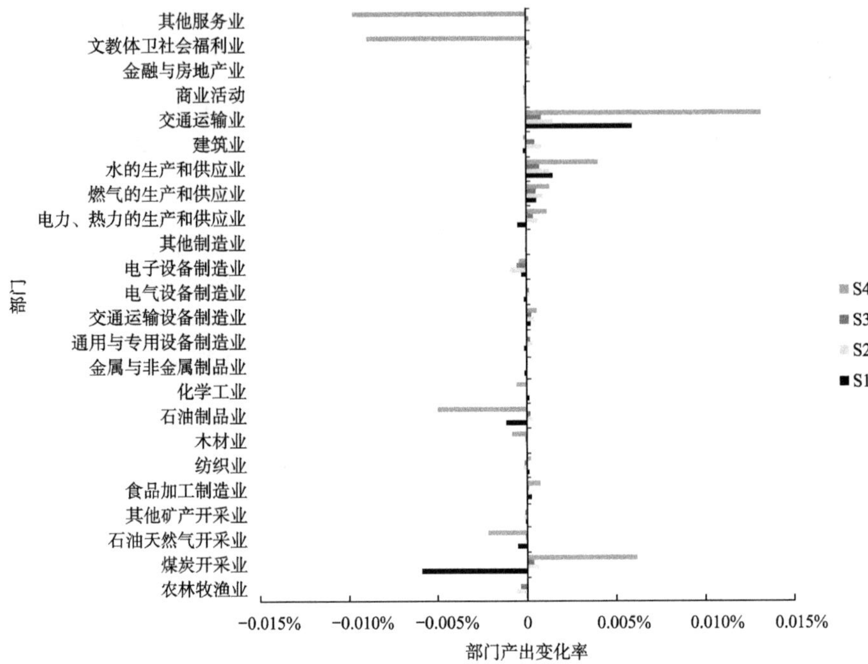

图 6-10 燃料乙醇产业发展政策（冲击强度 30%）对部门产出的影响

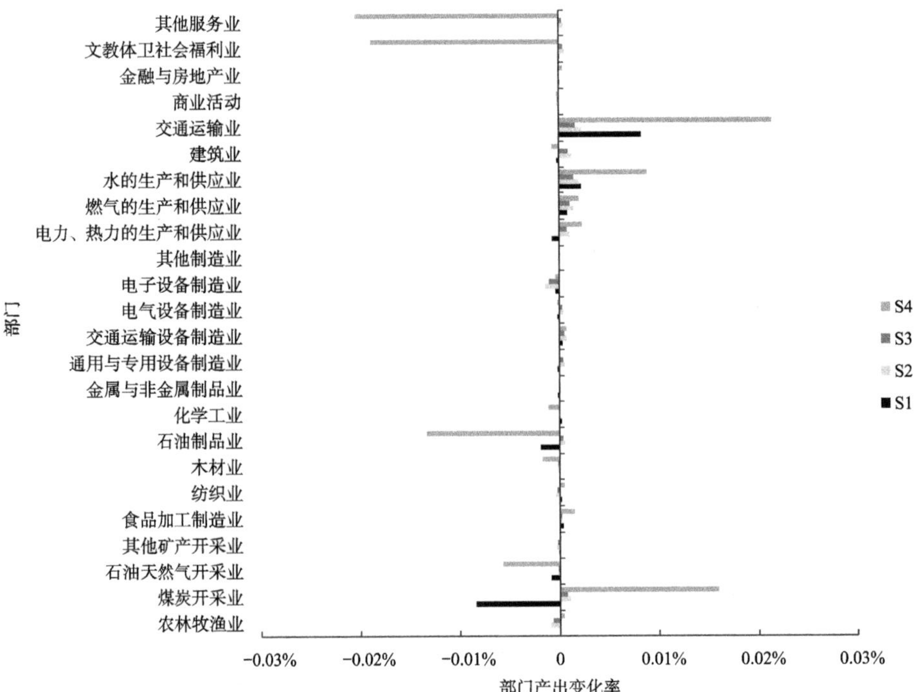

图 6-11 燃料乙醇产业发展政策（冲击强度 50%）对部门产出的影响

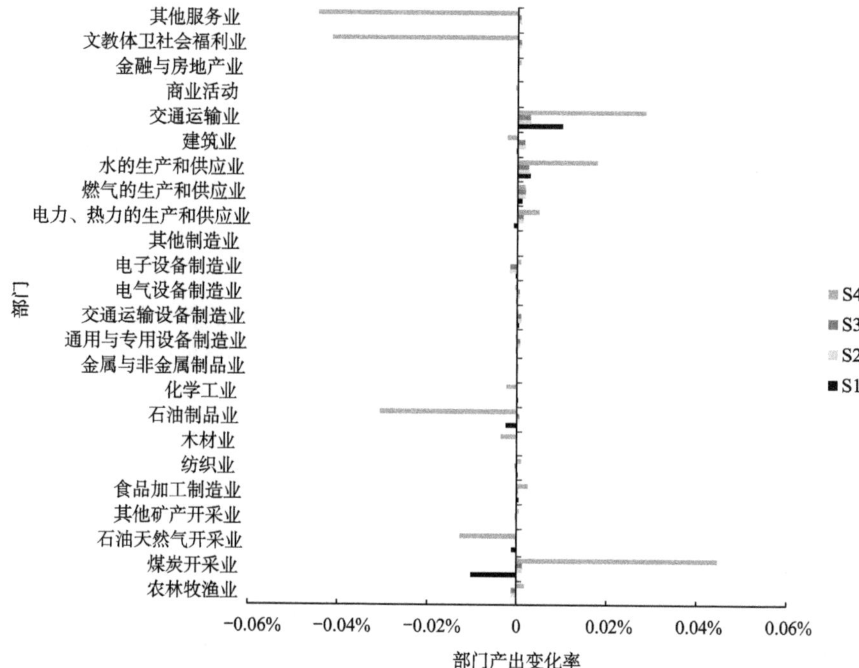

图 6-12　燃料乙醇产业发展政策（冲击强度 70%）对部门产出的影响

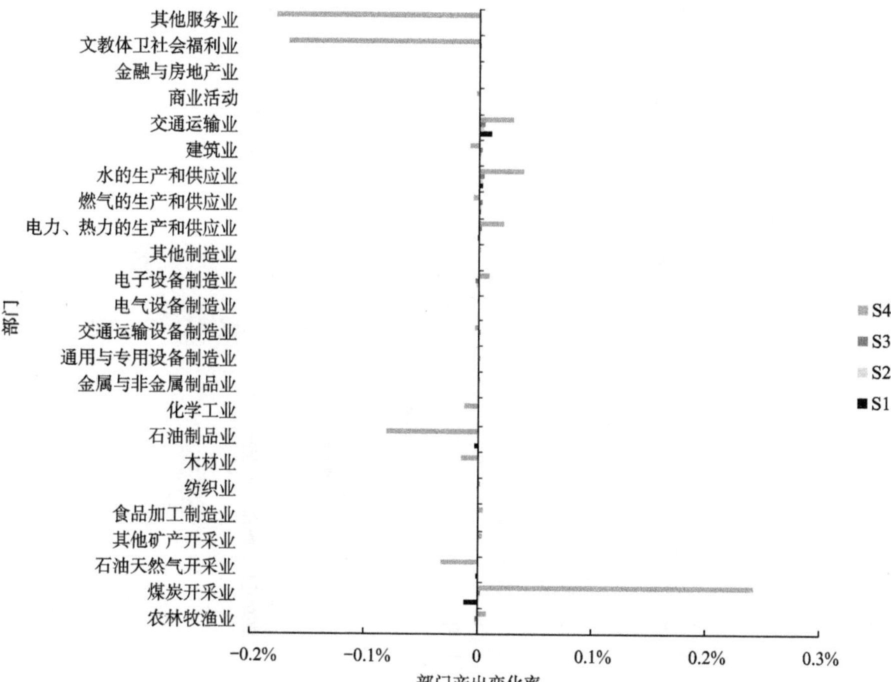

图 6-13　燃料乙醇产业发展政策（冲击强度 90%）对部门产出的影响

3. 能源消费影响

国家发展燃料乙醇的主要目的是替代一部分汽油消费，减少能源消费和降低石油进口依赖度，从模拟结果看，对燃料乙醇生产端和消费端的政策冲击能达到上述目的，特别是对消费端的补贴，对原油和汽油消费的替代作用明显，并且替代作用随着政策冲击强度增加而增加。然而，S2 和 S3 情境下，对汽油和原油的替代效应非常弱，因此，如果要实现节能目的，对非粮作物生产投资和价格补贴政策不能独立使用，必须与燃料乙醇生产与消费政策并用。

S4 情境下，虽然燃料乙醇产业发展政策对汽油和原油消费的抑制作用明显，但同时带动了电力和煤炭消费的增加，这主要是由于燃料乙醇及其中间品投入产品生产中需要消耗电力和煤炭，从整个产业链角度看，燃料乙醇产业发展的节能效果有限。燃料乙醇产业发展政策对燃气消费也有带动作用，但当燃料乙醇替代效应发挥最大时，燃气消费在石油及其相关产业中的降低幅度将超过燃料乙醇对其需求的拉动作用，导致在 S4 情境下、政策冲击强度达到 90%时，燃气消费减少。

图 6-14~图 6-19 显示了燃料乙醇产业发展政策对煤炭消费、原油消费、汽油消费、电力消费、燃气消费、燃料乙醇消费的影响。图 6-19 揭示了四种政策情境下燃料乙醇消费均会提高，S1 和 S4 情境下，消费量增长明显。

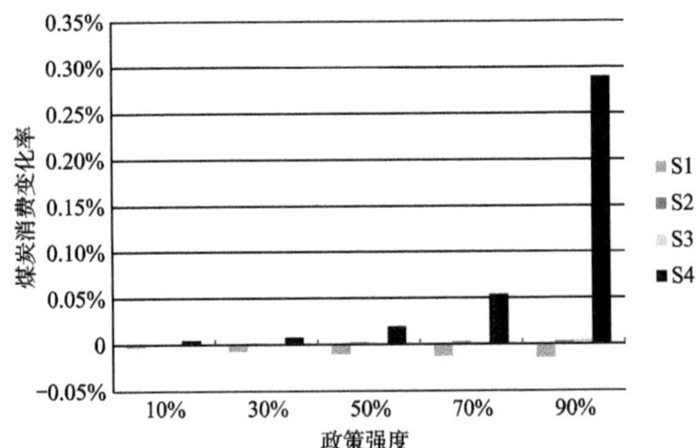

图 6-14　燃料乙醇产业发展政策对煤炭消费的影响

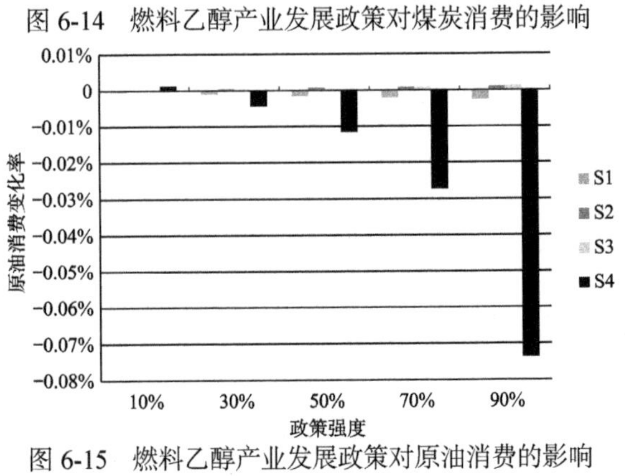

图 6-15　燃料乙醇产业发展政策对原油消费的影响

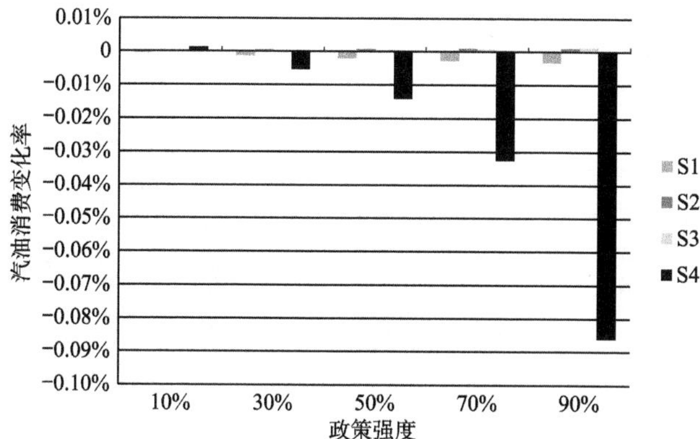

图 6-16 燃料乙醇产业发展政策对汽油消费的影响

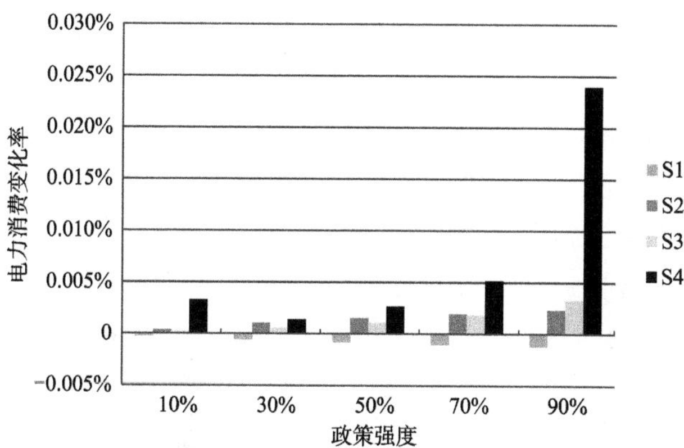

图 6-17 燃料乙醇产业发展政策对电力消费的影响

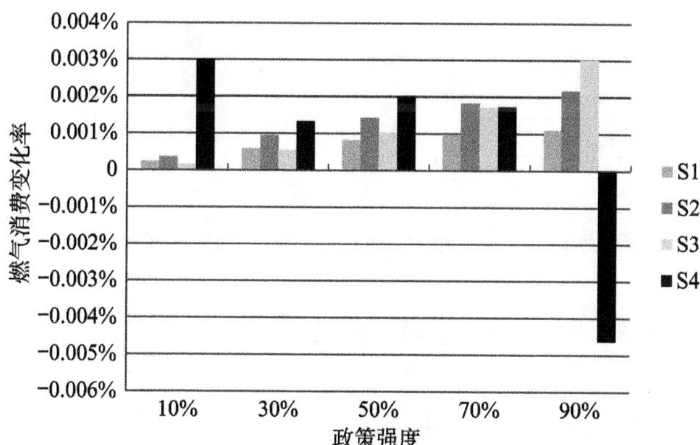

图 6-18 燃料乙醇产业发展政策对燃气消费的影响

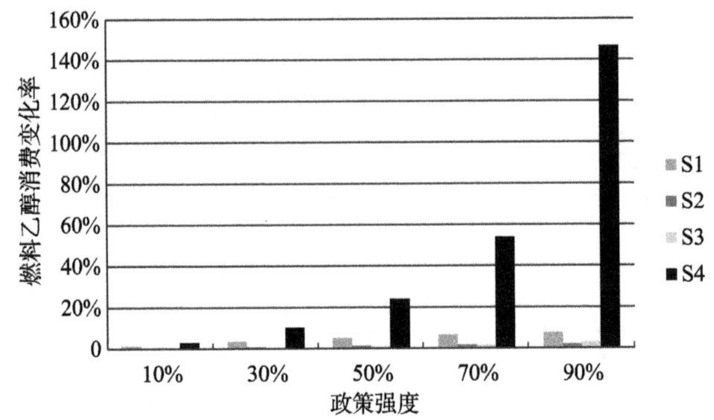

图 6-19　燃料乙醇产业发展政策对燃料乙醇消费的影响

4. 环境影响

S1 和 S4 情境下，燃料乙醇产业发展政策对 CO_2 排放表现为抑制作用，具有较好的环境效益，与之相反，S2 和 S3 情境下，CO_2 排放呈现一定程度的增加。虽然在 S1 和 S4 情境下，燃料乙醇消费随着政策冲击强度增加而增加，然而，伴随燃料乙醇消费增加，煤炭消费也会增加，因此，CO_2 减排效果最好的政策选择是 S4 情境下政策冲击强度为 70%（图 6-20）。

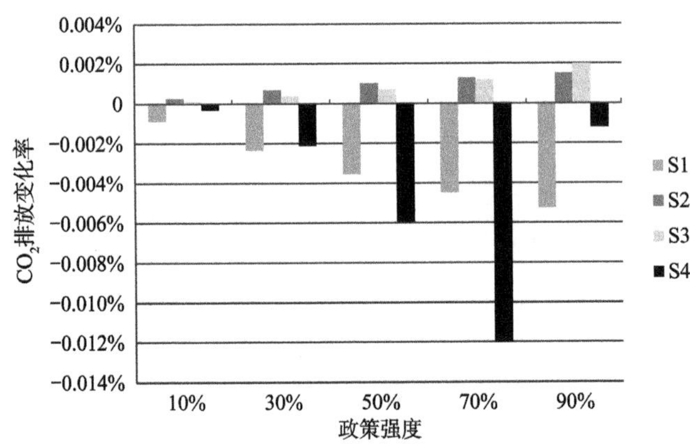

图 6-20　燃料乙醇产业发展政策对 CO_2 排放的影响

6.3　政策组合的动态模拟结果

6.2 节的政策模拟效果均是静态情形下的瞬时冲击效果，同时，独立的政策冲击均有利弊，现实中需要根据不同的优先决策目标选择最优的政策组合，尽量减少各独立政策的负面效果，发挥不同政策间的协同效应。

本书设立了四个决策目标，即经济发展目标、节能目标、减排目标和综合目标。根据四种独立政策方案在宏观经济效应、部门产出影响、能源消费影响和环境污染影响中的表现，提出四组政策组合方案，动态分析政策效果（表 6-3）。

表 6-3　不同决策目标下的政策组合方案

决策目标		政策组合			
		S1	S2	S3	S4
经济发展		90%	90%	90%	10%
节约能源	减少汽油消费	90%	10%	10%	90%
	减少煤炭消费	90%	10%	10%	10%
	减少 CO_2 排放	90%	10%	10%	90%
经济、能源与环境协调发展的目标		90%	95%	95%	85%

6.3.1　经济发展目标

由图 6-21 可知，在经济发展目标下，GDP 呈现缓慢增长，这得益于燃料乙醇及其原料部门投资增加和各部门资本存量增加，直至 2025 年，GDP 累积增加 0.005%，投资增加 0.007%。CPI 总体是负向变化，但下降幅度将逐步缩小，到 2025 年，CPI 下降幅度为–0.011%。在贸易方面，出口和进口逐步上升，但出口增速不及进口增速，贸易条件相对恶化。

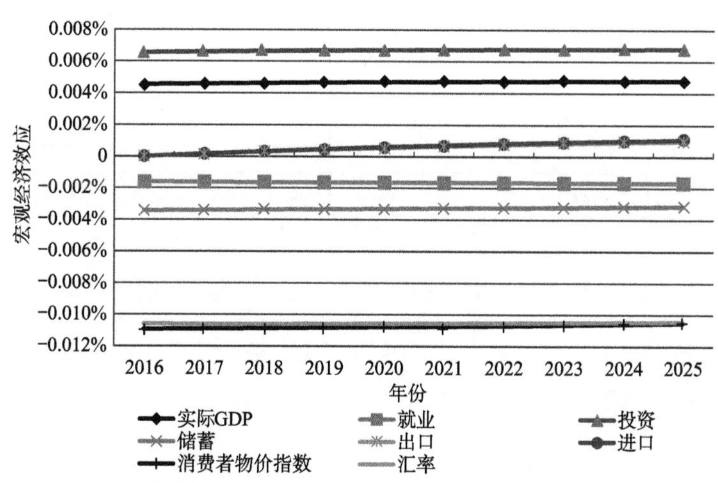

图 6-21　经济发展目标下燃料乙醇产业政策对宏观经济的影响

图 6-22 揭示了经济发展目标下，燃料乙醇产业政策冲击导致的能源消费效应。总体而言，该目标下，燃料乙醇产业政策对减少能源消费的积极作用不大，

特别是电力和燃气从 2016~2025 年一直处于增长趋势。煤炭消费在 2016 年表现为下降趋势，从 2017 年开始，煤炭消费呈现上涨趋势，至 2025 年将累积增加 0.004 7%。原油消费从 2016~2023 年处于下降过程，但下降幅度一直在减少，2024 年和 2025 年呈现上涨，分别上涨 0.000 2%和 0.000 4%，而汽油消费从 2016~2025 年处于上涨通道，虽然上涨幅度逐步收窄，但到 2025 年依然比基期（2010 年）增长 0.010 5%，原油与汽油消费这种趋势主要和燃料乙醇消费增幅收窄有关。如图 6-23 所示，燃料乙醇消费虽然从 2016~2025 年一直是增长趋势，但增长幅度已由 2016 年的 16.67%下降至 2025 年的 10.20%，对汽油的替代作用较弱。

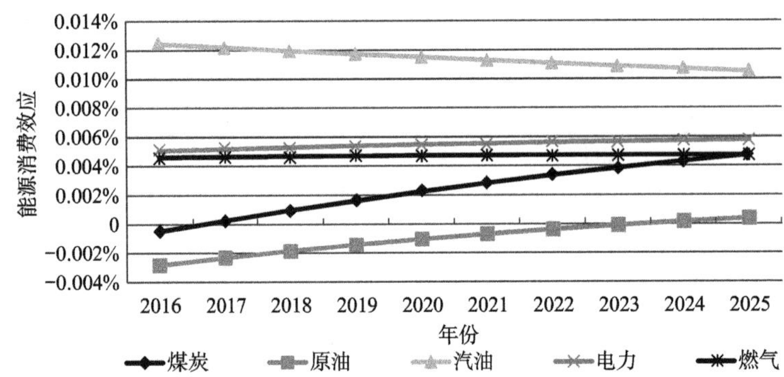

图 6-22 经济发展目标下燃料乙醇产业政策对能源消费的影响

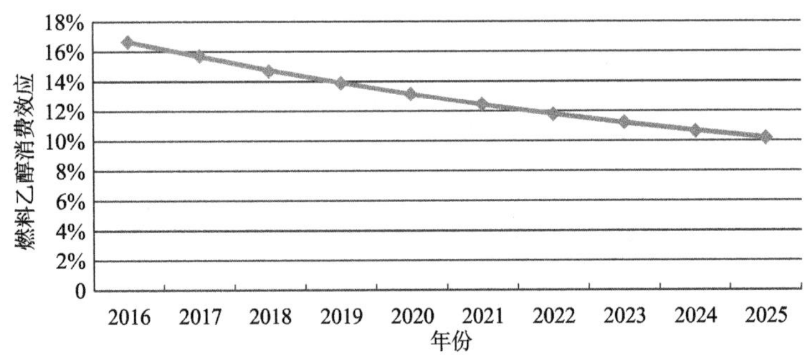

图 6-23 经济发展目标下燃料乙醇产业政策对燃料乙醇消费的影响

经济发展目标下，燃料乙醇产业政策并未对能源消费起到明显的抑制作用，相应地，对 CO_2 排放的抑制作用也表现出弱化趋势。如图 6-24 所示，CO_2 排放在 2016 年与基期（2010 年）相比减少了 0.002 7%，而到 2025 年仅在基期基础上增加 0.001 1%。

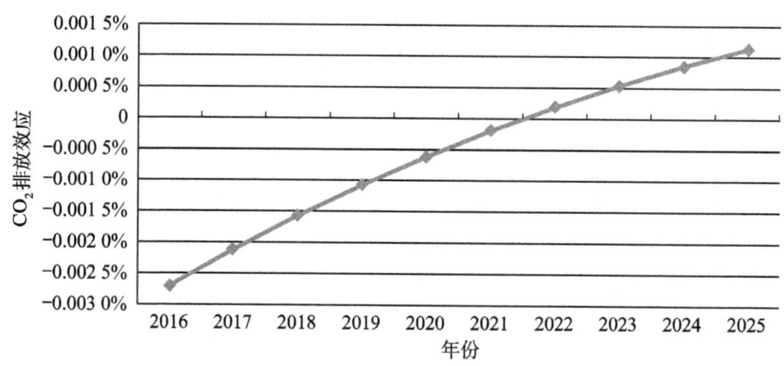

图 6-24　经济发展目标下燃料乙醇产业政策对 CO_2 排放的影响

综上所述，在燃料乙醇产业发展政策制定中，如果同时兼顾经济发展目标，就会损失一部分能源环境正效应。

6.3.2　能源消费目标

本部分中，燃料乙醇产业政策对石油消费和煤炭消费的抑制作用是相悖的，因此，我们设立两个目标，分别为减少石油消费和减少煤炭消费。

1. 减少石油消费目标

在宏观经济效应方面，如图 6-25 所示，燃料乙醇产业发展政策对 GDP 增长产生了负面影响，且负面影响持续扩大，2016~2025 年 GDP 下降幅度从–0.021 9%扩大至–0.030 1%，这种下降与投资减少及 CPI 增加导致的消费减少有关。2025 年，投资累积减少 0.059 8%，而 CPI 累积增加 0.066 9%，双重压力下，GDP 持续恶化。在贸易方面，2016~2025 年，出口与进口双双下降，进口下降幅度高于出口下降幅度。

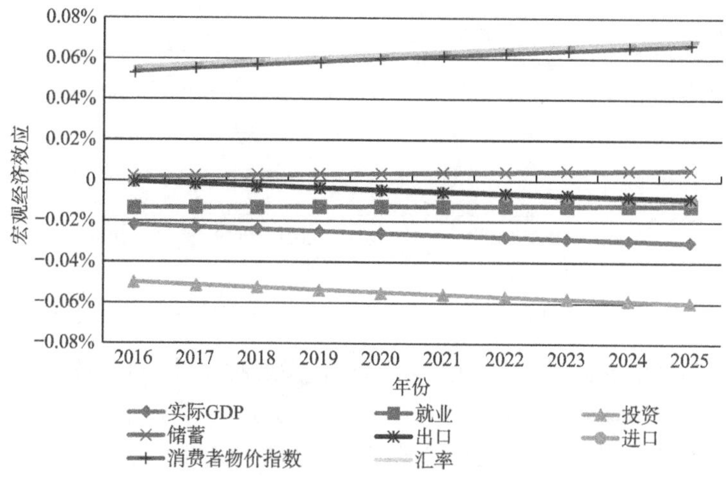

图 6-25　减少石油消费目标下燃料乙醇产业政策对宏观经济的影响

如图 6-26 所示，原油消费减少幅度从 2016 年的–0.134 7%扩大至 2025 年的–0.149 0%；汽油消费减少幅度从 2016 年的–0.027 8%扩大至 2025 年的–0.036 9%；煤炭消费处于增长通道，增长幅度从 2016 年的 0.270 5%收窄至 2025 年 0.265 0%；电力消费在政策冲击的 2016~2018 年处于增长过程，2019~2025 年处于下降趋势，2025 年比基期下降 0.005 5%；燃气消费呈现下降趋势，且下降幅度越来越大，2025 年累积下降 0.036 5%。由于燃料乙醇与汽油的高替代性，为实现石油消费的减少目标，燃料乙醇消费得到最大幅度的上涨。如图 6-27 所示，增长幅度从 2016 年的 314%扩大至 2025 年的 338%，从而实现原油和汽油消费减少的目标。

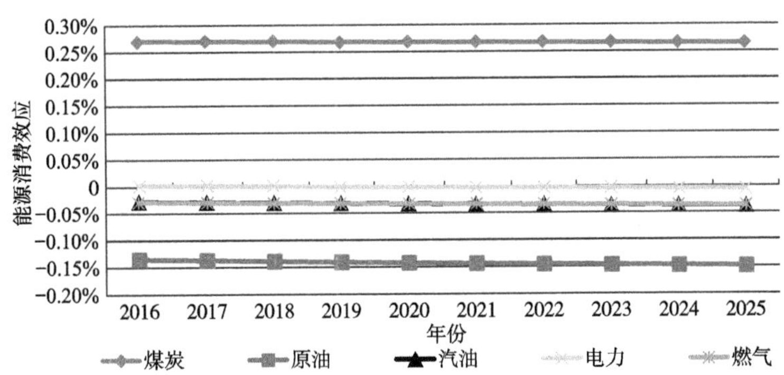

图 6-26　减少石油消费目标下燃料乙醇产业政策对能源消费的影响

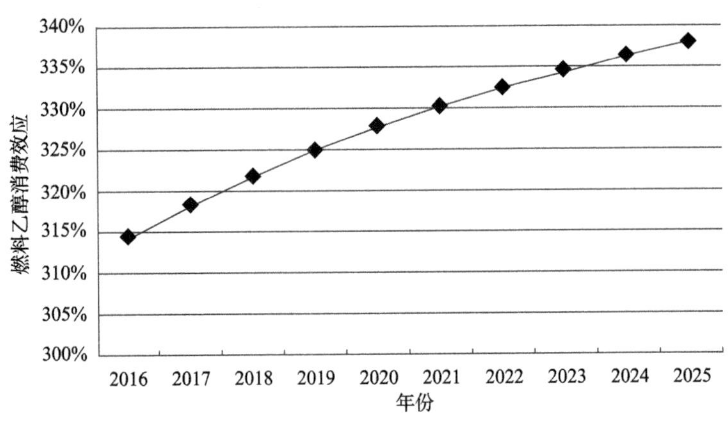

图 6-27　减少石油消费目标下燃料乙醇产业政策对燃料乙醇消费的影响

在减少石油消费的目标下，燃料乙醇产业发展政策对 CO_2 排放的抑制作用较为明显，CO_2 减排幅度从–0.057 2%扩大至–0.069 8%（图 6-28）。

在减少石油消费目标下，燃料乙醇产业发展政策取得了较好的节能减排效应，但对 GDP 产生了一定程度的抑制作用。

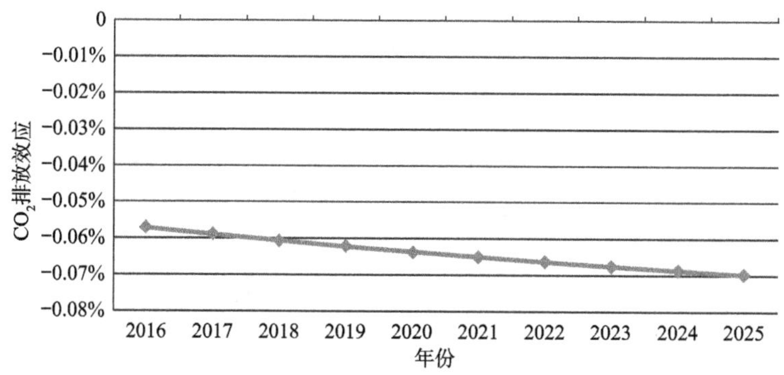

图 6-28　减少石油消费目标下燃料乙醇产业政策对 CO_2 排放的影响

2. 减少煤炭消费

在减少煤炭消费目标下，如图 6-29 所示，燃料乙醇产业发展政策对 GDP 产生了积极影响，GDP 增幅从 2016 年的 0.000 81%扩大至 2025 年的 0.000 83%。同时，至 2025 年，投资累积增长 0.000 77%，CPI 累积减少 0.002 38%。出口与进口均表现为上涨，涨幅不断扩大，至 2025 年，出口累积增长 0.000 53%，进口累积增长 0.000 59%。

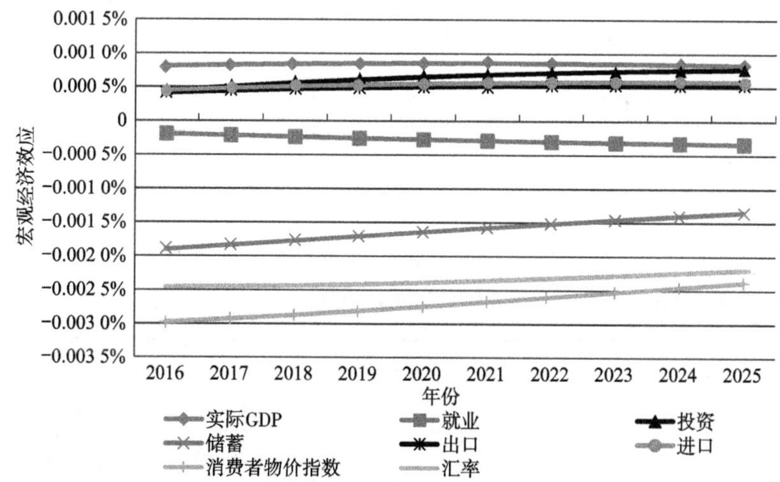

图 6-29　减少煤炭消费目标下燃料乙醇产业政策对宏观经济的影响

在减少煤炭消费目标下，如图 6-30 所示，煤炭和原油消费均下降，但降幅收窄，煤炭消费降幅从 2016 年的−0.007 35%缩小至 2025 年的 0.001 46%，而原油消费降幅从 2016 年的−0.002 77%缩小至 2025 年的−0.001 18%。至 2025 年，汽油、电力和燃气消费均在基期基础上有所增长，分别累积增长 0.004 18%、0.000 85%和 0.001 1%。如图 6-31 所示，燃料乙醇消费虽然处于上涨趋势，但涨幅不断收窄，从 2016 年的 8.796%缩小至 2025 年的 5.058%。

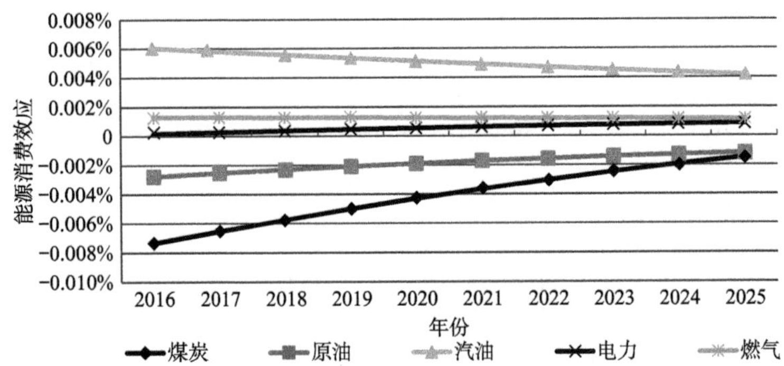

图 6-30 减少煤炭消费目标下燃料乙醇产业政策对能源消费的影响

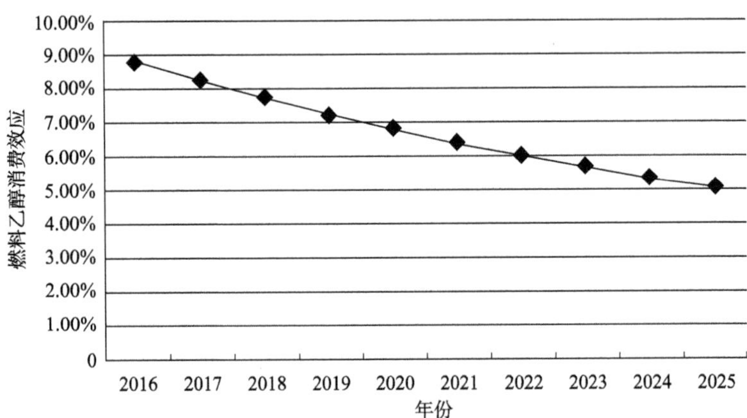

图 6-31 减少煤炭消费目标下燃料乙醇产业政策对燃料乙醇消费的影响

如图 6-32 所示，在减少煤炭消费目标下，CO_2 排放有所下降，但降幅不断缩小，从 2016 年的-0.004 00%缩小至-0.001 38%。

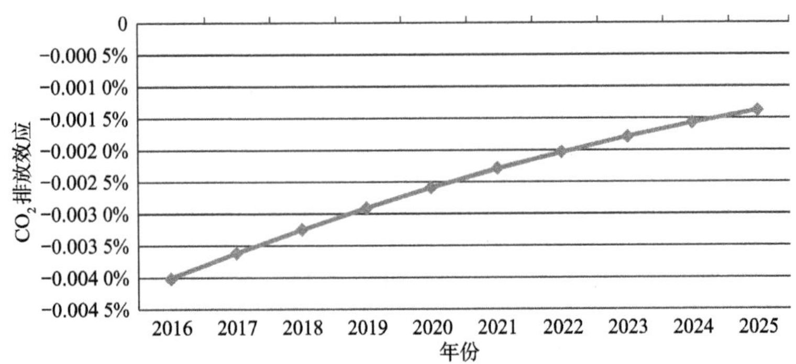

图 6-32 减少煤炭消费目标下燃料乙醇产业政策对 CO_2 排放的影响

综上所述，在减少煤炭消费目标下，燃料乙醇产业发展政策对节能减排具有一定的促进作用，但随着时间推移，边际效益呈现递减趋势，对 GDP 具有一定的积极影响。

6.3.3 CO_2 排放目标

CO_2 排放目标下的燃料乙醇产业发展政策方案与减少石油消费目标下的政策方案一致。虽然从独立的政策模拟结果看，S4 情境下，70%的政策冲击强度下，CO_2 减排是最多的，但在综合方案中，S4 情境下的政策冲击强度只有达到 90%时才能取得最佳的 CO_2 减排效果。

6.3.4 综合目标

从前两个决策目标的政策组合方案可以看出，不同目标倾向下政策方案对经济、能源和环境的积极影响总是不能兼顾的，而要实现经济、能源和环境的协调发展，就必须对目标进行平衡，损失一部分正效益来补偿其他领域的负效益，最终实现协调发展。通过多次模拟，最终将政策组合方案调整为 S1 情境的 90%冲击强度，S2 与 S3 情境的 95%冲击强度，S4 情境的 85%冲击强度。

如图 6-33 所示，从宏观经济效应看，GDP 处于增长趋势，至 2025 年，GDP 在基期（2010 年）基础上增长 0.000 85%，这主要是 CPI 减少带来的消费增加和各部门资本存量增加导致的。

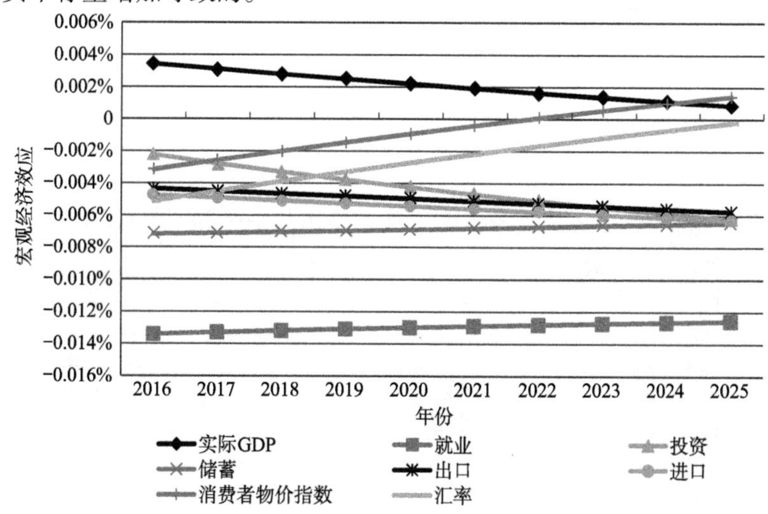

图 6-33 综合目标下燃料乙醇产业政策对宏观经济的影响

从能源消费效应看，如图 6-34 所示，原油消费比基期下降 0.091 19%，燃气比基期下降 0.006 71%。但煤炭、电力和汽油消费有一定程度的上升，不过增幅不断收窄，煤炭消费从 2016 年的 0.184 7%缩小至 2025 年的 0.178 8%，电力消费从 2016 年的 0.021 4%缩小至 2025 年的 0.018 0%，汽油消费从 2016 年的 0.006 3%缩小至 0.003 1%。如图 6-35 所示，燃料乙醇消费处于上涨趋势，至 2025 年，燃料乙醇消费比基期增长 244.073 3%。

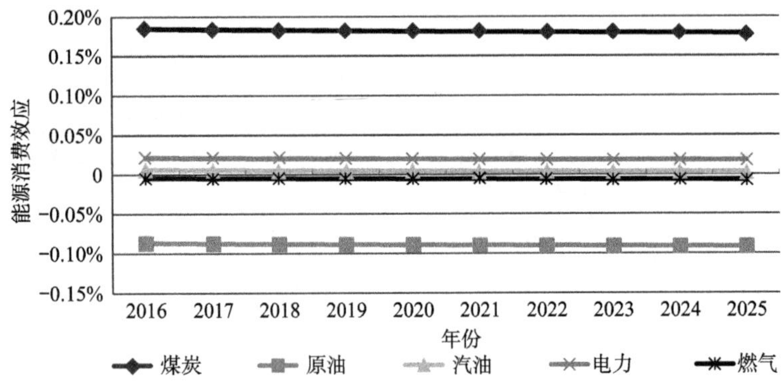

图 6-34　综合目标下燃料乙醇产业政策对能源消费的影响

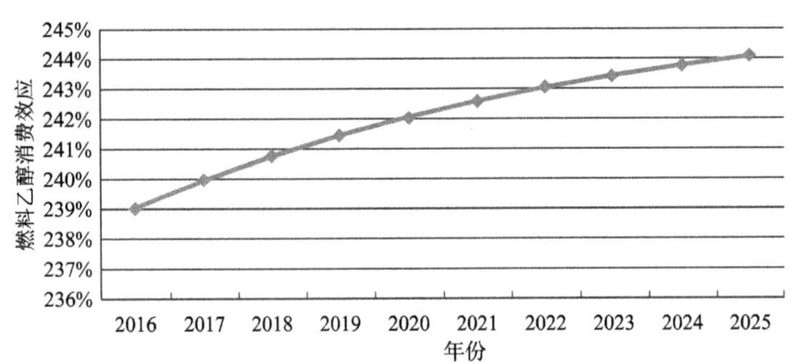

图 6-35　综合目标下燃料乙醇产业政策对燃料乙醇消费的影响

从环境效益看，CO_2 排放量不断下降，降幅从 2016 的-0.034 9%扩大至 2025 年的-0.039 7%（图 6-36）。

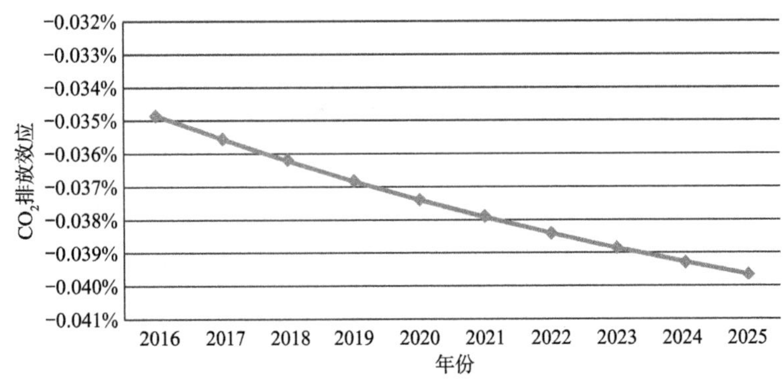

图 6-36　综合目标下燃料乙醇产业政策对 CO_2 排放的影响

第 7 章　案例研究与政策建议

为检验本书所设计政策的可靠性，并进一步完善政策建议，我们选取了我国首批车用乙醇汽油试点地区 A 省作为本书案例研究对象。自试点以来，A 省的车用乙醇汽油推广应用工作平稳推进，是目前全省封闭使用车用乙醇汽油的省（区、市）之一。位于 A 省的 A 燃料乙醇定点生产企业（以下简称 A 企业）是目前国内燃料乙醇产能最大、在非粮燃料乙醇的研发及生产方面最为成熟的企业之一。本章首先对 A 省的燃料乙醇产业发展情况进行综述，并结合调研中发现的当地燃料乙醇产业发展存在的问题，对此前提出的政策建议进行检验和调整，最后提炼、总结我国燃料乙醇产业的发展政策建议。

7.1　A省燃料乙醇产业概述

A 省每年生产大量粮食的同时，也产生很多陈化粮。因此，A 省成为首批粮食燃料乙醇生产企业所在地之一，也成为首批车用乙醇汽油推广应用试点省（区、市）之一。

A 省自 2001 年被确立为首批车用乙醇汽油试点地区以来，不仅国家高度重视其试点工作，包括 A 省财政厅、A 省发展和改革委员会在内的 A 省各级主管部门也对当地的燃料乙醇生产与车用乙醇汽油推广应用给予了大力支持。A 省也因此成为目前国内试点工作进展最为顺利、燃料乙醇产业发展最为成熟的地区之一。另外，在国家开始倡导发展非粮燃料乙醇之初，A 省便积极响应国家号召，投入大量资金支持当地燃料乙醇生产企业开展非粮燃料乙醇的研发及生产工作，特别是纤维素燃料乙醇的发展实现较大突破。

A 省燃料乙醇产业发展相对迅速，一部分归功于中央及地方政府给予的财税政策，一部分也因其能够因地制宜地发挥本地的原料优势，在当地建立大型燃料乙醇生产企业，保障本地的燃料乙醇市场供应。位于 A 省的 A 企业是全国变性燃料乙醇和燃料乙醇标准化技术委员会的设立企业、国家燃料乙醇定点生产企业及国家新能源高技术产业基地主体企业，同时也是国家命名的循环经济试点企业和循环经济教育示范基地。A 企业是我国生物质能源产业的开拓者和先行者，为推动我国能源替代、农业发展及环境改善做出了积极贡献。

经过10余年的大力发展，A企业目前已拥有80万吨燃料乙醇生产能力，不仅满足了A省的车用乙醇汽油需求，更满足了周边若干试点地区的市场供应。

A企业不仅在燃料乙醇产量上位于全国前列，在非粮燃料乙醇的研发和生产方面同样是这一行业的领跑者。在1.5代非粮燃料乙醇方面，A企业建有薯干、鲜薯和木薯粉碎生产线，实现了生产工艺的灵活性和原料品种的多元化。整个生产工艺过程采用多项拥有知识产权的行业首创新工艺、新技术，如谷朊粉分离提取工艺、液化糖化工段闪蒸二次废热节能节水技术、单罐连续高浓醪发酵和边发酵边分离乙醇新技术、双差压蒸馏节能技术、生物质吸附脱水技术等，均处于国内领先地位。目前A企业已具备稳定连续的年产30万吨木薯燃料乙醇生产能力，且研发出适用于薯类乙醇的乙醇沼气双发酵耦联工艺技术，基本上实现了木薯乙醇生产过程中工业废水的“零排放”。在2代纤维素燃料乙醇方面，A企业比较重视该类燃料乙醇的生产研发工作，并与多所国内顶尖大学建立了合作关系。2011年A企业年产1万吨的秸秆乙醇项目正式通过国家发展改革委能源局的鉴定，从而为2代纤维素燃料乙醇的规模化生产提供了技术条件。2013年，A企业又建成可复制的3万吨秸秆乙醇产业化项目，从而进一步确立了我国在纤维乙醇产业化研发方面的国际地位。2012年7月，A企业100万吨酶基地工程项目开工，现已开始投产，自有纤维素酶生产基地的建立大幅降低了纤维素燃料乙醇的生产成本，为将来纤维素燃料乙醇的大规模生产奠定了基础。

结合调研情况来看，尽管在过去的十几年间，A省燃料乙醇试点工作开展顺利，负责提供燃料乙醇市场供应的A企业也在这段时期内得到迅速发展，并成为国内最大的燃料乙醇生产企业之一。但发展到现阶段，A省的燃料乙醇产业出现了一些困境。首先，从生产端来看，目前A企业很难进一步大规模扩大产能和产量，主要原因是该企业在燃料乙醇生产方面存在亏损，且依照该企业目前在国内外的木薯种植面积来看，该企业很难获取充足的木薯原材料来满足短期内迅速扩大木薯燃料乙醇产能的需要，而企业所在地又较少存在已开发的边际土地可用于木薯等非粮作物的大面积种植。其次，从消费端来看，由于A省是最早开展全省封闭试点的地区之一，早已完成了燃料乙醇汽油在全省的推广使用，因此，当地的燃料乙醇需求量基本已经趋于饱和，这也是目前该省燃料乙醇产业发展遇到瓶颈的重要原因。A省一些试点地区的汽油消费者也对车用乙醇汽油的推广应用有所抵触，部分消费者希望政府能够给予他们车用乙醇汽油与传统汽油的选择权，并提供对车用乙醇汽油的价格优惠。同时，仍有消费者认为，车用燃料乙醇汽油会导致汽车动力不足，甚至损伤发动机。

7.2　燃料乙醇产业发展政策的有效性分析

燃料乙醇产业作为一种新能源产业，从发展初始就需要政策支持，特别是财税政策的支持，以形成与传统化石能源的竞争优势。在定点生产、试点推广应用、补贴和税收优惠等政策激励下，我国燃料乙醇产业发展初具规模。A 省燃料乙醇试点工作的平稳推进及A企业的快速成型和发展同样与这些年国家的各项财税支持政策密不可分。目前，A 省的燃料乙醇产业发展也面临诸多困境，这也是我国燃料乙醇产业发展受阻的缩影。对于燃料乙醇等在发展初期高度依赖政策支持的产业来说，发展受阻的主要原因还是政府的各项支持政策不足。我们在第 6 章已经从多个角度为促进我国的燃料乙醇产业发展设计了一系列政策情境，并进行了政策效果的模拟，下面将结合实地调研过程中总结的各种问题，探讨此前提出的各项政策的有效性。

1. 政策情境 S1

现阶段我国针对燃料乙醇产业的财税政策主要是针对生产企业提供的生产补贴。根据调研数据，2005 年以前，A 企业每年可获得 2 000~3 000 元/吨的生产补贴，以保障企业一定的收益率，这一补贴力度使得企业生产积极性较高，燃料乙醇的产量在最初的几年也因此经历了一个快速上升的阶段。但由于全国各试点企业的生产过程和技术都相对独立，各地不同的大型燃料乙醇生产企业之间生产单位燃料乙醇的成本也有不同程度的差异。实施这一类以保证企业固定收益率为目的的浮动补贴政策，必然导致生产成本相对较高的企业得到的补贴多，而低生产成本企业得到的补贴少。在这种情况下，一方面，该类政策对于 A 企业这种投入大量资金和设备进行生产研发和技术改造降低成本的企业不公平，会降低企业进一步技术改造及开展非粮燃料乙醇研发的积极性；另一方面，该类政策不能激励那些高成本的企业压缩生产成本，并且随着全国各企业燃料乙醇产量的不断增加，政府也面临较大的财政压力。

为此，2005 年，政府在该政策上做了较大的调整，根据各主要企业当年的生产经营情况由政府统一设定补贴额度（表 2-1），即全国所有企业生产每吨燃料乙醇享受同等额度的补贴。这无疑会促进相对高生产成本的企业投入一定的资金进行科技研发和设备更新，以改进生产过程并降低生产成本，并在一定程度上达到提高企业资源综合利用率的目的。尽管如此，该类政策仍存在明显的弊端。首先，从企业角度来讲，该类政策无法继续保障企业合理的营利能力。发展该产业之初，在配合上述以保障企业固定收益率为目标的浮动财政补贴的情况下，乙醇生产企业的收益率也仅为 5%左右。后政策改为定额补贴，尽管补贴的额度并不固定，但补贴力度较 2005 年以前有所下降，只在 2008 年超过 2 000 元/吨，在 2011 年仅为 1 276 元/吨。同时，随着陈化粮消耗殆尽，普通粮食价格相对偏高，导致原材料成本迅速上涨，且近几年全国工资水平普遍提高，特别是基层职工的工资水平，导致该类大型燃料乙醇生产企业的人工成本也不断上升，最终使得燃料乙醇的生产成本被大幅推高，企业因此难以达到早期的收益率水平，生产积极性下降。到 2012 年，国家为了进一步限制粮食燃料乙醇生产，突然大幅降低针对粮食燃料乙醇的生产补贴力度，当年对粮食燃料乙醇的补贴下降到仅 500 元/吨，并在 2016 年完全取消了针对粮食燃料乙醇的生产补贴，当时 4 个大型燃料乙醇生产企业仍主要生产粮食燃料乙醇，这一政策的调整导致这些企业不仅无法保证收益，甚至出现亏损。

在这种情况下，国家要求企业逐步转向非粮燃料乙醇的生产，但我国非粮燃料乙醇生产才刚刚起步，向非粮燃料乙醇生产的转型受原材料、技术、土地等多方面因素限制，故迟迟未能有较大突破。此外，国家虽然要求企业逐步转向生产非粮燃料乙醇，但是并未对企业的生产设备改造进行补贴。而在非粮燃料乙醇生产补贴方面，2012 年以前，政府针对企业生产非粮燃料乙醇的补贴额度同粮食燃料乙醇保持一致，非粮燃料乙醇生产成本更高，这一政策也导致企业非粮燃料乙醇生产的积极性不足，非粮燃料乙醇发展缓慢。2012 年，政府针对 1.5 代非粮燃料乙醇生产设定了 750 元/吨的补贴额度，比粮食燃料乙醇的补贴额度高 50%，希望以此促进企业发展非粮燃料乙醇。但这样的补贴力度不仅较低，且该补贴在 2013 年以后也被逐步取消，到 2018 年，政府对 1.5 代非粮燃料乙醇的生产也不再提供补贴。而针对 2 代纤维素燃料乙醇生产则从 2014 年开始一直保持 800 元/吨的生产补贴。由此可见，即使是享受补贴力度最大的 2 代纤维素燃料乙醇，在补贴金额上也远不及早期针对粮食燃料乙醇的 2 000~3 000 元/吨的补贴，事实上 800 元/吨的补贴金额对于生产成本高昂的 2 代非粮纤维素燃料乙醇生产来说，不过是杯水车薪，远不能达到使企业盈利的目的。

上述政策问题主要涉及企业层面，而在政府层面，也存在问题。在国家刚开始发展燃料乙醇产业之际，所有针对燃料乙醇生产企业的补贴均由国家财政提供。但目前这方面政策有了很大的变化，中央财政把审批权下放到各试点省（区、市），即目前补贴的提供方是各省（区、市）财政局而非财政部，导致地方政府支持燃料乙醇产业发展的积极性大减。

基于上述分析，当地企业生产积极性下降，产能迟迟未能有较大突破的主要原因是近几年燃料乙醇产业的经济效益在不断下降，而这与政府的补贴力度持续降低有很大关系。我们在此前提出的政策情境 S1（对燃料乙醇制造业进行投资补贴，涵盖低息贷款、生产补贴、研发资金支持、固定资产投资补贴等）主要针对企业生产和经营过程中面临的资金不足问题，可以从多方面降低企业的成本并提高收益，从而保障其生产积极性，促进其扩大生产规模和产量。因此，该政策情境所涉及的财税政策为有效政策，但其未能在粮食燃料乙醇生产和非粮燃料乙醇生产之间进行区分，因此该政策情境需进一步修改完善。

2. 政策情境 S2 和 S3

目前，国家专门针对非粮燃料乙醇产业的支持政策还十分缺乏。政府对非粮燃料乙醇产业区别于粮食燃料乙醇产业的支持政策主要体现在前文提到的更大力度的财政补贴，而没有对非粮作物种植业的补贴，亦没有对非粮能源作物种植业给予边际土地开发利用的补贴。事实上，非粮燃料乙醇产业发展面临的问题和困难远比粮食燃料乙醇产业复杂，粮食燃料乙醇产业的困难主要体现在原材料的成本问题上，而非粮燃料乙醇产业除面临上述生产成本过高的问题之外，还存在原材料供应不足的问题。

在 1.5 代非粮燃料乙醇方面，虽然企业在生产技术上已经趋于成熟，使用甘薯、木薯等生产燃料乙醇也初具规模，但国内发展非粮燃料乙醇需要遵循“不与粮争地”的原则，因此，生产所需的甘薯、木薯等原材料长期供应不足。为此，企业不得不寻求在海外种植该类原材料。国外廉价的土地和劳动力成本，导致通过该方式获取原材料木薯的总成本低于从国内直接购买木薯的成本，也低于在国内开发边际土地生产木薯的成本。尽管如此，在国外生产木薯依然会产生较高的运输成本。目前，A 企业所在地区木薯等原材料供应不足的原因主要是用以种植该类能源作物的边际土地开发难度大，且位于边远的山区，交通运输成本高。而政府没有针对开发、种植边际土地的补贴，企业也没有投入大量资金开发该类土地的动力，加上政府没有给予农民种植该类作物的补贴，农民的种植积极性也不高。目前，A 企业所在地正在被利用的边际土地基本位于该企业附近，且利用这部分土地种植能源作物系企业行为，政府未提供作物种植或土地利用方面的补贴，也没有进一步主导开发利用边际土地的计划。据了解，由于该企业目前木薯燃料乙醇生产技术成熟，如果其能够以较低成本开发边际土地或者直接以较低价格从农民那里购买该类非粮能源作物用以生产 1.5 代非粮燃料乙醇，那么企业在短期内可增加大量产能，并以更快的速度淘汰粮食乙醇生产项目。

在 2 代纤维素燃料乙醇方面，A 企业在生产技术上已经较为成熟，并通过多年来的生产研发大幅降低了生产成本。事实上，A 企业所在地为农业大市，具有发展 2 代非粮燃料乙醇产业的天然条件。这里每年的秸秆产量可达千万吨，蕴藏着巨大的能源潜能，但政府针对当地秸秆用作燃料乙醇生产的各个环节均没有给予政策支持。此外，A 企业还与当地秸秆发电厂存在秸秆回收的竞争关系，而秸秆用作发电不仅技术含量不及生产乙醇，从资源综合利用角度来讲也远不及生产燃料乙醇。即便如此，有些地区政府却没有在秸秆利用方面给予 A 企业补贴，而是给予该秸秆发电厂一定的补贴，且有些地区的秸秆发电厂不仅有国家的财政补贴，还有省级财政补贴，这无疑会进一步降低企业在收购秸秆方面的竞争力，增加原材料获取成本，加重企业负担。目前，在秸秆的供给端，农民出售秸秆亦不会获得任何补贴，且与企业之间没有交易中介，直接由企业和农民交易。对于农民而言，各户秸秆数量有限，自主运输秸秆同企业交易的成本过高，加上该地区留守农村的多为老人和小孩，多数家庭没有足够的劳动力将秸秆运至企业或秸秆回收点，且农民在农忙时节也无暇出售相对于粮食而言较为廉价的秸秆。堆积的秸秆因此无法被合理利用，有的农民半夜私自焚烧秸秆，造成空气污染，或者将秸秆随意堆积阻塞水渠、水道，造成生态环境破坏。为此，各级乡（镇）政府不得不耗费大量的人力、物力和财力以杜绝该类情况发生。若将基层政府为杜绝秸秆焚烧所花费的财政投入直接补贴给农民，鼓励其出售秸秆，则很可能不会出现上述不规范处理秸秆的行为。

总结来看，政府在非粮燃料乙醇发展方面，未能出台相应政策保障原材料的充分供应，具体而言，政府对于原材料种植所涉及的资本和土地这两大基本投入要素均没有对应的支持政策。此前提出的政策情境 S2（对非粮作物种植业进行投资补贴，涵盖低息贷款、生产补贴、农机购买补贴、农业基础设施改造资金补贴等）和政策情境 S3（对非粮作物种植业给予边际土地利用补贴，主要体现为边际土地低价承包、复垦资金补贴等）则分别在资本和土地层面弥补了非粮燃料乙醇产业支持政策的不足，可以帮助非粮燃料乙醇产业解决原材料供应不足问题，进而帮助企业降低非粮燃料乙醇生产成本，加快我国燃料乙醇产业向“非粮”的过渡。对于上述当地存在的 2 代纤维素燃料乙醇原材料获取难、秸秆回收机制不完善等问题，第 6 章设计的各项政策情境中均未能涉及。因此，政策情境 S2 和 S3 所涉及政策均为有效政策，但需要进一步补充完善。

3. 政策情境 S4 和 S5

除了上述针对生产过程的财税政策支持强度不足外，在市场销售方面，截至 2019 年，我国燃料乙醇定价仍按照 93 号汽油的出厂价乘以 0.911 1。这样的定价机制存在较大问题。首先，市场上汽油的价格是浮动的，主要同国际原油市场挂钩。而国家设定燃料乙醇与汽油价格之间 0.911 1 的固定价格系数主要是为了保障汽油销售商的收益，然而在国际油价持续波动的情况下，燃料乙醇生产企业不得不承担油价下跌的风险。因此，对于燃料乙醇生产商来说，燃料乙醇作为清洁能源在市场上不仅没有相对于传统汽油的售价优势，更要承担传统汽油的价格波动风险，从而无法激发企业的生产积极性。此外，从生产成本来看，2016 年，A 企业生产过程使用的原材料价格大约为 2 000 元/吨，每生产 1 吨燃料乙醇需要消耗大约 3 吨的原材料，即单纯的原材料成本就达到 6 000 元/吨左右，而目前燃料乙醇的销售价格约为 5 600 元/吨，即该企业燃料乙醇的销售收入甚至无法覆盖原材料成本。另外，尽管近年来该企业生产成本处于不断上升的趋势，但当前的定价机制使得其无法在生产成本不断上升的情况下提升燃料乙醇的售价以弥补生产成本上升带来的损失，导致该企业当前处于严重亏损状态，依靠以前的收益积累才得以继续维持生产和经营。国家设定当前这一定价机制的另外一个出发点是保证乙醇汽油的市场售价与普通汽油大致相当，使消费者不必承担更高的油价，从而维持消费者的使用积极性，这与国家并没有特定针对消费者的消费补贴政策有关，因此，国家需要通过这一定价机制来保证销售和消费，但最终的风险和成本转移给了燃料乙醇生产企业。

政府设定上述燃料乙醇的定价机制主要是为了保障汽油销售商的收益，但是如果因此损害了燃料乙醇生产企业的利益，则与国家发展燃料乙醇这种清洁能源的初衷不符。事实上，政府可通过其他市场和行政手段保障汽油销售商的收益，同时达到促进燃料乙醇汽油消费、加快燃料乙醇汽油推广试点的目的。第 6 章提出的政策情境 S4（对燃料乙醇消费进行补贴，在未实施乙醇汽油封闭运行的地区开展燃料乙醇消费补贴，通过价格补贴方式促进燃料乙醇推广）和政策情境 S5（提高汽油消费税税率），均可达到提高燃料乙醇市场竞争力从而扩大需求的目的，同时，通过提高汽油消费税税率所获得的额外财政收入可用于在燃料乙醇价格较高的时候补贴给石油公司和石化公司，保障其正常收益和销售积极性。因此，政策情境 S4 和 S5 所涉及政策均为有效政策，但当前燃料乙醇定价机制存在的各项问题亟待解决，各政策情境均未涉及，因此相关政策仍需进一步完善。7.3 节将对所述的各项政策情境进行补充和扩展，提出中国燃料乙醇产业发展的政策建议。

7.3 中国燃料乙醇产业发展的政策建议

基于前述分析，本书对中国燃料乙醇产业发展的政策建议总结如下，详细列示见表 7-1。

表 7-1 本书对中国燃料乙醇产业发展的政策建议汇总表

阶段	环节	政策建议
生产端政策	原材料生产供应环节	（1）对当地边际土地进行经济效益评估，选择最佳种植地点并出资主导边际土地的开垦、复垦工作 （2）针对 1.5 代非粮燃料乙醇原材料甘薯及木薯的种植提供低息贷款或资金支持，并对该类作物的种植提供补贴 （3）针对 2 代纤维素燃料乙醇原材料秸秆的回收利用提供财政补贴，促进完善秸秆回收产业链
	燃料乙醇生产企业生产环节	（1）恢复针对粮食燃料乙醇生产的补贴，依据各企业成本情况提供不同的补贴额度，针对各企业补贴额度的设定以保证企业不致亏损为前提 （2）恢复并提高针对非粮燃料乙醇生产的补贴，根据各主要企业当年非粮燃料乙醇的生产经营情况由政府统一设定补贴额度。该额度需保障多数企业生产、销售非粮燃料乙醇存在 5%左右的利润 （3）针对企业更新非粮燃料乙醇生产线提供低息贷款或资金支持，针对 2 代纤维素燃料乙醇生产技术研发提供资金支持

续表

<table>
<tr><th>阶段</th><th>环节</th><th>政策建议</th></tr>
<tr><td>生产端政策</td><td>燃料乙醇价格结算环节</td><td>（1）取消燃料乙醇生产企业与石油公司现有燃料乙醇价格结算机制，由燃料乙醇生产企业以保障收益为原则自主设定燃料乙醇售价
（2）针对石油公司提供补贴，在燃料乙醇价格较高情况下保障石油公司的收益</td></tr>
<tr><td rowspan="3">消费端政策</td><td>市场推广环节</td><td>（1）进一步扩大试点地区范围，直至在全国推广燃料乙醇汽油</td></tr>
<tr><td>市场销售环节</td><td>（1）提高普通汽油消费税率
（2）在部分地市试点的省（区、市）针对燃料乙醇汽油的消费提供价格优惠</td></tr>
<tr><td>燃料乙醇添加比例</td><td>（1）在现有试点地区适当提高汽油中燃料乙醇的添加比例
（2）鼓励并通过科研项目支持新型燃料乙醇驱动汽车的研发和生产，率先在一些地区进行新型燃料乙醇驱动汽车的试点
（2）对消费者购买新型燃料乙醇驱动汽车提供补贴或减免增值税</td></tr>
</table>

7.3.1 提供差异化补贴和资金支持

首先，在粮食燃料乙醇生产补贴方面，当前各大企业仍主要生产粮食燃料乙醇，完全取消粮食燃料乙醇的补贴将导致企业出现亏损，从而会使企业主动降低产量，这样一来国内燃料乙醇市场的供需将出现缺口，进一步推广试点的难度将加大。因此，当前彻底取消粮食燃料乙醇生产的补贴还为时尚早，《生物质能发展“十三五”规划》中虽然重新提出发展粮食燃料乙醇产业，但未提出具体的支持政策。因此，政府可以考虑恢复针对粮食燃料乙醇生产的补贴，但是额度不宜过高，由于目前国内各大企业粮食燃料乙醇的生产技术和成本相差不大，针对粮食燃料乙醇生产可以考虑早期的保障一定收益率的浮动补贴方式，而补贴额度的设定主要保证粮食燃料乙醇生产企业不亏损，这样一来，企业既不会因为亏损降低产量，也没有进一步扩大粮食乙醇产能的积极性，从而保障了粮食的安全问题。其次，针对非粮燃料乙醇生产，则应当给予其高额的财政补贴。一方面，补贴金额应该足以调动企业扩大非粮燃料乙醇（特别是纤维素燃料乙醇）生产的积极性，并保障企业在生产非粮燃料乙醇方面能够获利，这样一来，生产粮食燃料乙醇的收益情况将不及生产非粮燃料乙醇,企业发展非粮燃料乙醇的积极性将大大提高。另一方面，由于目前国内几家燃料乙醇生产企业的非粮燃料乙醇生产成本差异较大，保障收益率为目的的浮动补贴将降低企业改进生产技术的积极性，也给政府带来较重的财政负担，因此，针对非粮燃料乙醇生产可采取定额补贴，不论企业生产成本如何，一律给予一个相对高额的生产补贴，如此一来，生产成本较高的企业将会改造生产技术和设备来降低成本，从而主动提高收益率。

此外，虽然《生物质能发展“十三五”规划》重新提出发展粮食燃料乙醇，但结合该规划及近几年国家在能源政策方面出台的一系列相关文件来看，政府在生物质能源方面坚持发展非粮燃料乙醇的基本原则没有改变。该规划虽提出重新针对粮食燃料乙醇提供生产补贴的政策建议，但主要目的是在不断扩大国内试点范围的背景下，保障燃料乙醇的充足供应。对于企业而言，无论是近期还是中长期，仍要坚持提高非粮燃料乙醇产能，逐步扩大产量中非粮燃料乙醇的比重，有步骤、阶段性地淘汰粮食燃料乙醇产能。这就需要企业在增加投入扩大产能的同时，还要投入一部分资金进行生产设备的更新改造。对此，一方面，政府可以要求银行给予这些企业低息贷款，另一方面再配合适当的固定资产投资补贴，以促进企业加快向非粮燃料乙醇生产转换的步伐。最后，国内2代非粮燃料乙醇的生产成本仍居高不下，主要原因是生产技术尚不成熟。而技术的进步需要前期大量的研发投入，这对于收益率本就不高的燃料乙醇生产企业而言负担较重，为鼓励企业加大研发投入，一劳永逸地解决生产成本问题，政府也需要在企业的科技研发方面提供一定的资金支持，并鼓励企业间的科研合作，出台相应的成果奖励机制。

7.3.2 保障原料的充足供应

首先，由于燃料乙醇生产企业需逐步向非粮燃料乙醇生产过渡，短期内以发展1.5代非粮燃料乙醇为主，并逐步向2代纤维素燃料乙醇过渡，因此，国内对于用以生产1.5代非粮燃料乙醇的甘薯及木薯等原料的需求必将不断增加。虽然相关企业可以在海外承包土地种植木薯等，但若将生产转移到国内，不仅能够拉动国内就业、增加农民收入，还可以促进国内土地资源的充分利用，一定程度上能缓解耕地紧张的压力。另外，农民或企业种植、生产非粮作物需要一定的初期投入，如购买农机设备、承包土地、雇用劳动力等，政府可对该类初期投入提供低息贷款或资金支持，从而促进生产的顺利开展和进行。政府可对种植并出售该类作物的企业或农民提供生产补贴或实施最低收购价格，以调动农民积极性。其次，政策情境 S3 强调给予边际土地利用的补贴，以及承包优惠、复垦补贴等，其政策实施对象仍为企业或个人，然而我们在调研过程中了解到，边际土地的开垦、复垦工作需要大量的前期资金投入，而农民一般无法承受这部分资金投入，企业也难有这样的积极性。为此，我们对政策情境 S3 进行调整，即我们认为开垦、复垦边际土地的工作需要由政府出资或主导来完成，但由于我国边际土地分布广泛，差异很大，在此之前各地政府需要对本地边际土地的开垦、复垦成本进行评估，选择最佳复垦地。

此外，政府应该新增针对2代纤维素燃料乙醇在原料回收利用方面的补贴政策。结合前面提到的秸秆获取难度高、获取数量少等问题，我们认为政府可以考虑对秸秆的回收利用进行补贴，将补贴直接给提供秸秆的农民，并鼓励地方企业投资成立秸秆回收的中介公司，最终达到“农民愿意卖、中介愿意收、企业愿意买”的政策效果，使秸秆回收业成为一条成熟的产业链，达到各方增收、充分利用的目的。

7.3.3 保障燃料乙醇汽油的市场销售及市场需求水平

首先，结合上述燃料乙醇定价机制存在的问题，我们认为政府可以取消这一强制性政策，让燃料乙醇生产企业在燃料乙醇的售价方面有更多的话语权。具体做法为，让燃料乙醇企业依照成本情况设定燃料乙醇的销售价格，以保证企业一定的收益率。若燃料乙醇生产企业出售给石油公司和石化公司的燃料乙醇价格高于同等体积的普通汽油，则这样的售价将导致石油公司和石化公司的利益受损，并降低其向市场正常销售燃料乙醇汽油的积极性。为此政府应当根据燃料乙醇的售价情况对石油公司和石化公司提供补贴。其次，对于消费者而言，在试点阶段如果两种汽油售价相同，更多消费者会倾向于添加普通汽油，尤其是在部分地市试点的地区，住在两市交界处附近的居民可能会前往相邻的未试点的地区加油，因此，政府也应当在试点过程中针对燃料乙醇汽油的消费提供补贴。目前，国内的试点地区分为封闭试点及部分试点两类，因此可针对这两类地区设置不同的消费端补贴政策。一方面，对于全省范围封闭试点燃料乙醇汽油的地区，当地居民使用燃料乙醇汽油的时间较长，相对于那些刚开始试点或暂未试点地区的居民而言，他们对该类汽油有更充分的了解和更高的接受度，因此仍采取原定价策略，即该类地区燃料乙醇的定价方式不做调整。另一方面，对于部分地区试点燃料乙醇汽油的省（区、市），对燃料乙醇汽油实施销售价格的优惠不仅有利于在本地市的顺利推广，甚至可能促使周边暂未试点的地市积极加入试点当中，这具体取决于车用燃料乙醇汽油的价格优惠程度，因此，政府可在该类地区针对燃料乙醇汽油的消费提供一定的价格优惠。此外，对于普通汽油，政府可相应提高其消费税税率，以降低其市场竞争力，间接扩大燃料乙醇汽油的市场需求水平。同时，政府新增的这部分财政收入可以用于上述的针对石油公司和石化公司的销售补贴和对燃料乙醇汽油的消费补贴。经过上述政策调整，不仅燃料乙醇生产企业的收益更加稳定，石油公司和石化公司的供货积极性也将得到保障，只是普通汽油的售价会相对提高，但这也将促进消费者转向使用燃料乙醇汽油，使得我国燃料乙醇扩大试点的工作进展更加顺利。

7.3.4 扩大燃料乙醇添加比例

为充分激发国内车用乙醇汽油需求潜力，首先，需要进一步扩大试点地区的范围。根据前文提到的我国出台的多项政策文件和指示，目前政府已决定大幅度扩大燃料乙醇试点，并计划在 2020 年实现在全国推行车用乙醇汽油。但推广试点工作可能会面临一些来自市场和销售商的抵触，为此，政府在推广过程中也应当注重信息与劝解等混合性工具的使用，加大政策和科普宣传，疏通沟通渠道，保障试点推广工作的顺利开展。其次，车用乙醇汽油消费市场较为特殊，推广地区的范围和添加比例共同决定需求量，因此，可以同时从这两个方面入手，即除了扩大试点范围以外，还可增加燃料乙醇在汽油中的添加比例。目前，美国、巴西等国家都已研发并推广了可使用较高比例车用乙醇汽油的汽车，若仿效美国和巴西的经验，大幅提高燃料乙醇在汽油中的添加比例，则国内对燃料乙醇汽油的需求量会迅速上升。为此，我们建议国家在某些地区率先进行新型燃料乙醇汽油驱动汽车的试点，可设定不同的添加比例，并逐步推广，同时，对该类汽车提供购买补贴或税收优惠，并针对添加高比例燃料乙醇的汽油提供更大的售价优惠。

参考文献

蔡海龙，王秀清. 2013. 美国燃料乙醇产量快速增长的原因及对国际玉米市场的影响. 中国农业大学学报，（12）：127-132.

蔡庆丽. 2015. 车用乙醇汽油与大气环境保护. 百色学院学报，28（3）：86-91.

曹俐. 2016. 我国液态生物质燃料补贴政策效应评价研究. 经济问题，（4）：63-68.

曹俐，吴方卫. 2011a. 欧盟生物燃料补贴政策演进、经验与启示. 经济问题探索，（10）：175-181.

曹俐，吴方卫. 2011b. 巴西支持生物燃料乙醇发展的经验借鉴. 经济纵横，（7）：100-102.

陈恒钧，黄婉玲. 2004. 台湾半导体产业政策之研究：政策工具研究途径. 中国行政，（75）：1-28.

陈俊任，陈清. 2017. 中国燃料乙醇行业健康发展途径探析. 国际石油经济，25（4）：50-52.

陈世忠，张丙龙，梅永刚，等. 2012. 木薯燃料乙醇全生命周期 CO_2 排放分析——以循环经济为基础. 食品与发酵工业，38（6）：144-147.

陈锡康，杨翠红，等. 2011. 投入产出技术. 北京：科学出版社.

陈瑜琦，李秀彬，盛燕，等. 2010. 发展生物能源引发的土地利用问题. 自然资源学报，25（9）：1496-1505.

陈振明. 2004. 政府工具研究与政府管理方式改进——论作为公共管理学新分支的政府工具研究的兴起、主题和意义. 中国行政管理，（6）：43-48.

程序. 2009. 生物质能与节能减排及低碳经济. 中国生态农业学报，17（2）：375-378.

仇焕广，黄季焜. 2008. 全球生物能源发展及对农产品价格的影响. 世界环境，（4）：19-21.

邓祥征. 2011. 环境 CGE 模型及应用. 北京：科学出版社.

杜婧，2016. 价格视角下生物燃料乙醇发展与粮食供应安全关系分析. 北京林业大学硕士学位论文.

杜婧，王磊，顾蕾，等. 2016. 美国生物燃料价格与农作物价格内生性及其互动影响. 浙江农林大学学报，33（6）：1073-1077.

范必. 2015. 乙醇汽油补贴，应优化而非取消. 环境经济，（11）：17.

范英. 2016. 乙醇汽油消费补贴对居民燃料消费的影响——从粮食原料到非粮原料转变的模拟研究. 粮食经济研究，（2）：39-50.

范英，吴方卫，胡军辉. 2012. 网络外部性、市场后入与政府补贴——对乙醇汽油推广的策略分析. 中国经济问题，(1)：13-21.
费华伟，王利宁，赫春燕，等. 2017. 中国燃料乙醇发展现状及对石油行业的影响. 国际石油经济，25（11）：40-44.
冯文生，张天云，杨国勋. 2013. 世界生物燃料乙醇发展现状及预测. 现代化工，33（8）：18-20.
付畅，吴方卫. 2014. 我国燃料乙醇的生产潜力与发展对策研究. 自然资源学报，(8)：1430-1440.
付青叶. 2011. 生物燃料发展对中国粮食安全的影响研究. 西北农林科技大学博士学位论文.
高德健，张兰，张彩虹. 2015. 世界生物燃料乙醇的发展对我国玉米价格的影响分析. 林业经济，（4）：19.
郭晓丹，何文韬. 2011. 战略性新兴产业政府 R&D 补贴信号效应的动态分析. 经济学动态，(9)：88-93.
郭孝孝，罗虎，邓立康. 2016. 全球燃料乙醇行业进展. 当代化工，45（9）：2244-2248.
国家发展和改革委员会. 2007. 可再生能源中长期发展规划. 可再生能源，25（6）：1-5.
国家统计局. 2010. 中国能源统计年鉴（2010）. 北京：中国统计出版社.
国家统计局. 2017. 中国统计年鉴（2016）. 北京：中国统计出版社.
国家统计局. 2018. 中国统计年鉴（2018）. 北京：中国统计出版社.
郝瀚，王贺武，欧阳明高. 2011. 中国乘用车与商用车保有量预测. 清华大学学报(自然科学版)，(6)：868-872.
何建武，李善同. 2009. 节能减排的环境税收政策影响分析. 数量经济技术经济研究，(1)：31-44.
何蒲明，黎东升. 2011. 利用边际性土地发展生物能源：基于粮食安全的视角. 农业经济，(6)：51-53.
何淑芳，孙君社，苏东海. 2005. 燃料乙醇在中国发展利用. 食品科学，26（S1）：166-169.
河南省统计局. 2018. 河南统计年鉴（2018）. 北京：中国统计出版社.
胡少雄. 2014-08-11. 中国燃料乙醇生产因地制宜　走“非粮化”道路. http://cn.chinagate.cn/news/2014-08/11/content_33202366.htm.
花飞，曹孙辉，龚朝兵，等. 2018. 全面推广乙醇汽油对炼厂的影响与应对探讨. 石油化工技术与经济，34（1）：1-4.
黄季焜，仇焕广，Michiel，等. 2009. 发展生物燃料乙醇对我国区域农业发展的影响分析. 经济学（季刊），8（2）：727-742.
黄梦华. 2011. 中国可再生能源政策研究. 青岛大学硕士学位论文.
贾科华. 2015-10-26. 燃料乙醇遭遇推广难题. 中国能源报，第三版.
靳胜英，孙守峰，宋爱萍，等. 2011. 我国非粮燃料乙醇的原料资源量分析. 中外能源，16(5)：40-45.
景春梅. 2016. 扩大推广乙醇汽油. 宏观经济管理，(10)：29-32.
景永静. 2009. 国际生物能源发展背景下中国生物能源发展研究. 郑州大学硕士学位论文.

亢霞，刘丹妮，张庆，等. 2016. “去库存”背景下的玉米价格政策改革建议. 价格理论与实践，（1）：84-86.

兰肇华. 2009. 生物燃料发展及其影响研究. 武汉理工大学博士学位论文.

李顶杰，李振友，朱建军，等. 2017. 我国燃料乙醇产业发展现状与机遇. 中国石油和化工经济分析，（8）：50-53.

李红强，王礼茂. 2012. 中国发展非粮燃料乙醇减排 CO_2 的潜力评估. 自然资源学报，27（2）：225-234.

李丽萍，侯平，王庆生，等. 2015. 我国车用替代燃料发展对汽柴油市场的影响研究. 科技展望，（14）：218-219.

李萌. 2012. 我国生物燃料乙醇产业发展政府规制研究. 东北农业大学硕士学位论文.

李先德，王士海. 2009. 国际粮食市场波动对中国的影响及政策思考. 农业经济问题，30（9）：9-15.

李小环，计军平，马晓明，等. 2011. 基于 EIO-LCA 的燃料乙醇生命周期温室气体排放研究. 北京大学学报（自然科学版），47（6）：1081-1088.

李晓俐. 2012. 防止耕地流转中的“非粮化” 确保我国粮食安全. 粮食问题研究（4）：41-43.

李志军. 2008. 生物燃料乙醇发展现状、问题与政策. 中国生物工程杂志，28（7）：139-142.

刘丹妮，亢霞，钟昱. 2017. 关于玉米去库存路径选择的思考——基于加工视角. 农业经济，（2）：64-67.

刘仕华，张辉耀，胡国松. 2005. 中国石油进口安全浅析. 石油化工技术经济，（3）：14-17.

刘险峰，刘纯阳. 2014. 粮食安全视角下生物燃料产业的规制和激励政策. 文史博览（理论），（11）：62-63.

刘钺，杜风光. 2014. 加快我国纤维乙醇产业发展的建议. 生物技术进展，（5）：305-309.

刘钺，杜风光. 2016. 燃料乙醇在我国油品升级中的替代研究. 酿酒科技，（10）：37-39.

刘钺，杜风光. 2018. 中国燃料乙醇发展面临的困难及建议. 酿酒科技，（3）：129-135.

路明. 2004. 巴西甘蔗作物的燃料酒精转化和对我国发展燃料酒精的启示. 作物杂志，（5）：1-4.

栾相科. 2015. 燃料乙醇：消化“问题粮食”不会影响粮食安全. 中国战略新兴产业，（17）：40-42.

罗慧芳. 2015. 中国燃料乙醇产业竞争力及发展政策研究. 中国化工贸易，7（33）：48.

吕天文. 2009. 中国新能源行业分析与展望. 电器工业，（9）：24-25.

马世博，王福志，苏方旭. 2016. 生物乙醇汽油的可替代性研究. 小型内燃机与车辆技术，45（5）：12-16.

米多. 2017. 国内外芳烃生产情况及市场供需价格分析. 化学工业，35（5）：59-64.

南阳市统计局. 2018. 南阳统计年鉴（2018）. 北京：中国统计出版社.

倪红艳. 2012. 中国发展生物燃料乙醇及其对玉米市场的影响研究. 南京航空航天大学硕士学位论文.

庞军，石媛昌. 2005. 可计算一般均衡模型理论、特点及应用. 学术论坛（理论月刊），（3）：51-53.

庞军，傅莎. 2008. 环境经济一般均衡分析——模型、方法及应用. 北京：经济科学出版社.
宋雪燕. 2010. 生物燃料乙醇进展研究. 中小企业管理与科技（下旬刊），（5）：258-259.
苏会波，林海龙，李凡，等. 2015. 乙醇汽油对减少机动车污染排放的机理研究与分析. 环境工程学报，9（2）： 823-829.
苏明，傅志华，牟岩. 2006. 支持节能的财政税收政策建议. 经济研究参考，（14）：42-52.
孙凤莲，王雅鹏，王薇薇. 2009. 生物燃料乙醇发展与粮食安全的关联度分析. 林业经济，（3）：51-54，64.
孙林. 2011. 汽车相关能源、环境和交通政策研究——混合 CGE 模型的构建和应用. 上海：上海社会科学院出版社.
孙陆晶. 2011. 燃料乙醇产业前景. 化学工业，（1）：8-12.
孙庆丰. 2013. 生物质资源发展现状与前景分析. 石油石化节能与减排，3（1），1-6.
谭显平. 2004. 能源甘蔗——生产燃料酒精的最佳原料. 亚热带农业研究，11（2）：30-32.
童锦治，沈奕星. 2011. 基于 CGE 模型的环境税优惠政策的环保效应分析. 2011，（5）：33-40
王佳臻，赵广，郭旭青. 2017. 国内燃料乙醇的发展现状及展望. 山西化工，37（5）：66-68.
王舒娟. 2015. 生物燃料与粮食之争——以美国为例. 粮食经济研究，（2）：92-102.
韦佳培. 2014. 利用制糖废弃物生产生物质乙醇的经济价值研究. 经济与社会发展，12（3）：45-47.
韦永贡. 2012. 我国燃料乙醇的发展与对策. 轻工科技，（7）：145-147.
魏庆安. 2018. 浅析燃料乙醇与玉米产业的发展关系. 农场经济管理（3）：19-20.
魏巍贤. 2009. 基于 CGE 模型的中国能源环境政策分析. 统计研究，26（7）：3-12.
文杰. 2011. 支持新能源产业发展的税收政策探讨. 税务研究，（5）：16-20.
吴昱，边永民. 2013. 新能源产业链激励政策及其补贴合规性——以太阳能光伏产业为例. 求索，（4）：1-4.
向丽. 2011. 世界生物燃料发展与粮食安全保障的兼容性分析——基于土地的视角. 世界经济与政治论坛，（5）：42-54.
向丽. 2017. 生物燃料补贴政策的国际比较分析与启示. 黑龙江科学，8（16）：146-147.
向丽，钟飚. 2016. 土地约束下我国生物燃料发展的作物选择与潜力分析. 南京工业大学学报（社会科学版），15（3）：86-91.
向涛，李凯. 2014. 生物燃料替代化石燃料的影响因素研究——基于能源、粮食、环境视角的跨国面板数据分析. 生态经济，30（12）：42-44.
谢铭，李肖. 2010. 广西木薯生物燃料乙醇产业发展分析. 江苏农业科学，（3）：471-474.
邢斐，吴晓杰，易文钧. 2016. 生物燃料乙醇产业发展的影响因素研究——基于美国月度数据的 var 模型分析. 工业技术经济，35（7）：11-18.
徐宝国. 2016. 浅析燃料乙醇的原料及生产技术效益分析. 化工管理，（36）：92-92.

严良政，张琳，王士强，等. 2008. 中国能源作物生产生物乙醇的潜力及分布特点. 农业工程学报，24（5）：213-216.

杨昆，黄季焜. 2009. 以木薯为原料的燃料乙醇发展潜力：基于农户角度的分析. 中国农村经济，（5）：14-25.

杨岚，毛显强，刘琴，等. 2009. 基于 CGE 模型的能源税政策影响分析. 中国人口・资源与环境，19（2）：24-29.

于斌，孙振江，佟毅. 2018. 陈化水稻生产燃料乙醇发展趋势和现状. 中国酿造，（2）：19-23.

庾晋. 2008. 生产燃料乙醇的主要原料及经济性分析. 太阳能，（8）：14-15.

曾晓安. 2012. 巴西燃料乙醇产业发展情况考察. 中国财政，（4）：73-74.

詹啸. 2012-04-11. 巴西燃料乙醇产业概述. 期货日报，第四版.

张成福，党秀云. 2001. 公共管理学. 北京：中国人民大学出版社.

张国刚，孔凡涛. 2016. 对如何高效解决我国玉米库存问题的思考. 黑龙江粮食，（5）：7-8.

张国相，吴青. 2018. 发展乙醇汽油对炼油企业的影响刍议. 无机盐工业，（1）：16-19.

张锦华，吴方卫，沈亚芳. 2008. 生物质能源发展会带来中国粮食安全问题吗?——以玉米燃料乙醇为例的模型及分析框架. 中国农村经济（4）：4-15.

张君，刘德华. 2004. 世界燃料酒精工业发展现状与展望. 酿酒科技，（5）：118-121.

张坤，喻瑶，刘小帆. 2010. 能源作物与土地能源功能的分析与探讨. 农学学报，（1）：9-11.

张帅. 2017. 巴西乙醇燃料发展的历史、特点及对中国的启示. 西南科技大学学报（哲学社会科学版），34（2）：11-18.

张宪昌. 2014-07-21. 新能源政策的立法演进. 学习时报，第二版.

赵永，王劲峰. 2008. 经济分析 CGE 模型与应用. 北京：中国经济出版社.

赵勇强，王仲颖，张正敏. 2011. 中国生物燃料发展战略和政策探讨. 国际石油经济，19（7）：24-30.

赵子健，赵旭. 2012. 非线性投入产出关系的可再生能源电力补贴政策研究. 生态经济，（12）：124-127.

郑国富. 2019. 中国原油进口贸易发展的现状、问题及完善——以 2001-2018 年数据为例. 对外经贸实务，（5）：72-74.

中国石油集团经济技术研究院. 2018. 2017 年国内外油气行业发展报告. 北京：石油工业出版社.

周瑜. 2017. 中国发展生物燃料乙醇对粮食市场的影响研究. 南京航空航天大学硕士学位论文.

朱青. 2017. 我国液体生物燃料的经济性研究. 当代石油石化，（12）：5-10.

朱永彬，刘晓，王铮. 2010. 碳税政策的减排效果及其对我国经济的影响分析. 中国软科学，（4）：1-9.

Adelman I, Robinson S. 1978. Income Distribution Policy in Developing Countries：A Case of Korea. Oxford：Oxford University Press.

Allan G, Hanley N, McGregor P, et al. 2007. The impact of increased efficiency in the industrial use of energy: a computable general equilibrium analysis for the United Kingdom. Energy Economics, 29 (4): 779-798.

Amato F, Matoso F. 2015-03-04. Mistura de etanol na gasolina sobe para 27% a partir de 16 de março. http://g1.globo.com/economia/noticia/2015/03/mistura-de-etanol-na-gasolina-sobe-para-27-partir-de-16-de-marco.html.

Ando A W, Khanna M, Taheripour F. 2010. Market and social welfare effects of the renewable fuels standard//Khanna M, Scheffran J, Zilberman D. Handbook of Bioenergy Economics and Policy. New York: Springer: 233-250.

Arndt C, Benfica R, Tarv F, et al. 2009. Biofuels, poverty, and growth: a computable general equilibrium analysis of Mozambique. Environment and Development Economics, 15 (1): 81-105.

Arrow K J. 1951. An extension of the basic theorems of classical welfare economics//Neyman J. The Second Berkeley Symposium on Mathematical Statistics and Probability. Berkeley: University of California Press: 507-532.

Arrow K J, Debreu G. 1954. Existence of an equilibrium for a competitive economy. Econometrica, 22: 265-290.

Bandara J S. 1991. Computable general equilibrium models for development policy analysis in LDCs. Journal of Economic Surveys, 5 (1): 3-69.

Banerjee O, Alavalapati J R. 2009. Modeling forest sector illegality in a dynamic computable general equilibrium framework: the case of forest concessions in Brazil. The 12th Annual Conference on Global Economic Analysis, Santiago.

Banse M, van Meijl H, Tabeau A, etal. 2008. Will EU biofuel policies affect global agricultural markets? European Review of Agricultural Economics, 35 (2): 117-141.

Basso L C, Basso T O, Rocha S N. 2011. Ethanol production in Brazil: the industrial process and its impact on yeast fermentation. https://www.intechopen.com/books/biofuel-production-recent-developments-and-prospects/ethanol-production-in-brazil-the-industrial-process-and-its-impact-on-yeast-fermentation.

Bataille C, Melton N. 2017. Energy efficiency and economic growth: a retrospective CGE analysis for Canada from 2002 to 2012. Energy Economics, 64: 118-130.

Bergman L. 1990. Energy and environmental constraints on growth: a CGE modeling approach. Journal of Policy Modeling, 12 (4): 671-691.

Bernetti I，Fagarazzi C，Fratini R. 2004. A methodology to anaylse the potential development of biomass-energy sector：an application in Tuscany. Forest Policy and Economics，2004，6（3~4）：415-432.

Bernton H，Kovarik W，Sklar S. 1982. The Forbidden Fuel: Power Alcohol in the Twentieth Century. New York：Boyd Griffin，Inc..

Birur D K，Hertel T W，Tyner W E. 2008. Impact of biofuel production on world agricultural markets：a computable general equilibrium analysis. https://www.gtap.agecon.purdue.edu/resources/download/4034.pdf.

Boeters S，Veenendaal P，Leeuwen N V，etal. 2008. The potential for biofuels alongside the EU-ETS. The 11th Annual GTAP Conference，Helsinki.

Bor Y J，Huang Y. 2010. Energy taxation and the double dividend effect in Taiwan's energy conservation policy：an empirical study using a computable general equilibrium model. Energy Policy，38（5）：2086-2100.

British Petroleum. 2018. Statistical Review of World Energy 2018. British Petroleum.

Britz W，Hertel T W. 2011. Impacts of EU biofuels directives on global markets and EU environmental quality：an integrated PE，global CGE analysis. Agriculture，Ecosystems & Environment，142（1~2）：102-109.

Budimir N J，Jarić M S，Jaćimović B M，etal. 2011. Rectified ethanol production cost analysis. Thermal Science，15（2）：281-292.

Burniaux J M，Truong T. 2002. GTAP-E：an energy-environmental version of the gtap model. GTAP Technical Paper No. 16.

Cabral F J，Cissé F，Diagne A，etal. 2017. Global biofuel production and poverty in Senegal. Economics Bulletin，37（3）：1435-1449.

Chan J H，Reiner D. 2011. Dynamics of evolution in the global fuel-ethanol industry. Electricity Policy Research Group Working Paper.

Chanthawong A，Dhakal S，Kuwornu J K M，et al. 2018-08-02. Impact of subsidy and taxation related to biofuels policies on the economy of Thailand：a Dynamic CGE modelling approach. https://link.springer.com/article/10.1007%2Fs12649-018-0417-4.

Cobuloglu H I，Büyüktahtakın İ E. 2015. Food vs. biofuel：an optimization approach to the spatio-temporal analysis of land-use competition and environmental impacts. Applied Energy，140：418-434.

Collins K. 2008. The role of biofuels and other factors in increasing farm and food prices：a review of recent development with a focus on feed grain markets and market prospects. Working Paper.

Dai H，Masui T，Matsuoka Y，etal. 2011. Assessment of China's climate commitment and non-fossil energy plan towards 2020 using hybrid AIM/CGE model. Energy Policy，39（5）：2875-2887.

Davis G A, Owens B. 2003. Optimizing the level of renewable electric R&D expenditures: using real options analysis. Energy Policy, (15): 1589-1608.

de Lucia C, Bartlett M. 2014. Implementing a biofuel economy in the EU: lessons from the SUSTOIL project and future perspectives for next generation biofuels. Renewable and Sustainable Energy Reviews, 29: 22-30.

Debela G M, Tamiru S. 2016. Biofuels, poverty, food security and growth in Ethiopia: a computable general equilibrium microsimulation analysis//Heshmati A.Poverty and Well-Being in East Africa. Cham: Springer: 241-266.

Debreu G. 1959. Theory of Value: An Axiomatic Analysis of Economic Equilibrium. New York: Yale University Press.

Debreu G, Scarf H. 1963. A limit theorem on the core of an economy. International Economic Review, 4 (3): 235-246.

Decaluwé B, Martens A. 1988. CGE modeling and developing economies: a concise empirical survey of 73 applications to 26 countries. Journal of Policy Modeling, 10 (4): 529-568.

Demirbas A, Sahin-Demirbas A, Demirbas A H. 2004. Global energy sources, energy usage, and future developments. Energy Sources, 26 (3): 191-204.

Dervis K, de Melo J, Robinson S. 1982. General Equilibrium Models for Development Policy. Cambridge: Cambridge University Press.

Dewatripont M, Michel G. 1987. On closure rules, homogeneity and dynamics in applied general equilibrium models. Journal of Development Economics, 26 (1): 65-76.

Dixon P B, Parmenter B R. 1996. Computable general equilibrium modeling for policy analysis and forecasting//Amman H M, Kendrick D A, Rust J. Handbook of Computational Economics. Amsterdam: North-Holand.

Dixon P B, Parmenter B R, Powell A A. 1992. Notes and Problems in Applied General Equilibrium Economics. Amsterdam: North-Holland.

Dixon P B, Osborne S, Rimmer M T. 2007. The economy-wide effects in the United States of replacing crude petroleum with biomass. Energy and Environment, 18 (6): 709-722.

DOE. 2014. U.S. Ethanol Plants, Capacity, and Production. https://afdc.energy.gov/data/.

Doern G B, Phidd R W. 1983. Canadian Public Policy: Ideas, Structure, Process. Toronto: Metheun.

Doumax V, Philip J, Sarasa C. 2014. Biofuels, tax policies and oil prices in France: insights from a dynamic CGE model. Energy Policy, 66: 603-614.

Earth Policy Institute. 2018. World fuel ethanol production, 1975-2012. http://www.earth-policy.org/data_ center/C23.

EIA. 2007. Annual energy outlook 2007: with projections to 2030. https://webarchive.library.unt.edu/eot2008/20090103085519/http://tonto.eia.doe.gov/FTPROOT/forecasting/0383 (2007) .pdf.

EIA. 2018. Fuel Ethanol Overview. https://www.eia.gov/totalenergy/data/monthly/pdf/sec10_7.pdf.

Elbehri A，McDougall R，Horridge M. 2009. A global model for agriculture and bioenergy：application to biofuel and food security in Peru and Tanzania. The International Association of Agricultural Economists Conference，Beijing.

Elmore R F. 1987. Instruments and strategy in public policy. Review of Policy Research，7（1）：174-186.

Farajzadeh Z，Bakhshoodeh M. 2015. Economic and environmental analyses of Iranian energy subsidy reform using computable general equilibrium（CGE）model. Energy for Sustainable Development，27：147-154.

Fujimori S，Hasegawa T，Masui T，etal. 2014a. Land use representation in a global CGE model for long-term simulation：CET vs. logit functions. Food Security，6（5）：685-699.

Fujimori S，Masui T，Matsuoka Y. 2014b. Development of a global computable general equilibrium model coupled with detailed energy end-use technology. Applied Energy，128：296-306.

Galinis A，van Leeuwen M J. 2000. A CGE model for Lithuania：the future of nuclear energy. Journal of Policy Modeling，22（6）：691-718.

Gallagher P W，Shapouri H，Price J，etal. 2003. Some long-run effects of growing markets and renewable fuel standards on additives markets and the US ethanol industry. Journal of Policy Modeling，25（6~7）：585-608.

Gardner B. 2007. Fuel ethanol subsidies and farm price support：boon or boondoggle? Journal of Agricultural & Food Industrial Organization，5（2）：1188.

Ge J. 2011. Impacts of expanding fuel ethanol production on rural economy in China：a computable general equilibrium analysis. Ph.D. Thesis，University of Tsukuba.

Ge J，Tokunaga S. 2009. The impacts of corn-based fuel ethanol development on agriculture in China： a multiplier decomposition within a social accounting matrix（SAM）framework. 日本農業経済学会論文集，農業経済研究（別冊）：425-432.

Ge J，Lei Y，2010. Assessing welfare and growth effects of grain-based fuel ethanol development in China：a general equilibrium framework. Journal of Convergence Information Technology，5（10）：1-8.

Ge J P，Tokunaga S. 2011. Impacts of expanding non-grain-based fuel ethanol on regional equality in China：using a computable general equilibrium model. Proceedings of Japan Society of Regional Science，41（4）：883-896.

Ge J，Lei Y，Tokunaga S. 2014. Non-grain fuel ethanol expansion and its effects on food security：a computable general equilibrium analysis for China. Energy，65：346-356.

Ge J，Lei Y. 2017. Policy options for non-grain bioethanol in China：insights from an economy-energy-environment CGE model. Energy Policy，105：502-511.

Gebreegziabher Z, Mekonnen A, Ferede T, etal. 2013. The distributive effect and food security implications of biofuels investment in Ethiopia: a CGE analysis. Discussion Paper (No. dp-13-02-efd).

Goettemoeller J, Goettemoeller A. 2007. Sustainable Ethanol: Biofuels, Biorefineries, Cellulosic Biomass, Flex-Fuel Vehicles, and Sustainable Farming for Energy Independence. Maryville: Prairie Oak Publishing.

Gorter H, Just D R. 2007. The law of unintended consequences: how the U.S. biofuel tax credit with a mandate subsidizes oil consumption and has no impact on ethanol consumption. Department of Applied Economics and Management Working Paper, Cornell University.

Guivarch C, Hallegatte S, Crassous R. 2009. The resilience of the Indian economy to rising oil prices as a validation test for a global energy-environment-economy CGE model. Energy Policy, 37 (11): 4259-4266.

Gunatilake H, Roland-Holst D, Sugiyarto G. 2014. Energy security for India: biofuels, energy efficiency and food productivity. Energy Policy, 65: 761-767.

Hahn F H. 1962. On the stability of a pure exchange equilibrium. International Economic Review, 3 (2): 206-213.

Hanley N D, McGregor P G, Kim Swales, etal. 2006. The impact of a stimulus to energy efficiency on the economy and the environment: a regional computable general equilibrium analysis. Renewable Energy, 31 (2): 161-171.

Harmelink M, Voogt M, Cremer C. 2006. Analyzing the effectiveness of renewable energy supporting policies in the European Union. Energy Policy, 34: 343-351.

Hausman C, Auffhammer M, Berck P. 2012. Farm acreage shocks and crop prices: an SVAR approach to understanding the impacts of biofuels. Environmental and Resource Economics, 53 (1): 117-136

Havlik P, Schneider U A, Schmid E, et al. 2011. Global land-use implications of first and second generation biofuel targets. Energy Policy, 39: 5690-5702.

Hazell P, Pachauri R K. Bioenergy and Agriculture: promises and challenges. International Food Policy Research Institute, 2020 Focus 14, Washington.

He Y X, Liu Y Y, Du M, etal. 2015. Comprehensive optimization of China's energy prices, taxes and subsidy policies based on the dynamic computable general equilibrium model. Energy Conversion and Management, 98: 518-532.

Hertel T W. 1999. Applied general equilibrium analysis of agricultural and resource policies. Department of Agricultural Economics, Purdue University.

Hertel T W, Beckman J. 2011. Commodity price volatility in the biofuel era: an examination of the linkage between energy and agricultural markets. NBER Working Paper No. w16824.

Hertel T W, Tyner W E, Birur D K. 2008. Biofuels for all? Understanding the global impacts of multinational mandates. GTAP Working Paper.

Hillring B. 1998. National strategies for stimulating the use of bioenergy: policy instruments in Sweden. Biomass and Bioenergy, 14 (5~6): 425-437.

Hood C. 1983. The Tools of Government. London: Macmillan.

Howlett M. 1991. Policy instruments, policy styles, and policy implementation: national approaches to theories of instrument choice. Policy Studies Journal, 19 (2): 1-21.

Howlett M, Ramesh M. 1995. Studying Public Policy: Policy Cycles and Policy Subsystems. New York: Oxford University Press.

Huang M, Alavalapati J R R, Banerjee O. 2012. Economy-wide impacts of forest bioenergy in Florida: a computable general equilibrium analysis. Taiwan Journal of Forest Science, 27: 81-93.

Hudson E A, Jorgenson D W. 1974. U.S. energy policy and economic growth, 1975-2000. The Bell Journal of Economics and Management Science, 5 (2): 461-514.

IRENA. 2018. Renewable energy and jobs: annual review 2018. https://www.irena.org/-/media/Files/IRENA/Agency/Publication/2018/May/IRENA_RE_Jobs_Annual_Review_2018.pdf.

Johansen L. 1960. A Multi-Sectoral Study of Economic Growth. Amsterdam: North-Holland.

Khanna M, Dhungana B, Clifton-Brown J. 2008. Costs of producing miscanthus and switchgrass for bioenergy in Illinois. Biomass and Bioenergy, 32 (6): 482-493.

Kovarik B. 2009. History of biofuels//Singh B P. Biofuels Crops: Production, Physiology and Genetics. Wallingford: CABI Publishing.

Kovarik W. 2008. Ethanol's first century. The XVI International Symposium on Alcohol Fuels, Radford University.

Kretschmer B, Peterson S, Ignaciuk A. 2008. Integrating biofuels into the DART model. Kiel Working Paper No. 1472.

Laird F N, Stefes C. 2009. The diverging paths of German and United States policies for renewable energy: sources of difference. Energy Policy, 37: 2619-2629.

Langeveld J W, Dixon J, van Keulen, etal. 2014. Analyzing the effect of biofuel expansion on land use in major producing countries: evidence of increased multiple cropping. Biofuels, Bioproducts and Biorefining, 8 (1): 49-58.

Legge T. 2008. The potential contricution of biofuels to sustainable development and a low-carbon future. Program Paper of Chatham House.

Leontief W W. 1936. Quantitative input and output relations in the economic systems of the United States. The Review of Economic Statistics, 18 (3): 105-125.

Linder S, Peters G B. 1992. The study of public policy instrument. Policy Current, 2: 2.

Lofgren H，Harris R L，Robinson S，et al. 2002. A standard computable general equilibrium（CGE）model in GAMS. International Food Policy Research Institute，Microcomputer in Policy Research 5，Washington.

Lu C，Zhang X，He J. 2010. A CGE analysis to study the impacts of energy investment on economic growth and carbon dioxide emission：a case of Shaanxi Province in western China. Energy，35（11）：4319-4327.

Lucia L D. 2010. External governance and the EU Policy for sustainable biofuels：the case of Mozambique. Energy Policy，38：7395-7403.

Mabee W E. 2007. Policy options to support biofuel production. Advances in Biochemical Engineering/Biotechnology，1088：329-357.

Macedo I C，Seabra J E，Silva J E. 2008. Green house gases emissions in the production and use of ethanol from sugarcane in Brazil：the 2005/2006 averages and a prediction for 2020. Biomass and Bioenergy，32（7）：582-95.

Mahmood A，Marpaung C O P. 2014. Carbon pricing and energy efficiency improvement-why to miss the interaction for developing economies? An illustrative CGE based application to the Pakistan case. Energy Policy，67：87-103.

Manne A S. 1977. ETA-MACRO：a model of energy economy interactions. Technical Report，Electric Power Research Institute，Palo Alto.

Maricq M M，Szente J J，Jahr K. 2012. The impact of ethanol fuel blends on PM emissions from a light-duty GDI vehicle. Aerosol Science and Technology，46（5）：576-583.

Marouani M A. 2009. Is the end of the MFA a threat? Review of Development Economics，13（1）：99-110.

Martinsen T. 2011. Introducing technology learning for energy technologies in a national CGE model through soft links to global and national energy models. Energy Policy，39（6）：3327-3336.

McKenzie L W. 1959. On the existence of general equilibrium for a competitive market. Econometrica，27（1）：54-71.

Meeraus A. 1983. An algebraic approach to modeling. Journal of Economic Dynamics and Control，5（1）：81-108.

Naqvi F. 1998. A computable general equilibrium model of energy，economy and equity interactions in Pakistan. Energy Economics，20（4）：347-373.

Nkolo J C，Motel P C，Djimeli C G. 2018. Income-generating effects of biofuel policies：a meta-analysis of the CGE literature. Ecological Economics，147：230-242.

Otto V M，Löschel A，Dellink R. 2007. Energy biased technical change：a CGE analysis. Resource and Energy Economics，29（2）：137-158.

Papong S，Rewlay-ngoen C，Itsubo N，etal. 2017. Environmental life cycle assessment and social impacts of bioethanol production in Thailand. Journal of Cleaner Production，157：254-266.

Plevin R J，Beckman J，Golub A A，etal. 2015. Carbon accounting and economic model uncertainty of emissions from biofuels-induced land use change. Environmental science & technology，49（5）：2656-2664.

Posada F，Façanha C. 2015. Brazil passenger vehicle market statistics：international comparative assessment of technology adoption and energy consumption. https://theicct.org/sites/default/files/publications/Brazil%20PV%20Market%20Statistics%20Report.pdf.

Pyatt G，Thorbecke E. 1976. Planning techniques for a better future. International Labor Office，Geneva.

Qiu H，Huang J，Keyzer M，et al. 2011. Biofuel development，food security and the use of marginal land in China. Journal of environmental quality，40（4）：1058-1067.

Rajagopal D，Sexton S E，Roland-Holst D，et al. 2007. Challenge of biofuel：filling the tank without emptying the stomach? Environmental Research Letters，2（4）：44004.

Rajagopal D，Zilberman D. 2008. Review of environmental，economic and policy aspects of biofuels. World Bank Policy Research Working Paper.

Reilly J，Paltsev S. 2008. Biomass bnergy and competition for land. GTAP Working Paper No. 46.

Renewable Fuels Association. 2017. Annual world fuel ethanol production. https://ethanolrfa.org/statistics/annual-ethanol-production/.

Renewable Fuels Association. 2018. Renewable Fuel Association Industry Statistics.

Rico J A P. 2008. Programa de biocombustíveis no brasil e na colômbia：uma análise da implantação，resultados e perspectivas. Doctoral dissertation，Universidade de São Paulo.

Robinson S. 1989. Multisetoral models//Chenery H，Srinivasan T N. Handbook of Development Economies，Vol.II. Amsterdam：Elsevier Science Publishers.

Rosegrant M W. 2008. Biofuels and grain prices：impacts and policy responses. International Food Policy Research Institute.

Round J. 2003. Social accounting matrices and SAM-based multiplier analysis//Bourguignon F，Silva P. The Impact of Economic Policies on Poverty and Income Distribution：Evaluation Techniques and Tools. Washington：World Bank：1-19.

Sajedinia E，Tyner W E. 2017. Use of general equilibrium models in evaluating biofuels policies. 20th GTAP Annual Conference on Global Economic Analysis，West Lafayette.

Sancho F. 2010. Double dividend effectiveness of energy tax policies and the elasticity of substitution：a CGE appraisal. Energy Policy，38（6）：2927-2933.

Scaramucci J A，Perin C，Pulino P，etal. 2006. Energy from sugarcane bagasse under electricity rationing in Brazil：a computable general equilibrium model. Energy Policy，34（9）：986-992.

Scarf H E. 1967. The approximation of fixed points of a continuous mapping. SIAM Journal on Applied Mathematics, 15（5）: 1328-1343.

Schneider A L, Ingram H. 1990. Policy Design: Elements, Premises and Strategies//Stuart S, Nagel N Y. Policy Theory and Policy Evaluation: Concepts, Knowledge, Causes, and Norms. New York: Greenwood Press: 77-78.

Schuenemann F, Thurlow J, Zeller M. 2017. Leveling the field for biofuels: comparing the economic and environmental impacts of biofuel and other export crops in Malawi. Agricultural Economics, 48（3）: 301-315.

Schumacher K, Sands R D. 2007. Where are the industrial technologies in energy-economy models? An innovative CGE approach for steel production in Germany. Energy Economics, 29（4）: 799-825.

Schut M, Slingerland M, Locke A. 2010a. Biofuel developments in Mozambique. Update and analysis of policy, potential and reality. Energy Policy, 38（9）: 5151-5165.

Schut M L W, Bos S, Machuama L, etal. 2010b. Working towards sustainability: learning experiences for sustainable biofuel strategies in Mozambique. http://edepot.wur.nl/133694.

Semboja H H H. 1994. The effects of energy taxes on the Kenyan economy: a CGE analysis. Energy Economics, 16（3）: 205-215.

Shoven J B, Whalley J. 1984. Applied general-equilibrium models of taxation and international trade: an introduction and survey. Journal of Economic Literature, 22: 1007-1051.

Sorda G, Banse M, Kemfert C. 2010. An overview of biofuel policies across the world. Energy Ppolicy, 38（11）: 6977-6988.

Sumathi S, Chai S P, Mohamed A R. 2008. Utilization of oil palm as a source of renewable energy in Malaysia. Renewable and Sustainable Energy Reviews, 12（9）: 2404-2421.

Taheripour F, Birur D K, Hertel T W, etal. 2007. Introducing liquid biofuels into the GTAP data base. GTAP Research Memorandum No. 11, Center for Global Trade Analysis, Purdue University.

Taheripour F, Hertel T W, Tyner W E. 2010. Implications of the biofuels boom for the global livestock industry: a computable general equilibrium analysis. GTAP Working Paper No. 58, Center for Global Trade Analysis, Purdue University.

Taheripour F, Hertel T W, Tyner W E, etal. 2008. Biofuels and their by-products: global economic and environmental implications. The American Agricultural Economics Association Annual Meeting, Orlando.

Taylor L. 1983. Structuralist Macroeconomics. New York: Basil Books.

Timilsina G R, Mevel S. 2014. Biofuels and climate change mitigation //Timilsina G R, Zilberman D. The Impacts of Biofuels on the Economy, Environment, and Poverty. New York: Springer: 111-122.

Timilsina G R，Beghin J C，van der Mensbrugghe，etal. 2010. The impacts of biofuel targets on land-use change and food supply：a global CGE assessment. The World Bank.

Ugarte D，English B，Jensen K，et al. 2006. Economic and agricultural impacts of ethanol and biodiesel expansion. Agricultural Economics Study Report，University of Tennessee.

USDA. 2008. Agricultural Baseline Projections：U.S. Crops，2008-2017. USDA report.

USDA. 2013. Biofuels Annual_Beijing_China-Peoples Republic of_9-3-2015.

USDA. 2016. Biofuels Annual_Beijing_China-Peoples Republic of_9-3-2015.

USDA. 2017a. Biofuels Annual_Beijing_China-Peoples Republic of_9-3-2015.

USDA，2017b. China：Biofuels Annual 2017.

USDA. 2018a. World Agricultural Supply and Demand Estimates.

USDA. 2018b. Brazil Biofuels Annual 2018.

Uyterlinde M A，Junginger M，de Vries J. 2007. Implications of technologicallearning on the prospects for renewable energy technologies in Europe. Energy Policy，（2）：4072-4087.

Vedenov D. Wetzstein M. 2008. Toward an optimal US ethanol fuel subsidy. Energy Economics，30（5）：2073-2090.

Virginie D T，Sarasa C，2018. Looking towards policies supporting biofuels and technological change：evidence from France. Renewable and Sustainable Energy Reviews，94：430-439.

Wald A. 1951. On some systems of equations of mathematical economics. Econometrica，19：368-403.

Wang M，Wu M，Huo H. 2007. Life-cycle energy and greenhouse gas emission impacts of different corn ethanol plant types. Environmental Research Letters，2（2）：1-13.

Wang M, Wu M, Huo H, et al. 2008. Life-cycle energy use and greenhouse gas emission implications of Brazilian sugarcane ethanol simulated with the GREET model. International Sugar Journal，110（1317）：527-545.

Wianwiwat S，Asafu-Adjaye J. 2013. Is there a role for biofuels in promoting energy self sufficiency and security? A CGE analysis of biofuel policy in Thailand. Energy Policy，55：543-555.

Willenbockel D. 2006. Structural effects of a real exchange rate revaluation in China：a CGE assessment. https://mpra.ub.uni-muenchen.de/920/1/MPRA_paper_920.pdf.

Witzke P，Banse M，Gömann H，et al. 2008. Modelling of Energy-Crops in Agricultural Sector Models-A Review of Existing Methodologies. http://ftp.jrc.es/EURdoc/JRC42597.pdf.

Zapata C，Nieuwenhuis P. 2009. Driving on liquid sunshine-the Brazilian biofuel experience：a policy driven analysis. Business Strategy and the Environment，18（8）：528-541.

Zhai F，Hertel T W. 2005. Impacts of the Doha development agenda on China：the role of labor markets and complementary education reforms//Hertel T W，Winters L A. Putting

Development Back into the Doha Agenda：Poverty Impacts of a WTO Agreement. Washington：World Bank：33.

Zhang H. 2004. The impact of China's accession to the WTO on its economy：an imperfect competitive CGE analysis. International Economic Journal，18（1）：119-137.

附　　录

附表 1　燃料乙醇产业发展的政策工具（第一阶段）

工具类别	工具名称	政策内容			
		《车用乙醇汽油使用试点方案》（2002 年）	《车用乙醇汽油使用试点工作实施细则》（2002 年）	《车用乙醇汽油扩大试点方案》（2004 年）	《车用乙醇汽油扩大试点工作实施细则》（2004 年）
自愿性工具					
强制性工具	命令性和权威性工具		黑龙江省试点需要的变性燃料乙醇指定黑龙江省金玉集团公司供应，车用乙醇汽油调合组分油指定中石油所属炼油厂供应，车用乙醇汽油指定中石油车用乙醇汽油调配中心统一调配供应，其他单位一律不得从事车用乙醇汽油的混配及供应工作		黑龙江、吉林、辽宁、河南、安徽 5 省及湖北襄樊、荆门、随州、孝感、十堰、武汉、宜昌、黄石、鄂州 9 个地市，山东济南、菏泽、枣庄、临沂、聊城、济宁、泰安 7 个地市，河北石家庄、保定、邢台、邯郸、沧州、衡水 6 个地市，江苏徐州、连云港、淮安、盐城和宿迁 5 个地市范围内逐步扩大试点。到 2005 年底，上述各省、市辖区范围内要基本实现车用乙醇汽油替代其他汽油（军队特需、国家和特种储备用油除外）。原来销售 90 号、93 号、95 号、97 号车用无铅汽油改为销售 90 号、93 号、95 号、97 号车用乙醇汽油
			河南省试点需要的变性燃料乙醇指定河南天冠企业集团有限公司（以下简称河南天冠集团）供应，车用乙醇汽油调合组分油指定中石化属炼油厂供应，车用乙醇汽油指定由中石化车用乙醇汽油调配中心统一调配供应，其他单位一律不得从事车用乙醇汽油的混配及供应工作		车用乙醇汽油指定中石油和中石化两大公司负责生产供应

续表

工具类别	工具名称	政策内容			
		《车用乙醇汽油使用试点方案》（2002 年）	《车用乙醇汽油使用试点工作实施细则》（2002 年）	《车用乙醇汽油扩大试点方案》（2004 年）	《车用乙醇汽油扩大试点工作实施细则》（2004 年）
强制性工具		河南省参加车用乙醇汽油使用试点的城市为郑州市、洛阳市、南阳市，黑龙江省参加车用乙醇汽油使用试点的城市为哈尔滨市、肇东市，共 5 个城市。试点周期为 12 个月	河南省南阳市、黑龙江省肇东市先通过地方立法，实行封闭试点。两市城区范围内，除保留少数 90 号、93 号车用汽油加油站，以供摩托车等特殊情况使用外，其余所有加油站由销售 90 号、93 号车用乙醇汽油	根据《变性燃料乙醇及车用乙醇汽油“十五”发展专项规划》，针对试点期间的情况和问题，此次扩大试点车用乙醇汽油所需变性燃料乙醇总量共计 102 万吨，包括经国务院批准的吉林燃料乙醇有限责任公司 30 万吨/年（一期）、河南天冠集团 30 万吨/年、安徽丰原生物化学股份有限公司 32 万吨/年和黑龙江华润酒精有限公司已投产的 10 万吨/年变性燃料乙醇	吉林燃料乙醇有限责任公司 30 万吨/年变性燃料乙醇项目由中石油参股建设，其产品由中石油负责首先在吉林全省推广销售，多余的产品调往辽宁省销售；黑龙江华润酒精有限公司 10 万吨/年变性燃料乙醇也由中石油负责在黑龙江推广销售
				具体安排是黑龙江、吉林、河南和安徽四省首先在其全省范围内扩大试点车用乙醇汽油。其中黑龙江华润酒精有限公司的 10 万吨变性燃料乙醇全部在本省使用；吉林 30 万吨变性燃料乙醇在本省销售 10 万吨，其余 20 万吨调往辽宁销售；河南 30 万吨变性燃料乙醇在本省销售 13 万吨，其余 17 万吨调往湖北和河北 13 个地市销售；安徽 32 万吨变性燃料乙醇在本省销售 10 万吨，其余 22 万吨调往山东、江苏和河北 14 个地市销售	河南天冠集团公司 30 万吨/年变性燃料乙醇项目由中石化参股建设，其产品由中石化负责首先在河南全省推广销售，多余的产品调往湖北 9 个城市和河北 4 个地市销售

续表

工具类别	工具名称	政策内容			
		《车用乙醇汽油使用试点方案》（2002 年）	《车用乙醇汽油使用试点工作实施细则》（2002 年）	《车用乙醇汽油扩大试点方案》（2004 年）	《车用乙醇汽油扩大试点工作实施细则》（2004 年）
强制性工具					安徽丰原生物化学股份有限公司 32 万吨/年变性燃料乙醇项目由中石化参股建设，其产品由中石化负责在安徽全省推广销售，多余的产品调往山东省 7 个地市、河北 2 个地市和江苏 5 个地市销售
					中石油、中石化两大公司推广车用乙醇汽油时，要充分发挥现有储运设施的能力和各省市石油、石化公司现有较为完善配套的销售网络作用，车用乙醇汽油配送中心和加油站原则上由两大公司在各自参股建设的变性燃料乙醇项目产品销售区域内，根据规划方案，依托现有的油库、加油站进行改造，不铺新摊子，严禁重复建设
					扩大试点范围时，有条件的地方在车用乙醇汽油配送中心、储运、加油站的建设和改造过程中，应注意采取油气回收措施或有关技术，减少油气泄露产生的污染。乙醇汽油的储存、配送中心、加油站等有关单位，应针对乙醇汽油的特点采取有效的灭火措施
	监督	试点期间，为了保障试点工作的顺利进行，变性燃料乙醇和车用乙醇汽油的生产、供应实行指定经营			

续表

工具类别	工具名称	政策内容			
		《车用乙醇汽油使用试点方案》（2002 年）	《车用乙醇汽油使用试点工作实施细则》（2002 年）	《车用乙醇汽油扩大试点方案》（2004 年）	《车用乙醇汽油扩大试点工作实施细则》（2004 年）
强制性工具	规制	河南省、黑龙江省及各试点城市有关部门在省、市试点工作领导小组的统一领导下，根据职能范围负责对试点各个环节进行监督管理			
			车用乙醇汽油的生产执行《车用乙醇汽油》国家标准（GB18351—2001）		变性燃料乙醇的生产执行《变形燃料乙醇》国家标准（GB18350—2001）
			车用乙醇汽油调配中心的建设执行《〈石油库设计规范〉车用乙醇汽油调和设施补充规定》中石化企业标准（SHQ003—2001）		车用乙醇汽油的生产分别执行中石油和中石化的企业标准，中石油企业标准（Q/SY48—2002），中石化企业标准（Q/SHR010—2001）
			参加车用乙醇汽油试点的加油站参照《〈汽车加油加气站设计规范〉车用乙醇汽油补充规定》中石化企业标准（SHQ002—2001）进行建设或改造		车用乙醇汽油的生产执行《车用乙醇汽油》国家标准（GB18351—2001）
					车用乙醇汽油配送中心的建设和加油站分别执行中石油《车用乙醇汽油调合设施与加油站设计技术规定》（Q/SY47—2002）企业标准、中石化《（石油库设计规范）车用乙醇汽油调合设施补充规定》（SHQ003—2001）、《（汽油加油加气站设计规范）车用乙醇汽油补充规定》（SHQ002—2001）企业标准及相关国家标准和规定

续表

工具类别	工具名称	政策内容			
		《车用乙醇汽油使用试点方案》（2002 年）	《车用乙醇汽油使用试点工作实施细则》（2002 年）	《车用乙醇汽油扩大试点方案》（2004 年）	《车用乙醇汽油扩大试点工作实施细则》（2004 年）
混合型工具	补贴（价格支持）	变性燃料乙醇生产和变性燃料乙醇在调配、销售过程中发生的亏损，由国家按保本微利的原则给予补贴		陈化粮的供应价格由有关省政府负责组织有关部门参照当地竞价销售的同品质陈化粮的价格确定	
		车用乙醇汽油的销售价格按照《国家计委关于车用乙醇汽油定价原则的通知》（计价格〔2001〕1134 号）的要求，执行与同标号普通汽油一致的价格		变性燃料乙醇结算价格：按国家发展改革委同期公布的 90 号汽油出厂价（供军队和国家储备），乘以车用乙醇汽油调配销售成本的价格折合系数 0.911 1，为变性燃料乙醇生产企业与石油、石化企业的结算价格	
				执行上述政策后，变性燃料乙醇生产和变性燃料乙醇在调配、销售过程中发生的亏损，由目前对生产企业按保本微利据实结算改为实行定额补贴	
		陈化粮的价格不是按照市场价格，而是参照最近一批陈化粮拍卖价		车用乙醇汽油的零售价格，按国家发改委公布的同标号普通汽油零售中准价格执行，并随普通汽油价格变化相应调整，也可根据市场情况在国家允许的范围内浮动	

续表

工具类别	工具名称	政策内容			
		《车用乙醇汽油使用试点方案》（2002年）	《车用乙醇汽油使用试点工作实施细则》（2002年）	《车用乙醇汽油扩大试点方案》（2004年）	《车用乙醇汽油扩大试点工作实施细则》（2004年）
混合型工具	补贴（税收优惠）	免征河南天冠集团、黑龙江金玉集团有限公司生产调配车用乙醇汽油用变性燃料乙醇5%的销售税		对国家批准的吉林燃料乙醇有限责任公司、河南天冠集团、安徽丰原生物化学股份有限公司和黑龙江华润酒精有限公司四个变性燃料乙醇生产企业，免征用于调配车用乙醇汽油的变形燃料乙醇 5%的消费税	
		河南天冠集团、黑龙江省金玉集团有限公司生产调配车用乙醇汽油用变性燃料乙醇的增值税实行先征后返		上述四个企业生产调配车用乙醇汽油用变性燃料乙醇的增值税实行先征后返	
		河南天冠集团、黑龙江金玉集团有限公司生产调配车用乙醇汽油用变性燃料乙醇所使用的陈化粮享受陈化粮补贴政策		上述四个企业生产调配车用乙醇汽油用变性燃料乙醇所使用的陈化粮享受陈化粮补贴政策，补贴额按规定比例由中央和地方财政共同负担	

续表

工具类别	工具名称	政策内容			
		《车用乙醇汽油使用试点方案》（2002 年）	《车用乙醇汽油使用试点工作实施细则》（2002 年）	《车用乙醇汽油扩大试点方案》（2004 年）	《车用乙醇汽油扩大试点工作实施细则》（2004 年）
混合型工具	信息与劝诫		各有关单位要大力宣传使用车用乙醇汽油的重要意义，介绍使用车用乙醇汽油的有关知识和注意事项，做好对汽车驾驶员的指导工作	有关省市要充分发挥中石油和中石化两大公司现有储运设施能力和较为完善配套的销售网络作用，遵循合理配置资源和避免重复浪费的原则，与两大公司研究落实销售网络建设和市场开发方案。车用乙醇汽油配送和加油站依托现有油库、加油站进行改造。组分油和变性燃料乙醇可按市场价格通过互供的形式实现市场调节	中石油和中石化负责编写推广车用乙醇汽油技术资料和培训教材，并对各省市从事车用乙醇汽油扩大试点工作的业务骨干进行技术培训
				到 2005 年底，在上述省、市所辖区域内要基本实现车用乙醇汽油替代其他汽油（军队特需、国家和特种储备用油除外）	各有关单位组织做好对配送中心、加油站工作人员的业务培训
					各有关单位组织做好汽车维修人员的培训工作，并对使用车用乙醇汽油的车辆进行必要的检查和维护
					向汽车和摩托车驾驶员发放车用乙醇汽油实用手册，做到人手一册，使其了解车用乙醇汽油的有关知识、性能和使用注意事项
					汽车和摩托车行业及维修部门要针对扩大试点的需要，做好相应的技术服务工作
					各有关单位要大力宣传使用车用乙醇汽油的重要意义，介绍使用车用乙醇汽油的有关知识和注意事项，做好对汽车、摩托车驾驶员的指导工作

附表 2　燃料乙醇产业发展的政策工具（第二阶段）

工具类别	工具名称	政策及其与燃料乙醇产业相关的内容				
		《可再生能源法》（2005 年 2 月）	《财政部关于燃料乙醇补贴政策的通知》（财建〔2005〕437 号）（2005 年 8 月）	《财政部、国家税务总局关于变性燃料乙醇定点生产企业有关税收政策问题的通知》（财税〔2005〕174 号）（2005 年 12 月）	《财政部　国家发展改革委　农业部　国家税务总局　国家林业局关于发展生物能源和生物化工财税扶持政策政策的实施意见》（财建〔2006〕702 号）（2006 年 9 月）	《财政部关于印发〈生物能源和生物化工原料基地补助资金管理暂行办法〉的通知》（财建〔2007〕435 号）（2007 年 9 月）
自愿性工具						
强制性工具	命令性和权威性工具			石油替代可再生能源开发利用，重点是扶持发展生物乙醇燃料、生物柴油等。生物乙醇燃料是指用甘蔗、木薯、甜高粱等制取的燃料乙醇	坚持不与粮争地，促进能源与粮食“双赢”。坚持产业发展与财政支持相结合，鼓励企业提高企业提高效率。坚持生物能源与生物化工发展既积极又稳妥，引导产业健康有序发展	原料基地要充分开发利用荒山、荒坡、盐碱地等未利用土地和冬闲田。原料基地必须符合以下条件：除利用冬闲田外，不得占用耕地或已规划用作农田的未利用土地，利用冬闲田种植原料作物要确保不与粮争地；不作为地方执行耕地占补平衡政策所补充的耕地；有利于生态保护，不造成水土流失；集中连片或相对集中连片，可以满足加工生产的需要
				重点支持上述两类燃料的技术开发、标准制定、示范工程、资源勘查、设备本地化等。发展专项资金的使用方式包括：无偿资助和贷款优惠		原料基地采用“龙头企业+基地”的建设运营模式。龙头企业应当是生物能源和生物化工定点或示范企业。企业是原料基地建设的主体，负责组织实施种子（苗）繁育、种植、抚育管护，并负责收购、加工、销售等，并投入必要的资金。企业要与种植、经营者签订合同，承诺收购能源林木果实或能源农作物，切实保障种植者利益。原料基地建设企业有权优先收购能源林木果实及能源农作物

续表

工具类别	工具名称	政策及其与燃料乙醇产业相关的内容				
		《可再生能源法》（2005年2月）	《财政部关于燃料乙醇补贴政策的通知》（财建〔2005〕437号）（2005年8月）	《财政部、国家税务总局关于变性燃料乙醇定点生产企业有关税收政策问题的通知》（财税〔2005〕174号）（2005年12月）	《财政部　国家发展改革委　农业部　国家税务总局　国家林业局关于发展生物能源和生物化工财税扶持政策政策的实施意见》（财建〔2006〕702号）（2006年9月）	《财政部关于印发〈生物能源和生物化工原料基地补助资金管理暂行办法〉的通知》（财建〔2007〕435号）（2007年9月）
强制性工具	规制				燃料乙醇将在现有基础上，扩大推广范围，重点发展非粮原料乙醇的生产。近阶段燃料乙醇扩大推广仍将采用“定点生产、定向流通、封闭运行”的方式	在原料基地建设实施过程中，各级林业、农业、国土、财政部门要切实做好监督检查，确保按批准的方案实施，专员办按属地原则对补助资金进行核查，核查内容包括：项目承担单位收到补助资金是否专账核算；补助资金是否专款专用；地方财政是否滞留补助资金；与补助资金管理、使用有关的其他事项。对核查发现的问题，按《财政违法行为处罚处分条例》（国务院令第427号）等有关法律、法规处理、处罚。原料基地建成后，由国家林业局、农业部分别负责组织验收，财政部将根据验收结果及各专员办监督检查情况对补助资金进行清算

续表

工具类别	工具名称	政策及其与燃料乙醇产业相关的内容				
		《可再生能源法》（2005 年 2 月）	《财政部关于燃料乙醇补贴政策的通知》（财建〔2005〕437 号）（2005 年 8 月）	《财政部、国家税务总局关于变性燃料乙醇定点生产企业有关税收政策问题的通知》（财税〔2005〕174 号）（2005 年 12 月）	《财政部 国家发展改革委 农业部 国家税务总局 国家林业局关于发展生物能源和生物化工财税扶持政策政策的实施意见》（财建〔2006〕702 号）（2006 年 9 月）	《财政部关于印发〈生物能源和生物化工原料基地补助资金管理暂行办法〉的通知》（财建〔2007〕435 号）（2007 年 9 月）
强制性工具	规制				对以粮食为原料生产生物能源与生物化工，国家实行严格的计划控制，只有按国家计划生产才能享受财税扶持政策，未经国家批准的粮食加工转化生物能源，不能享受国家财税扶持政策。对以薯类、甜高粱等非粮农作物为原料生产生物能源与生物化工，要配套建设原料基地，只有具备原料基地的生物能源与生物化工企业才能享受国家财税政策扶持，原料基地建设要开发利用荒地荒坡等未利用土地，不能占用现有耕地	中央财政安排专项资金用于原料基地补助，资金使用范围：种子（苗）繁育、种植、抚育管护、土地平整等与原料基地相关的生产性支出；技术指导、工程验收、监督检查、方案审批等与原料基地相关的管理费用支出；财政部批准的与生物能源和生物化工相关的其他支出

续表

工具类别	工具名称	政策及其与燃料乙醇产业相关的内容				
		《可再生能源法》（2005年2月）	《财政部关于燃料乙醇补贴政策的通知》（财建〔2005〕437号）（2005年8月）	《财政部、国家税务总局关于变性燃料乙醇定点生产企业有关税收政策问题的通知》（财税〔2005〕174号）（2005年12月）	《财政部　国家发展改革委　农业部　国家税务总局　国家林业局关于发展生物能源和生物化工财税扶持政策政策的实施意见》（财建〔2006〕702号）（2006年9月）	《财政部关于印发〈生物能源和生物化工原料基地补助资金管理暂行办法〉的通知》（财建〔2007〕435号）（2007年9月）
混合性工具	补贴（生产补贴）		对生产和销售销售燃料乙醇的企业（经过批准的定点试点企业）发生的亏损，国家依据保本微利的原则由中央财政给予定额补贴。2005~2008年补贴标准分别1 883元/吨，1 628元/吨，1 373元/吨，1 373元/吨		实施弹性亏损补贴。目前国际石油价格高位运行，如果油价下跌，生物能源与生物化工生产企业亏损将加大。为化解石油价格变动对发展生物能源与生物化工所造成的市场风险，为市场主体创造稳定的市场预期，将建立风险基金制度与弹性亏损补贴机制。当石油价格高于企业正常经营保底价时，国家不予亏损补贴，企业应当建立风险基金；当石油价格低于保底价时，先由企业用风险基金以盈补亏。如果油价长期低位运行，将启动弹性亏损补贴机制，具体补贴办法财政部将会同国家发展改革委另行制定	林业原料基地补助标准为200元/亩；补助金额由财政部按该标准及经核实的原料基地实施方案予以核定。农业原料基地补助标准原则上核定为180元/亩,具体标准将根据盐碱地、沙荒地等不同类型土地核定；补助金额由财政部按具体标准及经核实的原料基地实施方案予以核定

续表

工具类别	工具名称	政策及其与燃料乙醇产业相关的内容				
		《可再生能源法》（2005年2月）	《财政部关于燃料乙醇补贴政策的通知》（财建〔2005〕437号）（2005年8月）	《财政部、国家税务总局关于变性燃料乙醇定点生产企业有关税收政策问题的通知》（财税〔2005〕174号）（2005年12月）	《财政部　国家发展改革委　农业部　国家税务总局　国家林业局关于发展生物能源和生物化工财税扶持政策政策的实施意见》（财建〔2006〕702号）（2006年9月）	《财政部关于印发〈生物能源和生物化工原料基地补助资金管理暂行办法〉的通知》（财建〔2007〕435号）（2007年9月）
混合性工具	补贴（生产补贴）				原料基地补助。国家鼓励开发冬闲田、盐碱地、荒山、荒地等未利用土地建设生物能源与生物化工原料基地，从而确保生物能源与生物化工有稳定原料供应来源，确保发展生物能源与生物化工不与粮争地。开发生物能源能源与生物化工原料基地要与土地开发整理、农业综合开发、林业生态项目相结合，享受有关优惠政策，对以“公司+农户”方式经营的生物能源和生物化工龙头企业，国家给予适当补助，具体补助办法，财政部将会同国家发展改革委、农业部、国家林业局另行制定	

续表

工具类别	工具名称	政策及其与燃料乙醇产业相关的内容				
		《可再生能源法》（2005 年 2 月）	《财政部关于燃料乙醇补贴政策的通知》（财建〔2005〕437 号）（2005 年 8 月）	《财政部、国家税务总局关于变性燃料乙醇定点生产企业有关税收政策问题的通知》（财税〔2005〕174 号）（2005 年 12 月）	《财政部　国家发展改革委　农业部　国家税务总局　国家林业局关于发展生物能源和生物化工财税扶持政策政策的实施意见》（财建〔2006〕702 号）（2006 年 9 月）	《财政部关于印发〈生物能源和生物化工原料基地补助资金管理暂行办法〉的通知》（财建〔2007〕435 号）（2007 年 9 月）
混合性工具	补贴（生产补贴）				“示范补助。国家鼓励具有重大意义的生物能源及生物化工生产技术的产业化示范，以增加技术储备，对示范企业予以适当补助。具体补助办法财政部将另行制定	
					税收优惠。对国家确实需要扶持的生物能源和生物化工生产企业，国家给予税收优惠政策，以增强相关企业竞争力，具体政策由财政部、国家税务总局上报国务院后另行制定	
混合性工具	补贴（税收优惠）			对吉林燃料乙醇有限责任公司、河南天冠集团、安徽丰原生物化学股份有限公司和黑龙江华润酒精有限公司生产用于调配车用乙醇汽油的变性燃料乙醇免征消费税，以前年度已征的消费税退还给企业		

续表

工具类别	工具名称	政策及其与燃料乙醇产业相关的内容				
		《可再生能源法》（2005 年 2 月）	《财政部关于燃料乙醇补贴政策的通知》（财建〔2005〕437 号）（2005 年 8 月）	《财政部、国家税务总局关于变性燃料乙醇定点生产企业有关税收政策问题的通知》（财税〔2005〕174 号）（2005 年 12 月）	《财政部　国家发展改革委　农业部　国家税务总局　国家林业局关于发展生物能源和生物化工财税扶持政策政策的实施意见》（财建〔2006〕702 号）（2006 年 9 月）	《财政部关于印发〈生物能源和生物化工原料基地补助资金管理暂行办法〉的通知》（财建〔2007〕435 号）（2007 年 9 月）
混合性工具	信息与劝诫	国家鼓励清洁、高效地开发利用生物质燃料，鼓励发展能源作物。利用生物质资源生产的燃气和热力，符合城市燃气管网、热力管网的入网技术标准的，经营燃气管网、热力管网的企业应当接收其入网。国家鼓励生产和利用生物液体燃料			充分认识实施财税扶持政策，支持生物能源与生物化工发展的重要意义。积极发展生物能源与生物化工，尤其是发展生物燃料乙醇等石油替代品，具有重要战略意义。国家财税扶持政策对促进生物能源与生物化工的发展至关重要	
					加强部门间配合，共同推动生物能源发展。发展生物能源与生物化工是一项系统工程，需要多个部门的协同配合。中石油、中石化等成品油销售企业要按有关法律规定，收购燃料乙醇等生物能源产品，并积极建设混配中心，为发展生物能源创造良好的市场环境。技术标	

续表

工具类别	工具名称	政策及其与燃料乙醇产业相关的内容				
		《可再生能源法》（2005年2月）	《财政部关于燃料乙醇补贴政策的通知》（财建〔2005〕437号）（2005年8月）	《财政部、国家税务总局关于变性燃料乙醇定点生产企业有关税收政策问题的通知》（财税〔2005〕174号）（2005年12月）	《财政部　国家发展改革委　农业部　国家税务总局　国家林业局关于发展生物能源和生物化工财税扶持政策政策的实施意见》（财建〔2006〕702号）（2006年9月）	《财政部关于印发〈生物能源和生物化工原料基地补助资金管理暂行办法〉的通知》（财建〔2007〕435号）（2007年9月）
混合性工具	信息与劝诫				准管理部门要抓紧制定相关技术标准，为生物柴油等试点推广准备条件。农业、林业部门要做好生物质资源评价，做好育种等基础工作，并引导做好生物能源与生物化工原料基地建设。国家将加大公共能力建设的投入，支持开展各项基础工作	

附表 3　燃料乙醇产业发展的政策工具（第三阶段）

工具类别	工具名称	政策及其与燃料乙醇产业相关的内容						
		《可再生能源中长期发展规划》（2007 年 8 月）	《生物燃料乙醇弹性补贴财政财务管理办法》（2007 年 11 月）	《财政部、国家税务总局关于广西中粮公司木薯燃料乙醇税收政策的通知》（财税〔2008〕135 号）	《关于调整生物燃料乙醇财政补助政策》（2012 年 4 月）	《生物质能发展“十二五”规划》（2012 年 7 月）	《可再生能源发展“十二五”规划》（2012 年 8 月）	《中国的能源政策（2012）》白皮书
自愿性工具								
强制性工具	命令性和权威性工具	基本原则：坚持开发利用与经济、社会和环境相协调；坚持市场开发与产业发展互相促进；坚持近期开发利用与长期技术储备相结合；坚持政策激励与市场机制相结合	国家定点生物燃料乙醇生产企业享受弹性补贴政策，执行本办法规定			纤维素原料生物燃料多联产示范：在河南、吉林、黑龙江、山东等地建设示范工程，以农作物秸秆为主要原料，通过纤维素水解制备乙醇，丁醇等液体燃料，剩余物制取沼气或燃烧发电。通过示范，突破纤维素原料预处理、酶制取等技术瓶颈，具备产业化基础	总目标：扩大可再生能源的应用规模，促进可再生能源与常规能源体系的融合，显著提高可再生能源在能源消费中的比重；全面提升可再生能源技术创新能力，掌握可再生能源核心技术，建立体系完善和竞争力强的可再生能源产业	
		具体发展目标：充分利用水电、沼气、太阳能热利用和地热能等技术成熟、经济性好的可再生能源，加快推进风力发电、生物质发电、太阳能发电的产业化发展，逐步提高优质清洁可再生能源在能源结构中的比例，力争到 2010 年使可再生能源消费量达到能源消费总量的 10%，到 2020 年达到 15%左右	核定标准生产成本。为了鼓励企业加快技术改造，降低生产成本，按照平均先进的原则核定企业标准生产成本。标准生产成本按以下内容及方式计算			在生物液体燃料方面，重点突破木质纤维素生产乙醇等石油代替燃料、以多种原料生产生物柴油和航空生物燃料的关键技术，掌握清洁高效生产技术	主要指标：2015 年生物燃料乙醇利用规模 400 万吨	

续表

工具类别	工具名称	政策及其与燃料乙醇产业相关的内容						
		《可再生能源中长期发展规划》（2007 年 8 月）	《生物燃料乙醇弹性补贴财政财务管理办法》（2007 年 11 月）	《财政部、国家税务总局关于广西中粮公司木薯燃料乙醇税收政策的通知》（财税〔2008〕135 号）	《关于调整生物燃料乙醇财政补助政策》（2012 年 4 月）	《生物质能发展“十二五”规划》（2012 年 7 月）	《可再生能源发展“十二五”规划》（2012 年 8 月）	《中国的能源政策（2012）》白皮书
强制性工具	命令性和权威性工具	积极推进可再生能源新技术的产业化发展，建立可再生能源技术创新体系，形成较完善的可再生能源产业体系				开展生物质能资源调查评价。制定生物质能资源调查评价规范，建立科学的资源评价体系，以县为单位进行生物质资源调查，明确资源量、种类、分布和现有用途，以及可作为能源化利用的资源潜力	合理开发盐碱地，荒草地，山坡地等边际性土地，建设非粮生物质资源供应基地，稳步发展生物液体燃料，支持建设具备条件的木薯乙醇、甜高粱茎秆乙醇、纤维素乙醇等项目。继续推进以小桐子为代表的木本油料植物果实生物柴油产业化示范，科学引导和规范以餐饮和废弃动植物油脂为原料的生物柴油产业发展。积极开展新一代生物液体燃料技术研发和示范，推进以农林剩余物为主要原料的纤维素乙醇和生物质热化学转化制备液体燃料示范工程，开展以藻类为原料的千吨级生物柴油中试研发	
		2020 年，生物燃料乙醇年利用量达到 1 000 万吨，生物柴油年利用量达到 200 万吨				加强生物质能开发利用管理。加强生物质能项目建设管理，合理进行生物质能开发利用布局，保持生物质能开发利用有序协调进行		

续表

工具类别	工具名称	政策及其与燃料乙醇产业相关的内容						
		《可再生能源中长期发展规划》（2007 年 8 月）	《生物燃料乙醇弹性补贴财政财务管理办法》（2007 年 11 月）	《财政部、国家税务总局关于广西中粮公司木薯燃料乙醇税收政策的通知》（财税〔2008〕135 号）	《关于调整生物燃料乙醇财政补助政策》（2012 年 4 月）	《生物质能发展“十二五”规划》（2012 年 7 月）	《可再生能源发展“十二五”规划》（2012 年 8 月）	《中国的能源政策（2012）》白皮书
强制性工具	命令性和权威性工具	生物液体燃料是重要的石油代替产品，主要包括燃料乙醇和生物柴油。近期重点发展以木薯、甘薯、甜高粱等为原料的燃料乙醇技术，以及以小桐子、黄连木、油桐、棉籽等油料作物为原料的生物柴油生产技术，逐步建立餐饮等行业的废油回收体系。从长远考虑，要积极发展以纤维素生物质为原料的生物液体燃料技术。到 2020 年，生物燃料乙醇年利用量达到 1 000 万吨，生物柴油年利用量达到 200 万吨，总计年替代约 1 000 万吨成品油				完善国家财税等支持政策。各级政府加大对生物质能开发利用的投入，支持农村生物质能项目建设，着力改善农村生活用能条件。完善支持生物质能利用的财税扶持政策		
						建立健全生物质能技术管理体系。支持生物质能利用新型技术研发和试验示范		
						完善市场机制和管理措施。积极培育壮大生物质能骨干企业。完善生物液体燃料强制使用的机制和措施，扩大生物液体燃料的市场规模		

续表

工具类别	工具名称	政策及其与燃料乙醇产业相关的内容						
		《可再生能源中长期发展规划》（2007 年 8 月）	《生物燃料乙醇弹性补贴财政财务管理办法》（2007 年 11 月）	《财政部、国家税务总局关于广西中粮公司木薯燃料乙醇税收政策的通知》（财税〔2008〕135 号）	《关于调整生物燃料乙醇财政补助政策》（2012 年 4 月）	《生物质能发展“十二五”规划》（2012 年 7 月）	《可再生能源发展“十二五”规划》（2012 年 8 月）	《中国的能源政策（2012）》白皮书
强制性工具	命令性和权威性工具					建设原料供应保障体系。因地制宜，结合生态建设和保护环境的要求，培育种植适宜的能源作物或能源植物，建设生物质能原料基地。适应各区域不同情况，支持企业探索建立合适的生物质能原料收集体系，提高生物质能资源保障程度，鼓励生物质原料收储运专业化发展。研究制定生物质原料物流支持政策		
						实施机制：加强规划组织管理；建立滚动调整机制		
	监督					加强目标监测考核		

续表

工具类别	工具名称	政策及其与燃料乙醇产业相关的内容						
		《可再生能源中长期发展规划》（2007 年 8 月）	《生物燃料乙醇弹性补贴财政财务管理办法》（2007 年 11 月）	《财政部、国家税务总局关于广西中粮公司木薯燃料乙醇税收政策的通知》（财税〔2008〕135 号）	《关于调整生物燃料乙醇财政补助政策》（2012 年 4 月）	《生物质能发展“十二五”规划》（2012 年 7 月）	《可再生能源发展“十二五”规划》（2012 年 8 月）	《中国的能源政策（2012）》白皮书
强制性工具	规制		风险基金的提取与管理。当油价上涨时，燃料乙醇销售结算价高于企业实际生产成本，企业实现盈利时，国家不予亏损补贴，企业应当建立风险基金，风险基金要由企业专户储存，专项用于弥补今后可能出现的亏损					

续表

工具类别	工具名称	政策及其与燃料乙醇产业相关的内容						
		《可再生能源中长期发展规划》（2007 年 8 月）	《生物燃料乙醇弹性补贴财政财务管理办法》（2007 年 11 月）	《财政部、国家税务总局关于广西中粮公司木薯燃料乙醇税收政策的通知》（财税〔2008〕135 号）	《关于调整生物燃料乙醇财政补助政策》（2012 年 4 月）	《生物质能发展“十二五”规划》（2012 年 7 月）	《可再生能源发展“十二五”规划》（2012 年 8 月）	《中国的能源政策（2012）》白皮书
混合性工具	补贴（生产补贴）				2012 年度生物燃料乙醇财政补助标准如下：以粮食为原料的燃料乙醇，补助标准为 500 元/吨；以木薯等非粮作物为原料的燃料乙醇，补助标准为 750 元/吨			

续表

工具类别	工具名称	政策及其与燃料乙醇产业相关的内容						
		《可再生能源中长期发展规划》（2007年8月）	《生物燃料乙醇弹性补贴财政财务管理办法》（2007年11月）	《财政部、国家税务总局关于广西中粮公司木薯燃料乙醇税收政策的通知》（财税〔2008〕135号）	《关于调整生物燃料乙醇财政补助政策》（2012年4月）	《生物质能发展"十二五"规划》（2012年7月）	《可再生能源发展"十二五"规划》（2012年8月）	《中国的能源政策（2012）》白皮书
混合性工具	补贴（税收优惠）			自2008年3月1日起，对广西中粮生物质能源有限公司以非粮作物木薯为原料生产的燃料乙醇给予免征消费税、增值税先征后退的税收支持：免征消费税，已征的消费税予以退还；增值税实行先征后退				

续表

工具类别	工具名称	政策及其与燃料乙醇产业相关的内容						
		《可再生能源中长期发展规划》（2007年8月）	《生物燃料乙醇弹性补贴财政财务管理办法》（2007年11月）	《财政部、国家税务总局关于广西中粮公司木薯燃料乙醇税收政策的通知》（财税〔2008〕135号）	《关于调整生物燃料乙醇财政补助政策》（2012年4月）	《生物质能发展"十二五"规划》（2012年7月）	《可再生能源发展"十二五"规划》（2012年8月）	《中国的能源政策（2012）》白皮书
混合性工具	信息与劝诫	指导思想：以邓小平理论、"三个代表"重要思想为指导，全面落实科学发展观，促进资源节约型、环境友好型社会和社会主义新农村建设，认真贯彻《可再生能源法》，把发展可再生能源作为全面建设小康社会和实现可持续发展的重大战略举措，加快水能、风能、太阳能和生物质能的开发利用，促进技术进步，增强市场竞争力，不断提高可再生能源在能源消费中的比重				高举中国特色社会主义伟大旗帜，以邓小平理论和"三个代表"重要思想为指导，深入贯彻落实科学发展观，将生物质能作为促进能源结构调整和可持续发展的重要途径、发展低碳经济和循环经济的重要环节、发展农村经济的重要措施、培育和发展战略性新兴产业的重要内容，加强政府引导和扶持，加快技术创新，发挥市场机制作用，完善政策体系，推进生物质能规模化、专业化、产业化和多元化发展，尽快形成具有较大规模和较高技术水平的新兴产业	基本原则：市场机制与政策扶持相结合；集中开发与分散利用相结合；规模开发与产业升级相结合；国内发展与国际合作相结合	发展生物柴油，开展纤维素乙醇产业示范
						基本原则：统筹兼顾，综合利用；因地制宜，多元发展；自主创新，规模发展；政府扶持，市场推动		

续表

工具类别	工具名称	政策及其与燃料乙醇产业相关的内容						
		《可再生能源中长期发展规划》(2007年8月)	《生物燃料乙醇弹性补贴财政财务管理办法》(2007年11月)	《财政部、国家税务总局关于广西中粮公司木薯燃料乙醇税收政策的通知》(财税〔2008〕135号)	《关于调整生物燃料乙醇财政补助政策》(2012年4月)	《生物质能发展“十二五”规划》(2012年7月)	《可再生能源发展“十二五”规划》(2012年8月)	《中国的能源政策(2012)》白皮书
混合性工具	信息与劝诫					发展目标。在“十二五”时期，生物质能发展目标是：到2015年，生物质能产业形成较大规模，在电力、供热、农村生活用能领域初步实现商业化和规模化利用，在交通领域扩大替代石油燃料的规模。到2015年，生物燃料乙醇利用规模400万吨		
						加快发展非粮生物液体燃料。建设非粮能源原料基地。在盐碱地、荒草地、山坡地等未开发宜能荒地较多的地区，根据当地自然条件和作物植物特点，种植甜高粱、木薯、油棕、小桐子等能源作物植物，建设非粮生物液体燃料的原料供应基地		

续表

工具类别	工具名称	政策及其与燃料乙醇产业相关的内容						
		《可再生能源中长期发展规划》（2007 年 8 月）	《生物燃料乙醇弹性补贴财政财务管理办法》（2007 年 11 月）	《财政部、国家税务总局关于广西中粮公司木薯燃料乙醇税收政策的通知》（财税〔2008〕135 号）	《关于调整生物燃料乙醇财政补助政策》（2012 年 4 月）	《生物质能发展“十二五”规划》（2012 年 7 月）	《可再生能源发展“十二五”规划》（2012 年 8 月）	《中国的能源政策（2012）》白皮书
混合性工具	信息与劝诫					建设非粮生物液体燃料示范工程。在“十二五”时期，建设一批产业化规模的纤维素乙醇示范工程，建成纤维素酶批量生产基地。突破关键设备和集成工艺，提高成套设备制造能力，降低纤维素乙醇生产成本，提高经济性		
						构建技术研发体系。整合现有生物质能研究的技术和能力建设资源，加强国家级生物质能技术研究机构建设，重点建设生物质能综合利用技术研发测试平台和先进非粮生物液体燃料技术研发平台，从事基础研究工作，组织开展联合研究，攻克产业发展的关键技术和共性技术难题。鼓励企业加强对引进国外先进技术的消化吸收，逐步建立自主创新的技术体系		

附表 4　燃料乙醇产业发展的政策工具（第四阶段）

工具类别	工具名称	政策内容		
		《生物质能发展“十三五”规划》（2016 年）	《可再生能源发展“十三五”规划》（2016 年）	《关于扩大生物燃料乙醇生产和推广使用车用乙醇汽油的实施方案》（2017 年）
自愿性工具				
强制性工具	命令性和权威性工具	在玉米、水稻等主产区，结合陈次和重金属污染粮消纳，稳步扩大燃料乙醇生产和消费	立足国内自有技术力量，积极引进、消化、吸收国外先进经验，大力发展纤维乙醇	到 2020 年，在全国范围内推广使用车用乙醇汽油，基本实现全覆盖，市场化运行机制初步建立，先进生物液体燃料创新体系初步构建，纤维素燃料乙醇 5 万吨级装置实现示范运行，生物燃料乙醇产业发展整体达到国际先进水平
		到 2020 年，生物液体燃料年利用量达到 600 万吨以上（其中，生物燃料乙醇 400 万吨）	制定生物天然气、液体燃料优先利用的政策，建立无歧视无障碍并入管网机制，研究建立强制配额机制	到 2025 年，力争纤维素乙醇实现规模化生产，先进生物液体燃料技术、装备和产业整体达到国际领先水平，形成更加完善的市场化运行机制
		选择木薯、甜高粱茎秆等原料丰富地区或利用边际土地和荒地种植能源作物，建设 10 万吨级燃料乙醇工程		
		因地制宜开发建设以木薯为原料，以及利用荒地、盐碱地种植甜高粱等能源作物，建设燃料乙醇项目		
混合性工具	补贴（税收优惠）		完善支持生物质能发展的价格、财税等优惠政策，研究出台生物天然气产品补贴政策，加快生物天然气产业化发展步伐	
	补贴（终端补贴）	研究出台生物天然气、生物质成型燃料供热和液体燃料终端补贴政策。积极支持民间资本进入生物质能领域